三权分置下农地多元主体利益共享机制研究

文龙娇　刘珍珍　陆玉梅　著

吉林大学出版社

·长　春·

图书在版编目(CIP)数据

三权分置下农地多元主体利益共享机制研究 / 文龙娇，刘珍珍，陆玉梅著. —长春：吉林大学出版社，2023.7

ISBN 978-7-5768-2054-6

Ⅰ.①三… Ⅱ.①文… ②刘… ③陆… Ⅲ.①农业用地—土地流转—研究—中国 Ⅳ.①F321.1

中国国家版本馆 CIP 数据核字(2023)第 172220 号

书　　　名：三权分置下农地多元主体利益共享机制研究
SANQUAN FENZHI XIA NONGDI DUOYUAN ZHUTI LIYI GONGXIANG JIZHI YANJIU

作　　　者：文龙娇　刘珍珍　陆玉梅
策划编辑：黄国彬
责任编辑：张维波
责任校对：闫竞文
装帧设计：姜　文
出版发行：吉林大学出版社
社　　　址：长春市人民大街 4059 号
邮政编码：130021
发行电话：0431—89580028/29/21
网　　　址：http://www.jlup.com.cn
电子邮箱：jldxcbs@sina.com
印　　　刷：天津鑫恒彩印刷有限公司
开　　　本：787mm×1092mm　1/16
印　　　张：15.5
字　　　数：240 千字
版　　　次：2023 年 7 月　第 1 版
印　　　次：2023 年 7 月　第 1 次
书　　　号：ISBN 978-7-5768-2054-6
定　　　价：88.00 元

版权所有　翻印必究

前　言

公平与效率问题是经济学中的经典命题。在全面推进乡村振兴新时期，以共同富裕为目标的农村土地制度改革核心议题依然围绕公平与效率展开，即通过清晰的产权界定实现公平稳定的产权关系，借助灵活的产权流动促进资源配置效率优化。农地所有权、承包权与经营权"三权分置"改革，催生了多元化农地权利主体，促进了农地从分散走向集中规模化经营。然而，实践中农地流转"毁约弃耕""互敲竹杠"现象频现，缺乏公平性的农地利益分配冲突直接影响农业可持续发展，农地经营中的"非粮化""非农化"、资源掠夺式利用等现象屡见报端，不仅导致资源配置效率受损，更危及国家粮食安全。因此，三权分置改革理论与实践中亟待探索两方面问题：效率层面，如何通过产权流动激励农地多元权利主体实现资源高效可持续利用？公平层面，如何通过产权合理化界定协调农地多元产权主体间的利益关系，实现"利益共享"？上述问题既影响着国家粮食安全和农业农村现代化进程，也关系到乡村振兴战略、农业强国建设与共同富裕目标实现。

本书立足于"三权分置"制度背景，以农地多元主体间利益分配问题为切入点，首先依据利益相关者与产权理论识别农地相关利益主体，构建农地三权分置下多元权利主体利益关系理论分析框架；其次，运用田野调查与计量分析方法，分析农地经营权入股模式发展现状，探究了承包农户农地流转及经营主体农地经营投融资行为的影响因素；再次，通过案例比较，分析不同农地经营权入股模式下新型农业经营主体与农户的利益联结机制及其优化路径；并基于委托代理理论，构建农地多元主体之间利益共享的绩效激励模型，通过灵敏度与数值仿真定量分析方法，揭示内外部因素对基于农地多元主体间联盟总绩效产出激励机制效果的影响；进一步，结合探索性案例分析，探究乡村振兴背景下农地多元主体利益共享的演化机理与实现路径；最后，通过综合分析，借鉴混合所有制思想，提出以股份合作制为农地多元主体利益联结的组织载体，构建农地产权多元主体利益共享的混合所有制经济实现形式；并从产权制度改革、市场运行机制与配套保障机制方面，建立三权分置下农地多元主体利益共享的政策支持体系，为从公平与效率兼顾视角促进乡村振兴与共同富裕目标实现提供政策参考。通过上述研究，形成如下结论：

(1)农地经营权入股改革现状分析发现，在"三权"分置改革具体实践中，通过构建多元化股权融资平台、依托"三社"联动及农地"合股共赢"等创新举措，有利于激发要素活力，带动农地多元主体利益共享；但实践中尚存在农地多元利益主体"利益可共享、风险难共担"，农地经营权"入股出租化"倾向、收益分配中的激励不足、多元主体间的利益冲突等现实问题亟待解决。

(2)承包农户农地流转行为决策方面，除个体特征，农地价格评估政策的合理性、入股风险保障金政策的有效性、农地经营权入股政策的稳定性是影响农户土地经营权入股决策偏好的核心政策因素；相较于农地流转管理、入股分配政策，农户在农地经营权入股行为决策中更关心地价评估是否合理、入股风险是否能有效防范以及入股政策是否能够持续推行；与非试点地区对比发现，试点地区农户对土地经营权入股改革响应积极性更高，表明政策环境与引导对于提升农户行为意愿的影响作用显著。

(3)新型农业经营主体投融行为方面，相较于物权属性占优情况，农地经营权债权属性占优时，经营者为实现短期收益最优更倾向于高效农业技术投资，可能原因是物权属性经营权更有助于激发长期投资行为；新型农业经营主体农地经营权属性、过往融资经历等情景因素，通过行为态度、主观规范与知觉行为控制间接影响其融资行为偏好。

(4)农地经营权入股模式可持续发展的核心影响因素包括组织内部的利益联结关系及利益共享、风险共担机制等；基于案例比较发现，"内股外租型"、"自主经营型"与"合股共赢型"三种农地经营权入股模式利益联结关系呈现出由弱至强的变化，其中"合股共赢型"模式利益联结机制更为紧密。

(5)新型农业经营主体与农户利益共享的绩效激励问题研究表明,当农业监督部门设置的保留绩效量超过由均衡绩效产出决定的阈值时,才会对基于农户间协作型努力形成的联盟总绩效产出(UA)与基于单个农户利己型努力形成的个人绩效(NA)两种激励机制效果产生影响,因而政府通过该"目标激励"指挥棒引导农业产业化联盟的行为;相比NA激励机制,UA激励机制能够有效调动农户的协作型努力生产积极性,有利于实现更高均衡绩效产出,从而带动新型农业经营主体实现正向经济价值收益。

(6)农地制度变革下多元主体利益共享实现是乡村自修复机制、自适应机制和自完善机制下的资源要素整合、重构与优化和自主发展能力不断演化提升的过程。案例村庄形成了以农地制度改革为支撑、以农业产业发展为动力、以乡村人才成长为依托的农地多元产权主体利益共享的实现路径。从制度改革演化来看,"集中—细分"的农地产权制度改革与"征税—补贴"的农业经营制度变迁,是推动农地多元主体利益共享的"稳定剂"。从乡村产业演化来看,"主导产业—产业链—产业体系"的乡村农业产业化发展路径,是带动农地多元主体实现利益共享的"发动机"。从乡村人才成长演化来看,"个体带头人—组织带头人—职业农民""经验型—技术型—复合型"的人才成长路径,成为助力农地多元主体利益共享实现的"孵化器"。

针对上述研究结论,提出以下政策建议:(1)完善农地经营权入股收益分配制度,规范农民股东"按股分红"的操作程序,引导新型农业经营主体与农户间建立稳定的土地利用关系与紧密型利益联结关系,赋予农地经营主体更加稳定充分的农地经营权权能;根据农地经营权入股模式发展阶段差异,建立以租金动态增长、特色产业驱动、农民股东权益保障为不同侧重点的农地经营权入股模式优化路径。(2)从提升农户农地经营权入股行为响应视角,提出建立基于大数据的农地价值评估机制、"三位一体"规制政策的入股风险保障机制及农地"三权分置"下经营权入股政策法律协同推进机制等政策优化路径。(3)从激励经营者耕地保护与投资行为视角,应重视农地经营权属性差异对经营者投资行为带来的潜在影响,结合区域农业产业发展规划,制定农地经营权属性分类的农地投资激励、农业技术推广与耕地保护支持策略。(4)从改善经营主体融资可获得性视角,强化经营主体对农地产权属性控制信念,建立完善的农地产权交易市场和交易平台，积极推进农地经营权物权抵押数字普惠金融业务，拓展新型农业经营主体数字金融渠道。(5)鼓励农地多元主体间建立合作共赢的绩效激励机制，促进农业产业化联盟绩效提升、利益共享与协同发展。

  该著作从"效率"与"公平"双重视角探讨了三权分置下农地多元主体间"资源共用"的影响因素，以及"利益共享"的利益联结机制与绩效激励机制、实现路径及其配套政策支持体系。其中可能的创新之处体现在：(1)在学术思想上，引入利益共享的价值理念，寻求化解农地相关主体间利益矛盾之途径，并借鉴混合所有制思想，探寻农地多元主体利益共享的混合所有制经济；(2)在研究内容上，首先从效率视角，揭示政策环境对农户土地经营权入股行为决策的影响，与农地经营权属性差异对农地经营者投资行为的影响，为探索放活土地经营权的有效路径、促进农地资源高效可持续利用提供政策参考；其次从公平视角，采用委托代理理论设计农地多元主体协作参与的农业产业化联盟绩效激励机制，并通过探索性案例剖析乡村振兴演化中的农地多元主体利益共享形成机理与实现路径；(3)在研究方法上，采用田野调查、计量分析、博弈分析、模拟仿真及探索性案例分析等方法，考察农地多元主体"资源共用、利益共享"问题，形成了较为可靠的结论。

目 录

第一章　绪论 ………………………………………………………… (1)
 1.1　研究背景及问题提出 ………………………………………… (1)
 1.2　研究目的与意义 ……………………………………………… (5)
 1.3　国内外研究动态 ……………………………………………… (9)
 1.4　研究技术路线与内容结构 …………………………………… (17)
 1.5　研究方法与数据来源 ………………………………………… (20)
 1.6　可能的创新与不足 …………………………………………… (22)

第二章　三权分置下农地多元权利主体利益关系理论解构 ……… (25)
 2.1　三权分置下农地相关利益主体识别 ………………………… (25)
 2.2　农地多元权利主体利益关系的底层逻辑 …………………… (28)
 2.3　农地多元权利主体利益诉求分析 …………………………… (34)
 2.4　农地多元权利主体利益冲突分析 …………………………… (39)
 2.5　本章小结 ……………………………………………………… (43)

第三章　三权分置下农地经营权入股改革运行现状分析 ………… (44)
 3.1　农地经营权入股改革背景 …………………………………… (44)
 3.2　试点样本案例选取 …………………………………………… (45)
 3.3　样本地区土地经营权入股模式创新举措 …………………… (46)

3.4 农地经营权入股改革中存在的主要问题 …………………… (48)

 3.5 本章小结 ………………………………………………………… (50)

第四章 农户农地经营权入股行为决策的影响因素分析 ……………… (51)

 4.1 政策背景与理论分析 …………………………………………… (51)

 4.2 研究方法 ………………………………………………………… (57)

 4.3 回归结果与分析 ………………………………………………… (60)

 4.4 本章小结 ………………………………………………………… (62)

第五章 新型农业经营主体农地投资行为影响的实证分析 …………… (64)

 5.1 农地流转、经营权属性与经营主体投资行为理论分析 ……… (64)

 5.2 数据来源与描述性分析 ………………………………………… (72)

 5.3 模型设定与变量说明 …………………………………………… (74)

 5.4 估计结果分析 …………………………………………………… (78)

 5.5 本章小结 ………………………………………………………… (82)

第六章 新型农业经营主体融资决策偏好影响因素分析 ……………… (84)

 6.1 新型农业经营主体融资现状及问题 …………………………… (84)

 6.2 理论基础与研究假设 …………………………………………… (86)

 6.3 数据来源、问卷设计与模型构建 ……………………………… (89)

 6.4 新型农业经营主体融资偏好的结果分析 ……………………… (94)

 6.5 研究结论与政策启示 …………………………………………… (100)

 6.6 本章小结 ………………………………………………………… (102)

第七章 农地经营权入股模式中多元主体利益联结机制研究 ………… (104)

 7.1 农地经营权入股模式与特征 …………………………………… (104)

 7.2 农地经营权入股模式利益联结关系形成机理 ………………… (105)

 7.3 典型农地经营权入股模式试点案例分析 ……………………… (107)

 7.4 典型农地经营权入股模式利益联结机制比较 ………………… (112)

7.5 农地经营权入股模式利益联结机制优化发展路径 …………… (114)
7.6 本章小结 ………………………………………………………… (116)

第八章 农地多元主体利益共享联盟绩效激励机制研究 ……… (117)
8.1 农业产业化联盟形成背景与文献分析 ………………………… (117)
8.2 基于委托代理关系的农业产业化联盟绩效激励模型构建 …… (121)
8.3 农业产业化联盟绩效激励模型结果分析 ……………………… (130)
8.4 数值仿真分析 …………………………………………………… (139)
8.5 本章小结 ………………………………………………………… (144)

第九章 乡村振兴中农地多元主体利益共享的演化机理与实现路径 … (147)
9.1 文献梳理 ………………………………………………………… (147)
9.2 乡村振兴中农地多元主体利益共享形成机理分析框架 ……… (150)
9.3 研究方法 ………………………………………………………… (152)
9.4 案例描述 ………………………………………………………… (157)
9.5 乡村发展视角下农地多元主体利益共享演化机理分析 ……… (165)
9.6 农地三权分置下多元主体利益共享的实现路径探讨 ………… (182)
9.7 本章小结 ………………………………………………………… (185)

第十章 三权分置下农地多元主体利益共享实现形式与政策支持体系 …… (187)
10.1 农地多元主体利益共享的混合所有制经济内涵特征 ………… (187)
10.2 农地多元主体利益共享的混合所有制经济实现形式 ………… (190)
10.3 三权分置下农地多元主体利益共享的政策支持体系 ………… (192)
10.4 本章小结 ………………………………………………………… (196)

第十一章 研究结论与展望 ……………………………………………… (197)
11.1 研究结论 ………………………………………………………… (197)
11.2 研究展望 ………………………………………………………… (201)

参考文献 ……………………………………………………………（203）

附　录 …………………………………………………………（226）

　　附件一:农户调查问卷 ……………………………………（226）
　　附件二:新型农业经营主体调查问卷 ……………………（232）
　　附件三:村级调查问卷 ……………………………………（236）

第一章 绪论

1.1 研究背景及问题提出

1.1.1 公平与效率：农地三权分置制度改革中的核心议题

农地产权制度改革的核心是要处理好公平与效率的关系，即产权界定与产权流动性关系，这也是当前我国实现乡村振兴、共同富裕战略目标中亟需妥善处理的重要关系之一。清晰界定产权是实现公平稳定的产权关系与产权流动的基础，自由灵活的产权流动性则是实现资源配置效率优化与保障公平的手段，因此兼顾公平与效率的农地产权制度，既能够通过清晰稳定的产权界定激励土地拥有者的恒心，又可以通过自由灵活的产权流动激发土地经营者的雄心(李周，2021)。改革之初为解决温饱、提高粮食产量，农村土地制度实行长久不变的"土地所有权＋承包经营权"，即相对固化的"两权分置"产权安排，通过物权化农地产权激励家庭承包户农业生产投资积极性，同时发挥相对固化的土地产权给予弱势群体农民相对稳定的生存保障功能。经历了长期的探索，我国农地产权制度改革最新的制度成果体现在坚持集体所有权不变的基础上，将承包经营权正式拆分为长期稳定的农户承包权和可以流转的经营权，即所谓的"三权分置"，其目的是为解决土地经营碎片化问题，实现农地适度规模化经营。三权分置下农地产权结构细分为"长期不变的所有权—长期稳定的承包经营权—自由流转的土地经营权"，产权关系趋于稳定兼顾灵活、公平兼具效率，在促进农地资源配置效率提升的同时，形成了更加多元化的农地权利主体关系。这种独具中国特色的农地制度安排，为我国"三农"问题解决提供重要的契机,迎来新的局面。

2018年新修改的《农村土地承包法》将农地"三权分置"改革进一步上升为法律规范,在农地"三权分置"与土地承包关系"长久不变"的制度框架下,推进农地经营权流转,发展农业适度规模经营,已成为实现农业农村现代化与乡村全面振兴战略的重要组成部分。为进一步促进土地经营权规范有序流转,2021年3月1日,农业农村部出台了《农村土地经营权流转管理办法》,强调在依法保护集体所有权与承包经营权基础上,要平等保护经营主体通过流转合同取得的土地经营权,为进一步放活土地经营权、促进耕地资源充分合理利用提供政策保障。《"十四五"规划和2035年远景目标纲要》明确提出,加快培育新型农业经营主体,发展多种形式适度规模经营,实现小农户和现代农业有机衔接。"十四五"规划同时指出"探索通过土地、资本等要素使用权、收益权增加中低收入群体要素收入",通过农地赋权激活土地等要素流动性,已成为实现农地产权主体收入合理化分配的重要途径。2022年10月,党的二十大报告指出:"深化农村土地制度改革,赋予农民更加充分的财产权益。"2023年中央一号文件进一步强调"深化农村土地制度改革,让农民更多分享改革红利"。在全面推进乡村振兴的新时期,以共同富裕为目标的农村土地改革核心议题依然是围绕公平与效率展开,即如何在推进农地适度规模化经营与农地高效利用中,实现新型农业经营主体与小农户间的利益共享、合作共赢。

1.1.2 效率考量:如何通过产权流动激发土地经营者的雄心

耕作者积极性问题直接关乎农业经营绩效水平,是农地产权制度设计考量的关键点。历史上,永佃制实行土地所有权(田底权)与使用权(田面权)分离,并赋予了佃农永久耕作及继承、出租或出卖权利,使田面权得以自由流动,同时激发了耕作者积极性。20世纪70年代末,由人民公社所有制逐步向家庭联产承包责任制转变,土地所有权与承包经营权分离的改革,耕作者享有土地剩余的产权安排极大地调动了几亿农民自耕者的积极性(MacMilliam,1989;姚洋,1998;刘守英,2022)。农地"三权分置"制度下将土地承包权与经营权分离,其底层逻辑仍然是通过赋权、赋能强化土地经营者耕作权,并通过农地经营权自由流转流动,提升耕作者农地适度规模经营积极性与资源配置效率。

耕地作为农业生产的重要稀缺资源，是确保国家粮食安全的根基。耕地保护问题一直以来备受党中央、国务院高度重视，并提出要扎紧耕地保护的"篱笆"，守住18亿亩耕地红线。为放活土地经营权、促进耕地资源保护与利用，2022年中央一号文件明确提出，要落实"长牙齿"的耕地保护措施。然而，近年来随着我国工业化和城市化加速推进，耕地面积持续缩减，人地矛盾日益凸显。农业农村部发布的《2019年全国耕地质量等级公报》中显示，按照由低到高的耕地质量等级（共十个等级），全国20.23亿亩耕地平均质量等级为4.76等，其中中等及以下（4~6等、7~10等）耕地占68.76%。因此，对这部分耕地进行持续土壤改良与培肥地力，不断提升这类农用地综合生产能力，已成为今后粮食增产的重要突破口。

实践中，农地经营权流转、规模经营与耕地保护政策目标相背离的现象时有发生。三权分置促使农地从分散化、碎片化经营向规模化、集约化经营转型，也催生了许多规模化经营的新型农业经营主体，包括家庭农场、合作社、龙头企业等。近年来，随着土地租金的持续攀升，及规模经营中的管理成本激增，新型农业经营主体面临更高的农地规模化经营成本与风险（赵祥云，2019）。在双重压力与追求短期最大化收益利益驱动下，部分规模经营者开始采取"非粮化""非农化"或土地资源掠夺式农地利用，依靠增加化肥、农药等化学品施用提高粮食单产（Huang等，2008），使得化肥投入过量（Wu，2011）、农业面源污染加剧（Fischer等，2010；纪月清等，2016）、农业生态效率与生产效率低下（郭斯华等，2018）等，导致耕地质量下降和农业效率损失的双重困境。因此，基于农地制度改革效率层面，如何通过优化产权流动激励新型农业经营主体改进农地生产行为，积极采纳高效农业技术，加大土壤改良和培肥，提升耕地资源质量，已经成为关系粮食安全和农业现代化、可持续化发展的关键问题。

1.1.3　公平考量：如何通过产权界定实现多元主体利益共享

随着国际农产品市场竞争不断加剧、农业生产经营成本大幅上涨，现代农业已迈入高质量发展的"快车道"，在新的世情、国情和农情下，立足于三权分置制度框架构建紧密型农地多元主体利益共享机制面临着诸多的问题和挑战。

农地制度"两权分离"向"三权分置"变迁过程中,农业经营主体从同质化的小规模农户家庭经营,发展为多种类型规模经营主体并存格局。回溯这一变迁历程,妥善处理好农户与经营主体间的利益关系,是实现农业适度规模化、产业化化发展的重要基础。20世纪90年代,伴随农业产业化萌芽与发展,逐步兴起了"公司+农户"的订单式契约合作关系,解决了农产品产销衔接问题,促进了农业产业链纵向一体化发展(严瑞珍,1997)。然而,这种利益联结方式并不具有可持续性,其主要原因是缔约双方的市场力量与地位悬殊,资本稀缺的农户往往处于弱势方,在合作剩余分配中处于被动地位,缺少话语权的农户利益时常被企业侵犯(聂辉华,2013);同时,合作双方处于农产品买、卖交易的矛盾对立面,因而合作履约中面临过高交易成本(马九杰、徐雪高,2008)、机会主义行为及"敲竹杠"等履约风险(刘凤芹,2003)。随着市场化深入发展,农民组织化程度不断提高,特别是自2007年《农业专业合作社法》实施以来,农民专业合作社在全国迅猛发展,成为带动农户与农村集体经济发展的重要新载体。截止到2018年9月,我国依法登记的农民专业合作社发展到213万家,入社农户占全国农户总数的48.5%,平均每个村3~4家合作社(孔祥智,2022)。然而,在外部政策环境与内部成员异质性影响下,有名无实的"空壳合作社"、缺乏民主管理的"假合作社"以及利益分配不均形成合作社内"大农吃小农"等乱象丛生(徐旭初,2012),导致农民专业合作社的发展面临诸多非议。

伴随新型农业经营主体规模不断壮大,与小农户之间的利益矛盾问题也日益凸显。三权分置改革政策、农地确权登记颁证相继实施,农地流转不断加速进一步促进了农地集中连片规模化经营,新型农业经营主体逐渐成为农业现代化发展的主力军。2013年中央一号文件中,将家庭农场、专业大户列入了新型农业经营主体行列,这两类由小农户发展而来的经营主体备受关注。据农业农村部统计,截至2020年,全国家庭农场名录系统填报数量超过300万个,创建县级及以上示范家庭农场数量达11.7万个[①]。家庭农场兼具了家

---

① 数据来源:农业农村部,《对十三届全国人大四次会议第3477号建议的答复》https://www.moa.gov.cn/govpublic/XZQYJ/202107/t20210715_6371970.htm。

庭经营与企业化运营管理优势，可以弥补专业大户与农民专业合作社的不足（钟真，2018）。然而，实践中仍存在一些反常现象：如山东、安徽、黑龙江等多个粮食主产区出现"退租热潮"，一些新型农业经营主体由于亏损而"毁约弃耕"，或者农户与新型农业经营主体"互敲竹杠"的事件仍屡见报端（朱隽，2016；高强；2017）。究其根本，农地供求双方未达成一个合作分享剩余的利益共享机制。三权分置下农地多元主体间的利益分配问题已成为矛盾的焦点，农地主体间利益分配失衡直接影响农业农村现代化进程和乡村振兴战略目标的实现。因此，基于产权制度改革的公平性考量，如何通过产权界定促进新型农业经营主体与农户形成"资源共用、农地共营、收益共享"的利益分享机制，让小农户与现代农业有机衔接并参与农业产业链增值收益分配，已成为当前乡村振兴战略与共同富裕目标实现中亟待破解的重要议题。

1.2 研究目的与意义

1.2.1 研究目的

本研究围绕农地三权分置改革下新型农业经营主体与农户之间的利益冲突问题，结合典型案例调查，及具有代表性的田野调查等大样本统计数据，识别农地三权分置下相关利益主体，解构三权分置下农地多元主体间的利益关系，并揭示农地三权分置下各主体行为决策及其利益关系的影响因素，探寻农地三权分置下多元主体的利益共享绩效激励机制、实现路径及引导策略。为达成上述研究目标，具体目标分解为以下四个：

目标一：解构农地三权分置下各利益主体及其理论关系。面对农地多元主体利益分配冲突问题，清晰、准确界定与识别农地各相关利益主体，厘清主体间的利益关系，是建立农地利益主体互利共享机制的重要前提。因此，首先需要识别农地三权分置下涉及的利益主体，在此基础上解构农地相关利益主体间的多元权利与复杂利益关系，透过主体间利益冲突现象及其行为互动，厘清农地利益主体在行为上的不同程度合作、在利益上的不同方式联结关系，是本研究的重点目标。

目标二：揭示农地三权分置下各主体行为决策及其利益关系的影响因素。农地三权分置下各利益主体行为互动及利益关系受到诸多因素影响，并最终影响主体间利益分配。研究将通过大样本数据实证分析各行为主体在农地流转经营中的行为决策，具体包括农户农地经营权入股流转行为决策的影响因素，以及不同农地产权属性对新型农业经营主体农地投、融资行为的影响因素，构建三权分置情境下新型农业经营主体与农户利益关系的影响因素分析框架。

目标三：探寻农地三权分置下多元主体的利益共享机制。建立新型农业经营主体与农户利益共享机制，是实现双方互惠共生、协同发展的重要基础。本研究将根据农地三权分置下多主体间复杂的利益博弈关系及其行为策略选择，构建农业产业化联盟的绩效激励机制模型，从模型结果中挖掘经济学内涵，从而支撑农地多元主体间利益共享机制优化的实现。

目标四：探索农地三权分置下新型农业主体与农户利益共享的实现路径及政策支持体系。在农地多元主体利益共享的农业产业化联盟绩效激励机制基础上，构建农地多元利益主体的经济形式与政策支持体系，是本研究实践价值的重要体现。

1.2.2 研究意义

"三权分置"下农地多元主体间的利益分配失衡问题直接影响农地资源配置效率、农业农村现代化进程，更关系乡村全面振兴战略与共同富裕目标实现。如何兼顾公平与效率促进农地多元主体间形成"资源共用，利益共享"，已成为推进当前农业农村现代化发展中紧迫而重要的现实议题。本研究的理论与现实意义具体体现在以下方面：

1. 理论意义

第一，有利于拓展产权理论在农地多元权利主体间的利益分配研究。产权理论核心观点认为"私有企业的产权人享有剩余利润占有权"。在权利主体多元化、权利结构相对复杂的中国农地三权分置制度框架下，如何实现农地多元权利主体间剩余利润的合理分配与共享，对这一问题的探讨，将有助于丰富与拓展产权理论在农地多元权利主体间的利益分配研究。

第二，有利于完善农地三权分置的多元主体利益共享实现的理论体系。利益共享理念植根于中国特色社会主义实践与治理中，也是马克思利益理论的当代价值体现。然而，已有研究尚缺乏就农地制度改革如何贯穿利益共享价值理念的理论探讨，本研究将借鉴利益共享的理论与"共享"价值理念，结合三权分置下农地利益主体多元化、利益关系复杂化特征，从农地制度演进逻辑、农地相关利益主体形成逻辑及农地多元主体利益共享实现逻辑层面，进一步完善三权分置下农地多元利益主体利益共享实现的理论架构。

第三，有利于丰富农地产权主体利益共享的农村混合所有制经济理论探索。当前学界关于"混合所有制经济"问题的微观探讨多集中在国有企业改制领域，围绕农地三权分置改革的混合所有制探讨尚屈指可数。鉴于混合所有制与农村土地产权制度间的内在逻辑关联，本研究将混合所有制经济思想引入到三权分置下农地多元权利主体利益共享机制构建中，对农地多元主体利益共享的混合所有制经济内涵进行了新的诠释，并从资本性质、经营模式视角，丰富农地多元主体利益共享的混合所有制经济实现形式。

2. 现实意义

第一，有利于从产权制度改革视角，促进资源要素城乡融合发展。现代农业高质量发展对改进新型农业经营主体与农户利益联结机制提出了新要求。植根于城乡二元经济结构的中国土地市场，在地域空间结构上形成城与乡的屏障，同时也形成了城乡间要素价值的天渊之别，进而造成了农村土地市场要素配置低效率、城乡收入差距等一系列社会经济问题。当前，推进农村土地经营权入股发展产业化经营改革试点，不断探索创新土地经营权入股模式，丰富完善土地承包经营权权能，深度融合农业产业链上各参与主体，使农业生产各类要素组合结构优化，是实现城乡土地市场一体化发展的重要举措。本研究以全国农地经营权入股发展产业化经营试验试点区为例，通过典型村、镇田野调查，探明新型农业经营主体与农户对农地经营权入股合作意愿及利益诉求，通过不同合作方式下的利益联结机制比较，探寻实现土地经营权入股发展农业产业化经营的最优利益联结机制安排，从而以农业产业化发展为导向、农民增收与权利保障为目标，构建农民土地经营权入股模式创新与保障机制，为从产权制度改革视角促进农业产业化、城乡要素资源融合发展提供决策参考。

第二，有利于从利益分配环节，促进小农户与现代农业有机衔接。小农户与现代农业有机衔接目标对优化新型农业经营主体与农户利益共享机制提出了新方向。党的十九大报告明确提出要"实现小农户和现代农业发展有机衔接"。中国人多地少的基本国情及以农地家庭经营为主的小农户生产方式，决定了实现农业现代化发展道路需要建立小农户与现代农业有机衔接，而二者有机衔接的关键是建立长期稳定的小农户与新型农业经营主体农地共营、合作共赢的利益共享机制。然而，实践中小农户和现代农业发展有机衔接将面临诸多问题和挑战，如一些新型经营主体与小农户合作随意性较大、稳定性不强，小农户在合作中处于弱势地位，议价能力弱、缺乏话语权，小农户无法参与农业产业链、价值链增值收益分享。因此，如何正确认识及妥善化解上述难题，已成为实现小农户和现代农业发展有机衔接工作中关键着力点。实现两者有机衔接的关键是要按照"产权清晰、资源共用、农地共营、收益共享、合作共赢"的目标，全面推进产权制度、促进三权分置多元权利主体利益共享机制创新，以期有效解决二者在利益分配中的矛盾冲突，加快推进中国农业现代化的历史进程。

  第三，有利于农地多元主体间利益共享，促进共同富裕目标实现。乡村振兴与共同富裕战略目标对完善新型农业经营主体与农户利益共享机制提出了新期待。党的十九大报告中明确了新时代共同富裕的远景目标，乡村振兴战略和农业现代化建设是实现共同富裕的关键举措。三权分置制度背景下，农地经营权市场化流转中催生了不同类型新型农业经营主体，同时多种适度规模经营的农业经营模式与利益联结机制并存。当前农地多元权利主体存在着多元化利益诉求，并形成了利益主体间的权益冲突、绩效冲突及代际利益冲突等，与"三权分置"政策制定者预设的目标存在偏差，直接影响乡村振兴战略、农业农村现代化建设进程与共同富裕目标实现。因此，亟待立足于三权分置改革，从利益调节、利益分配、利益保障机制与政策体系设计方面等进一步优化新型农业经营主体与农户的利益分配机制。本研究针对农地利益主体间不同合作形式及规模化水平，提出差异化的利益联结机制与利益共享实现路径，并从制度改革、市场运行与保障机制等层面构建实现农地主体间利益共享的政策支持体系，以期从优化农地多元产权主体合作与利益共享机制层面，助力乡村振兴战略与共同富裕目标实现。

1.3 国内外研究动态

1.3.1 国外研究动态

1. 农地私有制下相关利益主体研究

中西方不同农地产权制度环境下,农地相关利益主体及其行为互动关系也存在着较大差异。亚当·斯密在《国富论》(1776)中指出"土地的地租是源于土地的私有制而产生"。在农地私有制下,围绕地租形成的相关利益主体主要包括监管者、所有者与经营者。一是监管者。政府介入并干预土地交易的必要性在于土地市场失灵(Douglas C. Macmillan,2000)、兼并集中趋势(Deininger and Feder,1998)、投机风险(E. R. Alexander,2014)等问题的存在。二是所有者。已有研究指出,经济组织的所有权本质上是一种"剩余索取权"(Alchian and Demsetz,1972),剩余索取权是激励所有者努力监管的源动力。产权认知(Simbizi,2014)、交易成本(Deininger and Jin,2009)、宏观环境(Macmillan,1989)等因素对农地所有权农户租赁行为具有显著影响。三是经营者。学者们关于农地产权稳定性、完整性对经营主体投资行为的重要影响已形成共识(Gao et al.,2017)。不稳定的农地产权如同土地上的一种随机税(Besley,1995),使经营者对土地投资收益缺乏稳定预期(Jacoby and Mansuri,2006)。Gao et al.(2010)发现农户转入农地(平均合同期限是3.1年)的有机肥施用概率和用量显著低于自家农地(承包期限是"长久不变")。地权的不稳定性和不完整性还会导致土地资源的退化(Otsuka et al.,2001),也无法带来农地流转的土地产出效率提升(Li et al.,1998)。此外,针对近期中国农村土地制度改革,学者们认为当前改革有助于促进农村土地资源优化配置和经济增长,缓解贫困和激发市场活力(Besley & Burgess,2000),确保耕地保护红线、粮食安全和改善农村生活环境,充分激活农村振兴的内在动力(Zhou et al.,2019;Long et al,2020)。

2. 农地相关主体利益关系探讨

合作竞争理论较早提出了利益主体间可能存在三种关系:竞争、合作和无关,竞争与合作则是利益主体行为关系的常态化表现形式(Deutsch M.1973)。利益相关者理论认为,每个利益主体均有其各自利益诉求,在进行利益角逐中会受到其他主体不同程度制约，因而需要通过合作方式以实现不同主体间的利益协调(Freeman，1984)。而当各主体间的目标冲突未得到有效调节时，就会形成不同形式的利益冲突问题(Fraser，1992；Meister and Fraser，1994)。基于农地利用的利益矛盾，自然根源是土地资源利用的多样性与稀缺性，其社会根源则是人们基于土地日益增长的多元化需求(Andrew，2003)。土地利益相关者基于各自利益诉求，在利益驱动下对土地资源竞相争夺，因而土地利用与资源配置中产生冲突集中反映为利益矛盾(Campbell et al，2000；Mungai et al，2004；Bekele et al，2022)。此外，部分研究表明尽管农地私有制有利于提高产出绩效，但私有土地产权本身无法保障产权主体的安全性，土地再分配改革真正受益者往往是土地精英，小规模或低收入农户的利益难以在分配中获益。

3. 围绕地租的利益分配问题研究

西方学者主要围绕地租展开了农地相关主体间的利益分配来源与分配机制探讨。早期，威廉·配第以《赋税论》(1662)等著作形成了以地租论为中心的分配理论，认为"土地的地租就是在土地上种植的粮食作物扣除一切支出后剩余的收入"，地租的形成是农地相关主体利益分配的来源。在19世纪的古典经济学中，土地在经济分析中发挥了重要作用。马克思的《资本论》中指出地租是土地使用者向土地所有者缴纳的超出平均利润的剩余价值。张五常(1969)提出农业生产中相关主体间的三种典型利益分配形式为：固定租约、分成租约与工资合约。关于固定与分成租金孰优孰劣，学者们形成了不同见解。亚当·斯密(1974)在其《国富论》中指出固定地租取代分成地租制，是由于分成地租制下存在的土地权利不稳定、动机不充分等问题导致资源使用效率低下。以马希尔(1961)为代表的新古典经济学家认为，相对固定的地租模式或固定工资制比分成地租制的效率更高。也有学者认为分成地租制更能够激发佃农耕作的积极性，也更能够改善其福利水平(Sismondi，1966)。农村土地市场配置过程中，土地增量收入是利益分配的重要来源，部分学者就土地征用问题，提出农村土地收入补偿应根据相关主体的权益进行合理分配(Nosal，2001；Larbi et al，2004)。Cheung(1969)认为零交易成本情景下分成契约与固定租金两种利益分配机制是等效率的，而实践中由于交易成本并非为零,因此有利于降低交易成本与规避风险的利益分配契约成为主流。Barzel(1989)比较了分成契约、固定租金、固定工资及土地和劳动的独占所有权等不同契约形式,认为土地租佃契约选择主要基于不同契约形式的交易成本的度量。此外,也有学者关注到土地租赁市场的分配效率,认为土地权属无保障可能是分配效率低下的重要原因,其中包括由于政策改革失败(Otsuka,2007;Holden et al,2013)。以埃塞俄比亚为例,该国1998年通过提高土地保有权保障的低成本土地登记和认证改革,为改善权属保障和更活跃的土地租赁市场提供了巨大动力(Deininger et al,2008;Deininger et al,2011;Holden et al,2011)。

1.3.2 国内研究动态

1. 三权分置下农地相关利益主体及其行为研究

伴随着中国农村土地从"两权分离"到"三权分置"的产权制度变迁,农业生产中逐步形成了"集体所有、家庭承包、多元经营"的新格局(焦富民,2016)。农地三权分置制度的制度绩效集中体现为通过农地承包经营权确权登记颁证与经营权流转,明晰产权归属、提升资源配置效率,满足了"公平"与"效率"兼顾的制度设计(张红宇,2020)。围绕农地三权分置相关利益主体研究,主要涉及了农地所有权、承包权与经营权等多元权利主体。

一是村集体,其担负了土地"所有权人"与"中介人"双重身份,村委会成员则是地方政府与农户的共同代理人(曾艳等,2015)。关于村集体在农地流转中的作用,学者们形成了鲜明对立观点。持肯定观点认为,村集体介入农地流转,可以降低农地流转双方交易费用,减少双方信息搜寻成本及流转中存在的纠纷问题,实现农地规模经营,提高转入户农业生产长期投资的积极性等(钱文荣,2003;马贤磊等,2016;张建等,2019;简新华、王懂礼,2020)。在农地流转市场尚处于起步发展阶段,村集体或集体经济组织作为农地流转双方共同委托代理,发挥着不可替代的重要作用(陈美球等,2017;孔祥智等,2013;程建等,2017)。反对观点则认为,村集体参与农地流转往往会出现越俎代庖行为,将会抑制农地流转,违背农户流转意愿、侵害其农地承包权益等(钱忠好,2002;孙新华,2017)。鉴于此,有必要对规范农村集体土地所有权的农地流转管理与服务权能,使其在农地流转与规模化经营中既不能缺位，也不能越位、错位(程久苗，2020)。

二是承包地农户，是农业经济行为的重要微观基础，作为农地供给方，是否流转农地经营权、选择何种方式流转以及是否参与农地规模化经营等行为决策直接影响其最终利益分配(彭开丽，2020；张占录等，2021)。作为有限理性的经济人，农户的农地流转行为意愿会受到内、外部诸多因素影响。既有的研究结果表明：农户的阶层分化(徐美银，2013)、家庭非农收入比重(张笑寒、蒋金泉，2009；林乐芬、王军，2010；帅晓林，2012)、农户产权认知、产权偏好、组织信任(高佳、宋戈，2017；徐美银，2013；杨宗锦、柳思维，2011)等内部因素都显著影响农户土地经营权流转意愿。而外部环境因素又可分为自然因素和人为因素，土地规模(帅晓林，2012)、土地质量(张玉成，2011)、地区差异(张笑寒，2008；张笑寒、蒋金泉，2009)等自然因素显著影响农户土地经营权流转意愿及行为。

三是新型农业经营主体，作为农地需求方其对流转农地投资及抵押融资等行为直接影响规模经营收益及其利益分配(李一江等，2022；李名峰等，2021)。现代产权理论认为，清晰、稳定的产权关系是实现资源最佳配置的重要前提。既有研究中主流观点认为，农地调整(许庆、章元，2005；陈铁、孟令杰，2007)、农村土地确权(黄季焜、冀县卿，2012；应瑞瑶等，2018)、农地流转方式(邸亮亮等，2011；张建等，2019)、农地经营权流转期限(罗兴、马九杰，2017；邹伟、崔益邻，2019)等因素直接影响经营者对地权稳定性的预期，并激励其进行有助于土地肥力改善的长期投资行为(俞海等，2003)。例如，邸亮亮等(2013)对全国6省追踪调查数据的分析表明，农户对农地使用权稳定性预期由"好"到"不好"将使其施用有机肥概率降低7%，施用量则每公顷减少1.18吨；例如，俞海等(2003)发现，与没有发生土地调整的情况相比，土地调整的不稳定地权下，土壤有机质含量分别平均下降4.62克/千克。此外，少数学者关注到，实践中经营主体基于不同农地流转方式获取的经营权属性具有显著差异(张毅等，2016)，农地经营权能否成为金融机构接受的有效抵押物，将受到抵押标的物的权属完整性影响(罗杰、马九杰，2017)，差异化经营权属性将直接影响农地经营权抵押的实现效果(李宁等，2017)。

目前，关于新型农业经营主体融资偏好的研究多集中于传统融资方式的探讨。宏观层面,已有研究表明中国新型农业经营主体普遍面临融资意愿需求强烈而贷款获批率低(宋洪远等,2020),融资成本居高不下(王吉鹏等,2018)等现实难题,创新融资方式已成为破解新型农业经营主体融资约束的关键(曾雄旺等,2020)。微观层面,学者们对新型农业经营主体的融资影响因素进行实证分析,在研究方法上,较多学者采用了有序Logit模型(吕德宏、冯春艳,2016)、Binary Logistic模型(林乐芬和沈一妮,2015)、Probit(鲁钊阳,2017)模型等;在影响因素的选取上,包括负责人个体及组织特征(吕德宏、冯春艳,2016)、融资渠道和融资途径(郭树华和裴璇,2019)、农业生产周期(丁淑娟等,2017)、贷款经历及贷款的了解程度(郑涛等,2017)等特征。此外,农村土地"三权分置"下,新型农业经营主体在农地流转、生产投资中的融资需求偏好同样受到农地产权情景的影响(李江一、秦范,2022;兰勇等,2021)。少数学者关注到新型农业经营主体数字网络借贷偏好,认为相比普通农户,新型农业经营主体具备较好的信息基础设施条件(阮荣平等,2017),同时具备自身禀赋与外部条件优势,更容易接受网络借贷方式(鲁钊阳,2017)。新型农业经营主体在融资能力、融资约束等方面与科技型小微企业具有相似特征,依托于云计算与云创新理论的云融资模式,与新型农业经营主体低成本、周期性与较大规模资金需求特征相匹配,可以降低其生产经营风险、提升融资便利性(王洪生,2018)。

2. 三权分置下农地相关主体的利益联结关系研究

三权分置下通过农地经营权市场化流转,改变了农业生产组织方式,形成了新的利益关系与集体行动系统(刘鸿渊、陈怡男,2107)。同时,农地流转市场的良好运行,有助于实现土地从小农户向新型农业经营主体转移,形成利益联结的合作关系(王乐君等,2019)。在此背景下,新型农业经营主体与承包农户形成了多种形式的利益联结关系。按合作组织性质及类型差异,划分为农地股份合作社模式(赵攀奥等,2017)、农民专业合作社模式(钟真、黄斌,2018)和有限责任公司模式(吴义茂、吴越,2012),以及具有物权属性、法律性质的土地经营权入股合伙模式(肖鹏,2017)。针对土地承包经营权入股企业运作模式,学者们考察了土地股份合作制企业的设立、运作、土地股份变动及注销状态,借此探析农村土地承包经营权入股制度的构造(陈志，2012）。基于法学视角分析，入股有限责任公司是较为理想的入股组织形式，有限责任公司"资合性""营利性"的特点恰符合土地承包经营权资本化入股的目的，且《公司法》赋予有限责任公司较大的自治权为入股农户提供更多的法律保护（吴琼，2015）；但事实上，土地承包经营权入股有限责任公司的开展中依然存在许多障碍，与现行的《公司法》《农村土地承包经营权流转管理办法》及《物权法》等相关法律条款之间存在着冲突问题（万瑞，2016）。按农地股份合作制运行方式，张兰君、赵建武（2013）将其界定为内股外租型、自主经营型、社区型发展模式。按"牵头人"的类型不同，杨桂云（2011）将农地股份合作组织区分为社区集体主导型、农户自发型、"公司"＋"农户"型、中介组织带动型及政府引导型模式。在上述模式类型划分的基础上，少数学者对不同类型农地经营权入股模式进行了比较分析，如林乐芬和李伟（2015）对内股外租型、自主经营型与兼业型三种农地股份合作社模式比较认为，自主经营型模式更有利于农户分享土地财产收益；何安华（2015）比较合作农场和"内股外租"型农地股份合作社，认为合作农场和农户间的土地要素合作关系更加稳定。

3. 新型农业经营主体与农户间的利益关系研究

围绕新型农业经营主体与农户之间利益关系探讨形成了两种对立观点。一是"带动论"。认为新型农业经营主体是带动农民收入持续增长的"领头雁"，在中国发展这类主体核心意义在于对农户、农业及农村形成辐射带动力（陈晓华，2020；阮荣平等，2017）。其中，农民经济合作组织在降低交易成本与风险、确保农民获得稳定收益、促进农户采用新品种新技术等方面发挥积极作用（黄祖辉，2019）。基于嵌入性视角，新型农业经营主体通过乡土文化、政策扶持等"再嵌入"（赵祥云，2019），在谋求经济利益的同时也十分注重与小农户的融合发展（李耀锋、张余慧，2020）。二是"排斥论"。认为当前中国新型农业经营主体内部及其与小农户之间的利益关系存在不稳定性、复杂性与不完全性等特征，因而存在双方机会主义倾向、违约风险以及敲竹杠问题（刘凤芹，2003；朱隽，2016；高强；2017）。新型农业经营主体培育会排斥小规模经营、侵占其生存空间，最终使其隶属于资本化农业（赵祥云，2019）。这种"互斥现象"在"龙头企业＋农户"的合作模式中表现尤为突出，一方面，由于农业自然属性、农户的机会主义倾向及企业的剥削行为等,提高了二者在合作中的违约风险(聂辉华,2013;黄梦思等,2016);另一方面,双方经济实力与地位的不对等,使得小农户利益容易被挤压和侵占(陈义媛,2016;阮池茵,2017)。

4. 农地制度变迁下相关主体利益分配机制研究

中国农村土地产权制度变迁遵循了"价值决定利益,利益需要产权"的逻辑主线(谭荣,2021)。伴随我国农地制度演变,农地相关主体间利益分配机制研究经历了两个阶段:第一阶段(1949～1978年),从独享到分享。从农民个体所有制到人民公社农村集体所有制再到家庭联产承包制变迁中,农地利益分配实现了从低效益、低水平的农民个人利益独享到"三级所有,队为基础"的平均主义利益分配,再到"交够国家的,留足集体的,剩下是自己的"不同主体间利益分享(王小映,2000;冀县卿、钱忠好,2009;刘守英,2022)。第二阶段(1978至今),从分享到共享。从农地"两权分离"到"三权分置"制度改革,农地利益分配实现了从国家、集体与农户间缺乏公平性的分享到多元主体之间的合理分配与利益共享(魏鲁彬,2018;夏晨,2021)。这一阶段,农地集体所有权与农户土地承包权,共同分割、分享土地所有权的权能和利益,因而在产权形态上形成了集体和农民共享(魏鲁彬,2018)。三权分置下围绕农地流转形成的多元主体利益分配机制中,关键是需要处理好农地流转、增值收益分配、农地承包经营权退出中多元参与主体的利益诉求、利益结构及利益冲突(杨遂全等,2020;王萍等,2021)。

5. 新型农业经营主体与农户的利益分配机制研究

三权分置下通过农地经营权流转,新型农业经营主体与农户形成了多元化的利益分配机制。从利益分配的契约安排视角,关于固定租金契约与分成契约的争论仍在延续。在发展农地股份合作制模式中,2018年中央一号文件中明确鼓励新型农业经营主体与农户建立"保底＋分红"的利益分配机制,这种利益分配机制被认为是兼具固定租金与浮动分成契约优势,同时也兼顾农户风险承担能力与收益共享激励的双重诉求(高海,2014;何劲等,2018)。然而,已有研究表明实践中的"保底＋分红"流于形式,本质上依然是固定租金契约(诸培新等;2014;张笑寒等,2015)。马彦丽(2019)基于张五常和巴泽尔的交易成本分析框架，分析认为农地股份合作社模式中固定租金契约安排优于分成契约，主要原因在于分成契约的交易成本更高。从实现农地经营权保障功能视角出发，有学者认为"保底收益"这种分配机制更有利于保护农户利益。但从公司法理的角度出发部分学者持反对观点，认为农地股份合作制不宜采用"保底"这种固定收益分配方式，不仅会损害债权人的利益，还会侵犯非农股东的权益（吴义茂和吴越，2013；文杰，2019；崔晓倩，2020）。对此也有学者提出了实行差异化股权配置与优先股治理模式，有利于"保底＋分红""按股分红""保底分红＋按股分红"等不同利益分配机制的实现重要保障（李灿、阳荣凤，2021）。此外，随着新型农业经营主体与农户的合作形式日趋多元化，理论与实践层面均纷纷开始探索建立多层次、差异化利益联结与分配机制。四川崇州的"农业共营制"正是探索农地多元主体间"利益共享、风险共担"的典型，形成了包括超产分成、纯利润分成、保底分红等多种不同利益分配模式（申云、贾晋，2016）。在此基础上，钟真等（2021）提出构建紧密型农业产业化的农地多元主体利益联结机制。

1.3.3 国内外研究动态评述

国内外关于农地利益主体及其关系、分配机制的国内外学术史及研究动态，呈现出三方面的发展动态：一是西方学者基于农地私有制度，以农地地租为核心，围绕地租产生的监管者、所有者与经营者等相关利益主体可能存在竞争、合作关系及利益分配等问题形成了丰富的经济学理论基础。二是我国农地制度从"单一权利主体、一组权利"向"多元权利主体、一束权利组合"演进；三是伴随农地制度变迁，国内农地利益主体呈现多元化、利益关系趋于复杂化、利益分配机制朝向共享化发展。

已有丰富研究成果为本书撰写奠定了坚实基础，但尚存在一些不足：（1）农地相关利益主体及其行为研究方面，既有关于承包农户的农地流转行为研究，多从农户自身及家庭特征等微观视角进行影响因素分析，忽略了政策环境对微观主体农户行为决策的影响；对于新型农业经营主体的农地投融资行为影响因素研究，法理层面，不同情境下农地经营权属性界定模糊不清；实证层面，农地经营权性质差异对经营者投资行为的影响尚待进一步检验。（2）农地多元主体间的利益关系研究方面，已有研究对农地股份合作社模式进行了有益探讨，但多侧重于以农地承包经营权入股为基础的农地股份合作社模式研究，较少针对农地经营权入股不同模式探索，不同模式的利益联结方式、利益分配、风险分担等方面的差异缺乏综合比较与发展路径探讨。(3)现有关于新型农业经营主体与农户利益联结的研究，多强调异质性农地多元权利主体之间的纵向融合与协同，忽视了联合体内部农户之间的横向协作关系与效应，更未能深入探讨影响其农业绩效及经济利益的内外部因素。(4)农地多元主体利益分配机制研究方面，主要是通过质性、案例分析等定性方法阐述了分配机制的历史演进、意义原则及存在问题等，而未能意识到农地流转主体双方间的委托－代理关系，更未能通过设计具体的激励机制来实现农地多元主体达成利益共享的合作机制探讨。

为此，本研究拟对农地三权分置下新型农业经营主体与农户的利益共享机制进行研究，尝试在以下方面拓展：首先，基于利益相关者理论、产权理论对三权分置下农地多元利益主体进行识别；其次，建立三权分置下农地利益主体间行为决策模型，探讨新型农业经营主体与农户利益关系及其影响因素；最后，基于农地相关主体之间的委托代理关系，构建农地多元主体间的利益共享的绩效激励模型，并借助案例分析，探寻农地三权分置下新型农业经营主体与农户的利益共享机制与实现路径。

1.4 研究技术路线与内容结构

1.4.1 研究技术路线

本项目以农地"三权分置"制度为背景，以新型农业经营主体与农户之间利益分配问题为切入点，依据利益相关者与产权理论界定农地相关利益主体，建立农地三权分置下新型主体与农户利益关系理论框架，运用田野调查与计量分析方法识别新型主体与农户利益关系的影响因素，进而探讨农地三权分置下新型主体与农户利益共享的联结机制与绩效激励机制，探寻农地多元主体利益共享的实现路径，并构建配套政策支持体系，研究技术路线如图1-1所示。

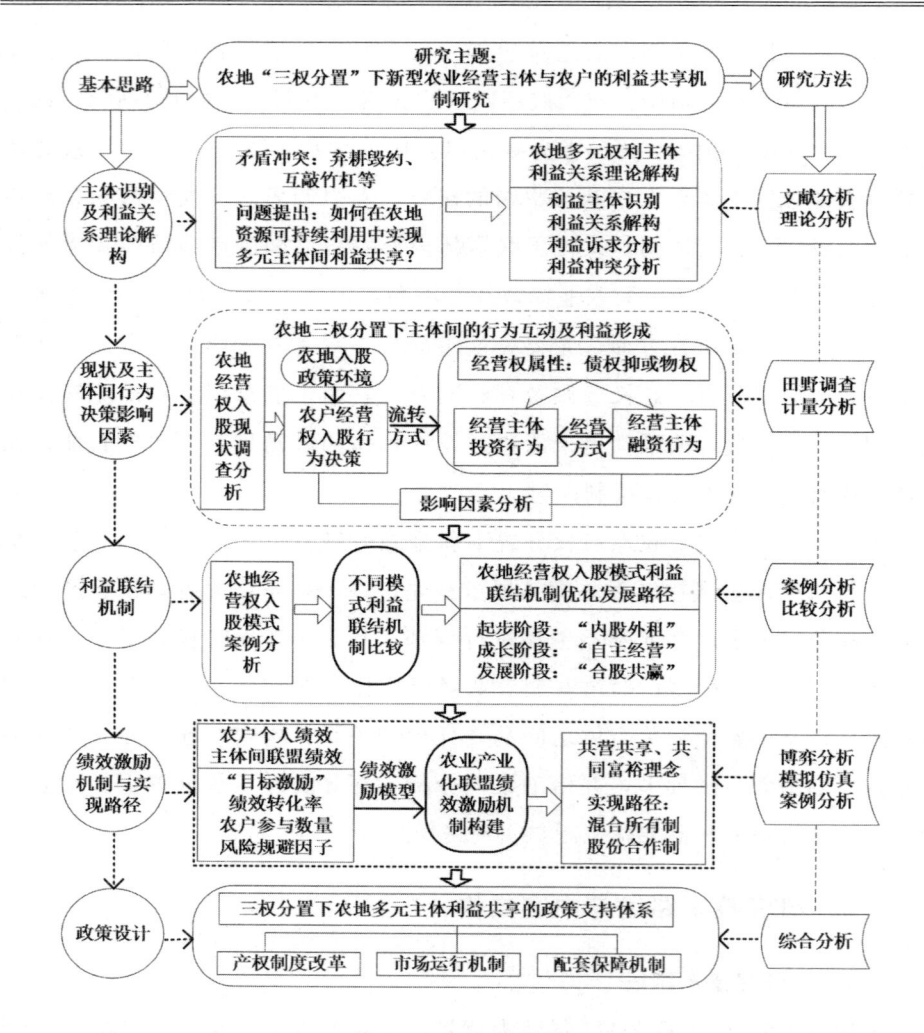

图 1-1 研究技术路线

1.4.2 内容结构安排

结合上述研究技术路线，本研究报告共分为十一章内容，具体内容结构安排如下：

第一章：绪论。从农地三权分置改革的政策实施与现状分析中明确研究选题背景，并提出本研究核心探讨问题，即三权分置下新型农业经营主体与农户如何实现"农地共营、利益共享"，并围绕这一问题展开研究目的与意义、国内外研究动态梳理、研究技术路线与内容安排、研究方法与数据来源等具

第一章　绪论

体研究设计。最后，从研究中提炼本研究的可能创新之处与不足。

第二章：农地三权分置下新型农业经营主体与农户利益关系的理论解构。本章首先基于产权理论、利益相关者理论，识别界定三权分置中的农地相关利益主体；其次，从农地制度演进逻辑、农地相关利益主体形成逻辑及农地多元主体利益共享实现逻辑层面揭示农地多元主体利益关系的底层分析逻辑；最后，分析不同农地权利主体的各自利益诉求及主体间面临的多层面利益冲突矛盾。

第三章：三权分置下农地经营权入股改革运行现状分析。本章对农地经营权入股发展农业产业化经营试验试点地区进行现状调查，从整体层面把握农地经营权入股改革的实施情况、经验做法及创新举措，重点分析新型农业经营主体与农户的利益分配关系及存在主要利益矛盾，为下文农地相关利益主体行为决策影响因素研究提供现实依据。

第四章：农户农地经营权入股行为决策的影响因素分析。在建立农地经营权入股政策理论分析框架基础上，从农户政策环境认知视角提出研究假设，实证检验了农地经营权入股试点中各环节政策对农户入股意愿及行为的影响，揭示农户农地经营权入股行为决策的核心政策影响因素。

第五章：新型农业经营主体农地投资行为影响的实证分析。首先，结合法律条文与理论分析，从农地流转具体情形中识别辨析农地经营权法律属性差异，构建农地经营权属性识别模型与规模经营户投资行为模型；其次，采用两阶段估计方法，实证检验农地经营权属性对经营者高效农业技术投资行为的影响，并使用工具变量处理农地经营属性识别中的内生性问题；最后，根据估计结果给出研究结论及具体建议。

第六章：新型农业经营主体融资决策偏好影响因素分析。结合新型农业经营主体内外部影响因素，纳入农地产权属性、过往融资情况等情景因素，构建扩展计划行为理论结构方程模型，利用微观调查数据实证分析新型农业经营主体融资行为影响，实证分析三权分置下新型农业经营主体融资偏好，根据实证结果凝练研究结论及政策启示。

第七章：三权分置下新型农业经营主体与农户利益联结机制比较。首先，构建"参与激励—环境约束—机制优化—有效模式"理论分析框架；其次，比较分析典型农地经营权入股模式基本构成、运作特点及试点案例发展中潜在问题，揭示影响农地经营权入股模式可持续发展的核心因素；最后，分层比较不同模式的利益共享、风险共担机制与利益联结机制，探明农地经营权入股模式推广与利益联结机制优化的具体实现路径。

第八章：新型农业经营主体与农户利益共享的联盟绩效激励机制构建。本章依据新型农业经营主体与农户之间的委托代理关系，构建基于单个农户绩效激励机制模型与基于农业产业化联盟绩效激励机制模型，通过博弈分析与数字仿真方法，给出基于联盟总绩效产出激励机制效果及其内外部影响因素。

第九章：乡村振兴中农地多元主体利益共享的演化机理与实现路径。本章将典型村庄为例，通过探索性典型案例分析，结合扎根理论对案例证据链分析，识别乡村振兴演变中的三类关键影响因素，从而揭示乡村脱贫、致富到振兴演化中农地多元主体利益共享形成机理与实现路径。

第十章：三权分置下农地多元主体利益共享实现形式与政策支持体系。本章将借鉴混合所有制思想，结合农地三权分置具体实际，以股份合作制为新型农业经营主体与农户利益联结的组织载体，构建农地多元利益主体利益共享的混合所有制经济，并从制度改革、市场机制与配套保障方面提出政策支持体系。

第十一章：研究结论与展望。根据前文现状分析、农户农地流转与新型农业经营主体农地投融资行为决策影响因素、主体间利益联结机制比较、利益共享绩效激励机制设计、农地主体间利益共享实现路径及形式等内容研究，总结凝练出本研究的主要结论，并提出今后可能的理论与政策研究方向。

1.5 研究方法与数据来源

1.5.1 研究方法

（1）文献、理论分析与调查方法相结合。在对已有相关研究进行文献梳理的基础上，依据利益相关者及产权理论对三权分置中的农地利益相关者进行界定，并通过访谈调查识别农地利益主体特征及诉求。

（2）田野调查与计量分析方法相结合。通过田野调查获取农地利益主体一手数据资料，运用回归分析、结构方程模型等计量分析方法，构建利益主体农地流转、经营及利益联结关系的计量经济模型,并实证检验影响农地经营主体利益关系的影响因素。

(3)博弈分析与模拟仿真方法相结合。在厘清农地多元利益主体关系的基础上,将主体间利益博弈与利益共享行为策略选择结合起来,构建新型农业经营主体与农户利益共享的绩效激励模型,并采用计算机仿真方法演示各种激励、约束手段、初始条件和相关参数的变化对主体间利益共享行为选择和演化结果的影响。

(4)案例比较与综合分析方法相结合。收集农地集中型与紧密合作型规模经营的案例,从中选取具有典型性、代表性的案例作为研究对象,归纳总结不同形式下主体间的利益共享实现路径,并进行比较分析;综合分析前五部分研究内容及结果,从制度改革、市场驱动、主体培育等多层面构建配套政策体系。

1.5.2 数据来源

本研究根据农地"三权分置"改革典型试点村镇情况,重点围绕新型农业经营主体与承包农户展开实地调研与数据收集,具体包括典型村庄案例资料、承包地农户调研数据、新型农业经营主体调研数据,以及常州市统计局第三次全国农业普查(简称"三农普")的规模经营户微观调查数据。

1. 村级层面案例数据资料

对全国农地经营权入股改革试验试点地区典型村镇实地调研,包括黑龙江省佳木斯市桦南县、江苏省常州市武进区以及非试点区常熟市支塘镇等,其中,以常州市武进区跃进村为例,进行了深入探索性案例分析。主要采用半结构化访谈、焦点访谈、非正式访谈、现场观察和二手资料收集等多种数据获取方法。

2. 农户微观调查数据

农户农地经营权入股情况调研数据,课题组于2017年7月—9月通过实地调研获取。采用随机分层抽样的方法在全国第二批农村改革试验区常州市武进区土地经营权入股两个试点镇:嘉泽镇、洛阳镇,以及两个非试点镇:雪堰镇、湟里镇,每个区域选取1~2个有代表性的村,共选择了9个村,每个村随机选择50户左右农户进行访谈调查,筛选出有效样本426份。

3. 新型农业经营主体数据

新型农业经营主体投资行为数据，来源于常州市统计局"三农普"的规模经营户微观调查数据，以"流入耕地面积(亩)大于0"为筛选条件，从常州市新北区、武进区、金坛区和溧阳市四个农业主产区共选取1532个规模经营户有效样本。新型农业经营主体融资行为数据，来源于2019年7月－9月的课题组调研数据。根据江苏省数字金融实施情况确定了常州市春江镇和直溪镇、常熟市虞山镇和尚湖镇等4个镇作为研究区域，根据各镇的村庄规模、耕地面积、农业总产值、银行网点数量情况等进行综合排名，分别在各镇排名前5的村庄中随机选取了2个村庄，在每个村庄中按照调查样本不低于10%的原则随机选择了25～30个新型农业经营主体，并向新型农业经营主体的负责人进行了问卷调查，共获取了207个有效样本。

1.6 可能的创新与不足

1.6.1 可能的创新

(1)学术思想创新。①引入利益共享的价值理念，寻求化解农地主体间利益矛盾之途径。利益共享是社会主义和谐社会的发展理念，本研究将这一价值理念引入到解决农地三权分置下新型农业经营主体与农户间的利益冲突问题中，为农地多元主体利益均衡格局形成及其稳定合作关系达成提供实现路径。②借鉴混合所有制思想，探寻农地利益共享的混合所有制经济。借鉴国有企业混合所有制经济在解决所有权分散与经营权集中、资本在社会范围内流动等问题的成功经验，探寻农地适度规模经营利益共享混合所有制经济，以期解决农地承包权分散与经营权集中、农地适度规模经营中多要素流动并参与利益分配等问题。

(2)学术观点创新。①农地主体间利益关系影响其最终利益分配。农地三权分置下主体间流转、经营行为及其所形成的利益联结关系将影响最终的利益分配。②建立以农地所有权主体为纽带的新型农业经营主体与农户的利益共享机制，可强化农村集体经济，促进农业农村现代化发展与共同富裕目标实现。③因地制宜探索农地主体间利益共享的实现路径。农地三权分置下不同区域与经济发展水平，新型农业经营主体与农户的合作形式与规模化经营方式、水平显著存在差异，需因地制宜探索有针对性与可操作性的主体间利益共享实现路径。

(3) 研究内容创新。①探讨政策环境对农户土地经营权入股行为决策的影响。已有研究多从微观主体视角考量，鲜有从宏观政策视角实证分析微观主体农户对土地经营权入股的政策响应。本研究从农户政策环境认知视角提出研究假设，检验政策环境对农户土地经营权入股行为决策的影响，从政策方案优化视角为推进农地经营权入股改革提供经验参考。②揭示差异化农地经营权属性对经营者投资行为的影响。以往研究中关于农地经营权属性的争论与探讨多停留在法理层面，本文从理论与实证层面揭示农地经营权属性差异对农地经营者投资行为的影响路径与效应，探索放活土地经营权的有效路径。③探明农地新型农业经营主体与农户利益共享机制、实现路径。采用委托代理理论设计农业产业化联合体（联盟）绩效激励机制，定量分析内外部因素对激励机制效果的影响；采用探索性案例剖析乡村振兴演化中的农地多元主体利益共享形成机理与实现路径。

(4) 研究方法创新。①借助博弈方法，构建三权分置下新型农业经营主体与农户利益共享的绩效激励模型。已有研究多采用定性、静态博弈方法分析农地利益主体行为，本研究采用定性与定量分析、静态与动态分析相结合的博弈分析与模拟仿真方法，考察新型农业经营主体与农户利益共享的绩效激励问题，研究方法上更具有科学性。②采用探索性单案例分析方法，聚焦典型村庄成长演变轨迹，提炼出揭示复杂现象的演化规律，同时数据资料分析采用扎根理论方法，按照开放式编码、主轴编码和选择性编码的程序化路径分析，形成村庄成长演化中农地多元主体利益共享机理理论分析框架。

1.6.2 存在的不足

一是从研究内容来看，围绕农地经营权属性对经营者投资行为影响的研究，对债权与物权属性农地经营权划分，目前除了使用5年期限来进行界定，尚需其他可替代变量进一步论证结果的可靠性。解决思路是：结合《农村土地承包法》中关于不同流转方式的规定，引入了农地流转方式（转让、互换、转包、出租、其他）对债权、物权属性进行占优情形划分。

二是从研究视角来看，本研究属于应用性研究，需要紧密结合实践，探索总结适宜不同地区与发展条件的农地多元主体利益共享实现形式。一些地区积极探索农村集体产权制度改革与集体经济新的实现形式，非本集体经济组织成员也可以通过技术、知识产权、资金等要素参股、入股方式加入农村集体经济组织。新主体的加入将会带来农村集体经济组织变动，进而影响集体所有权行使，同时也对农地经营权的设权、赋权和保护提出了新要求。解决思路是：持续实地追踪考察全国各地农村产权制度改革最新动态，结合区域特征进行针对性研究。

三是从样本数据选取来看，新型农业经营主体投资行为实证研究中，受限于三农普数据的考察时期与可获得性，未能获取全国层面数据对流转农地经营权属性与经营者长期投资行为关系进行实证检验。此外，在农地多元主体利益共享实现路径典型案例研究中，虽然案例分析素材丰富，但仍属于个案研究，案例本身存在可复制性和扩展性方面的局限。解决方法：在后续研究中拟开展跨区域调查获取更全面的数据与多案例研究等方式检验本项目的研究结论。

第二章　三权分置下农地多元权利主体利益关系理论解构

农地"三权分置"的过程中产权主体、相关利益主体呈现多元化、利益关系趋于复杂化。为解构农地三权分置下新型农业经营主体与农户利益关系，本章依据产权理论、利益相关者理论，首先对农地相关利益主体进行识别界定，在此基础上从农地制度演进逻辑、农地相关利益主体形成逻辑及农地多元主体利益共享实现逻辑层面揭示农地多元利益主体关系形成动因，分析农地各权利主体的利益诉求及其利益冲突，为建立三权分置下新型农业经营主体与农户利益共享机制提供理论基础。

2.1　三权分置下农地相关利益主体识别

利益相关者理论 Freeman 和 Liedtka(1991)认为，利益相关主体是既能够影响组织目标实现同时又受到组织目标影响的群体或个人。根据利益相关者理论，识别农地三权分置下的核心利益相关主体，分别为享有农地所有权、承包经营权与经营权的三类主体，即农村集体经济组织、承包农户与新型农业经营主体。

2.1.1　农地"所有权人"：农村集体经济组织

农村集体经济组织作为农地所有权拥有者，原则上不应成为农地流转经营收益分配主体，但鉴于其在农地流转中的不同"中介人"作用及农地"所有权人"身份，使其成了农地流转经营中的利益相关者。土地所有权，即包括提供保护自主功能的控制权和提供分配功能的收入权(张五常，2002)。从土地收益权视角考量，土地所有权人享有集体土地要素的收益权(Brown, 2005)，并成为农村集体经济收益的其中一项来源。土地所有权人的权利主体地位"天然地"使其成了承包方农户与经营者在农地流转中的内生共同代理人(Bernheim, 1979)。然而，多方委托人的利益诉求和行为偏好间可能存在相互冲突，如极端表现为土地流转双方之间"胡敲竹杠"现象。共同代理人作为一种纵向控制的合约安排，既可能成为农地转入方与转出方之间达成合作的机制，也可能减轻农地流转交易市场信息不对称的程度，因而成为三权分置下农地流转市场中不可或缺的"中间人"。实践中，作为农村集体经济组织的代理人，同时也承担了地方政府与农民集体利益的共同委托代理人角色，其收益主要来源于地方政府财政补给与集体经济组织经营性收益，用于维持村委会日常运转。农村集体土地收益作为村集体经济组织一项重要的收益来源，其代理人村干部基于政治利益驱使与自身利益诉求，在农地流转中形成了不同趋利行为。

随着农地制度改革不断深化，农村集体经济组织实力不断发展壮大，但地区间发展不均衡情况依然突出。据统计，到2020年全国农村集体土地总面积为65.5亿亩，全国农村集体经济组织约54万个，其中有集体经营性年收入但不足10万元的村集体组织占44.4%，年收入在10万元及以上占33.1%；同时，东部地区集体经济组织资产总额占全国的约65.5%，这一占比远高于中、西部地区(陈锡文，2022)。总体来看，农村集体经济实力仍较为薄弱，特别是东西部集体经济组织实力悬殊较大，两极分化现象严重。农村集体经营性收入作为乡村建设的重要资金来源，主要用于村庄基础设施建设、公共服务等领域，如何壮大总体较为薄弱且地区发展不均衡的集体经济将是乡村振兴战略实施中艰巨而又意义重大的工作。为此，国家在《关于提高土地出让收入用于农业农村比例的考核办法》(2021年11月)中明确提出将要土地出让收益用于农业农村发展的具体比例在50%以上。这既反映了从"取之于农，用之于城"到"取之于农，用之于农"的政策转变，同时也表明农村土地增值收益将是推动农业农村现代化与乡村振兴发展的重要资金来源。

2.1.2 农地"承包经营权人"：承包农户

农地"三权分置"下，农户基于农村集体经济组织成员身份获得土地承包经营权，并享有农地生产经营收益权、土地流转租金及转用、退出等其他方

第二章　三权分置下农地多元权利主体利益关系理论解构

式依法取得补偿的权利。土地承包权不仅是农村集体经济组织成员身份享有的专属权利重要体现，同时保障其身份利益的实实在在的用益物权。党的十九大报告中明确指出："保持土地承包关系稳定并长久不变，第二轮土地承包到期后再延长三十年。"在现行政策法律框架下，完善农村土地承包经营制度、实现农村土地承包关系保持稳定，是确保农户土地承包权可以长久延续，是落实农户土地承包权的物权保护的基础，也为可持续农地生产经营提供了政策保障。

据农业农村部统计，到2021年全国家庭承包耕地确权到户面积达15亿亩，完成承包地确权农户约2亿户，其中流转面积超过5.55亿亩，占比已超过确权承包地面积的1/3[①]。同时预测数据显示，从2030年至2050年二十年间，全国农地经营面积在50亩以下的小农户将从1.7亿户规模逐渐缩减至1亿户，其经营耕地面积占耕地总面积的比重也将由70%降至50%[②]。可见，承包地小农户家庭经营在未来较长时期内依然是我国农业现代化发展的重要微观组织形态，确保承包农户在土地上的合法权益与利益实现，将直接关系现代农业发展与农村社会稳定。

2.1.3　农地"经营权人"：新型农业经营主体

三权分置制度下，土地经营权设立之初衷是为承包农户之外的实际土地经营者赋予合理利用农地的权利，以及获得稳定生产经营预期提供可靠保障。随着农地流转规模加大，在土地集中规模化经营中形成了多种新型农业经营主体，同时土地与劳动力、资本、技术等其他要素共同参与农业适度规模经营收益分配，而农地经营权流转租金或承包户农地经营权入股占比也构成的生产经营成本，成为影响新型农业经营主体规模经营意愿与最终利润空间的重要因素。新型农业经营主体作为农地经营权人，也是农地实际生产经营主体与农业生产经营收益的创造者，在利益分配中居于收益持有者和分配者的地位，同时也理应成为国家各种支农资源和补贴利益的实际享有者。实践中，

---

① 乔金亮.《农村土地经营权流转管理办法》3月1日起施行——15亿亩承包地如何合理有序流转[N].经济日报，2021-2-8.
② 屈冬玉，2017：《全国2.6亿小农户的出路在这里》，http://www.sohu.com/a/207919906_76014.

农地规模经营往往通过土地集中连片流转得以实现，流转土地的经营者面临放弃补贴支付相对较低租金或支付高额租金以获得政策补贴的两难抉择。随着农地三权分置政策法律体系日趋完善，土地流转与适度规模化经营趋势更加明显，通过政策引导与市场驱动作用下，新型农业经营主体队伍也不断发展壮大。根据农业农村部数据，截至2020年底，全国依法登记注册的农民合作社总数达到225.1万家，辐射带动全国近一半的农户[①]；全国县级以上农业产业化主管部门认定的龙头企业超过9万家，基本形成了国家、省、市、县四级联动的乡村产业"新雁阵"[②]。2022年，农业农村部印发《关于实施新型农业经营主体提升行动的通知》中指出，到"十四五"末期，培育县级及以上示范社、示范家庭农场分别达到20万家[③]。

2.2 农地多元权利主体利益关系的底层逻辑

2.2.1 制度变迁下农地权利主体演进逻辑

农村土地制度变迁体现了"价值决定利益，利益需要产权"的逻辑主线（谭荣，2021），呈现了"公有公营、公有私营、公有共营"的渐进式中国农地制度改革的创新历程（张红宇，2017）。土地制度变革对权利主体结构秩序与农村经济发展影响深远（Scott J，1976；Shanin T，1987），我国农地制度的变迁史也验证了这一规律。肇始于新中国成立，中国农地制度经历了三次深刻变迁。第一次，从农民个体所有制到集体所有制。自土地改革至人民公社化运动，逐步确立了农村土地集体所有制，土地所有权与使用权高度集中于村集体，但其忽视了农业生产的本质特点，否定了农户家庭经营的农业经营方式（郭晓鸣，2011）。第二次，从集体所有制到家庭联产承包责任制。20世纪70年代末，伴随中国农村改革，农地制度开始由统一的人民公社所有制转变为以自然村为基础的新型集体所有制(Liu, 1996)。这一阶段家庭联产承包责任制改

---

① 资料来源：高杨，王军，魏广成，孙艺荧.2021中国新型农业经营主体发展分析报告（一）[N].农民日报，2021-12-17(004).

② 资料来源：郭芸芸，胡冰川，谢金丽.2020中国新型农业经营主体发展分析报告（二）[N].农民日报，2020-10-31(004).

③ 资料来源：《农业农村部关于实施新型农业经营主体提升行动的通知》，https://www.moa.gov.cn/govpublic/NCJJTZ/202203/t20220325_6394049.htm。

第二章 三权分置下农地多元权利主体利益关系理论解构

革使得农民拥有了完整的土地剩余索取权(姚洋,2000),成为20世纪80年代初农业持续高速增长的主要动力(MacMilliam,1989)。第三次,从农地"两权分离"到"三权分置"。20世纪80年代中后期,家庭联产承包责任制下农地分散小规模弊端日益凸显,土地流转、适度规模经营成为农业现代化发展的迫切诉求。新一轮农地"三权分置"改革,是对中国结构变革环境下人地关系和经营主体变化的回应(刘守英,2014)。

农村土地制度从"两权分离"到"三权分置"的政策演进过程(如图2-1所示),具体可细分为三个阶段:(1)过渡阶段(1978—2013),农地承包主体与经营主体分离。1978年安徽小岗村包产到户的实践探索,拉开了农村土地集体所有权与农户承包经营权"两权分离"的改革序幕。到1984年中央一号文件中首次允许农村土地有限度地有偿流转,允许"转包"为农地流转释放了政策信号。随着土地有偿使用制度确立与《农村土地承包法》的颁布实施,农地"两权分离"从政策巩固逐步走向法律化完善。与此同时,伴随农业农村的分工分业发展,农村剩余劳动力不断向二、三产业与城镇转移,实践中出现农地承包主体与经营主体逐渐分离情况。(2)确立阶段(2013—2017),逐步形成农地三权分置政策体系。基于农地规模集中经营的现实需求,农地流转中不断涌现出新型农业经营主体,使得农地承包权与经营权实质上发生了分离情况。因此,习近平总书记2013年在湖北考察的重要讲话中首次提出了"三权分置"构想,紧接着2013—2017年中央一号文件连续围绕"三权分置"改革提出了明

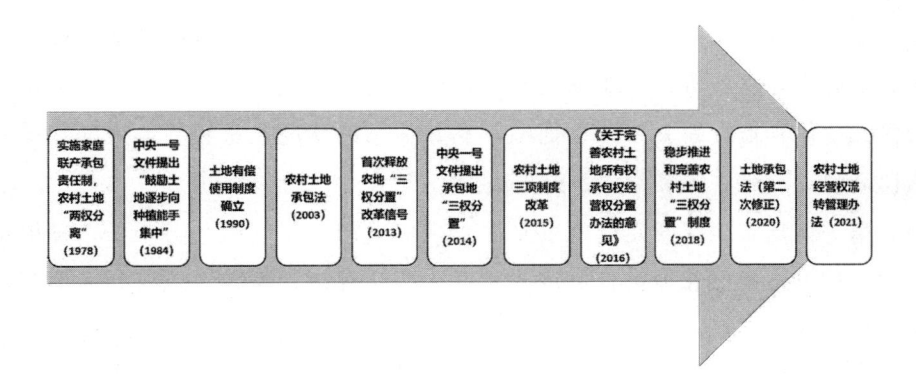

| 实施家庭联产承包责任制,农村土地"两权分离"(1978) | 中央一号文件提出"鼓励土地逐步向种植能手集中"(1984) | 土地有偿使用制度确立(1990) | 农村土地承包法(2003) | 首次释放农地"三权分置"改革信号(2013) | 中央一号文件提出承包地"三权分置"(2014) | 农村土地三项制度改革(2015) | 《关于完善农村土地所有权承包权经营权分置办法的意见》(2016) | 稳步推进和完善农村土地"三权分置"制度(2018) | 土地承包法(第二次修正)(2020) | 农村土地经营权流转管理办法(2021) |

图2-1 农地"三权分置"政策演进时间脉络

确的政策指引，农地"三权分置"制度顶层设计逐步完善。（3）推进阶段（2018年至今），进一步完善农地三权分置法律体系。经过前期酝酿与政策确立阶段，自2018年以来农地"三权分置"改革迎来了法律化深入推进阶段，先后修订《农村土地承包法》，颁布《农村土地经营权流转管理办法》，从法律层面落实了长久不变的农村土地承包关系，构建独具中国特色的农村土地制度创新探索仍在持续推进。

从我国农地制度变迁及政策演进脉络梳理中发现：（1）农地制度变迁反映了农地产权结构由集中逐步走向分化，即由"一组权利"向"一束权利组合"细分；（2）伴随农地制度变迁，农地权利主体结构也由"单一权利主体"向"多元化权利主体"演进；（3）农地制度改革具有自下而上渐进式特点，尤其是农地"三权分置"政策演进过程："实践探索—政策表达—政策实施—试点推广—法律规范"，反映了中国特色制度供给方式；（4）以"三权分置"为主线的第三次农村土地改革，通过将土地经营权分离、流转，使农地产权结构与农村社会生态结构产生了深刻变动，为乡村全面振兴与农业农村现代化发展提供了前所未有的新契机。

2.2.2 农地多元主体利益关系的形成逻辑

马克思主义利益理论认为（1964），利益本质是一定的社会经济关系。利益分析方法是基于马克思利益思想，依据利益的本质与作用，洞察社会历史现象及社会主体的言行，从而把握与挖掘利益动因的方法（刘湘顺，2011）。结合马克思主义利益分析方法，对农地多元利益主体关系形成逻辑的分析路径可概括为：从分析农地制度变迁表象深入到不同时期农地制度下的权利主体利益分析，从分析农地相关利益主体到分析权利主体间的利益关系，从农地多元主体利益分配关系入手把握其利益关系的状况，从利益关系的状况探索协调农地多元主体利益关系的方法。

第一，从农地制度变迁的表象深入到农地产权制度中利益分析，是根据利益分析方法把握农地产权制度的本质、演化规律，探究农地权利主体利益关系形成逻辑起点。不同历史阶段农地制度演变形成了差异化的农地权利主体及权利结构，进而影响着农地利益主体、利益关系及利益分配机制的形成。我国农地制度经历了从集体所有制到家庭联产承包责任制，再到农地"三权分

第二章 三权分置下农地多元权利主体利益关系理论解构

置"制度变迁,农地权利主体及结构逐步由"单一权利主体、一组权利"向"多元权利主体、一束权利组合"演变。农村土地制度变迁过程中,农地所有权主体从人民公社时期社员单一主体,到家庭联产承包责任制中农地所有权与承包经营权分离,形成了"两权分离"下村集体与承包农户二元权利主体;再到农地"三权分置"下,农村集体经济组织、承包农户以及新型农业经营主体共同构成了农地多元化相关利益主体。

第二,从分析农地多元利益主体到分析农地多元主体间的利益关系,是依据利益分析方法揭示农地多元权利主体利益一致、矛盾和冲突关系形成的基本途径。厘清三权分置下农地相关利益主体构成、行为动机及其行为决策之间的关系脉络,是理顺农地多元主体利益关系形成的重要前提。因此,有必要从"三权分置"内涵、三权主体的权利、权能边界划分视角出发,明确三权分置下农地多元权利主体间的行为互动关系(图 2-2)。作为村集体在农地流转中的"所有权人"与"中间人"双重身份,其共同委托人村干部通常会选择与承包农户在农地流转目标一致(即农地资源利用优化、农民增收与农村发展)或目标分歧(地方政府一味追求规模化与业绩导致农地"非农化"倾向,使农民权益受损)。探寻委托人联合激励与规范下的村集体代理人行为引导机制,是促成农地流转共同委托人利益关系协调一致的关键。

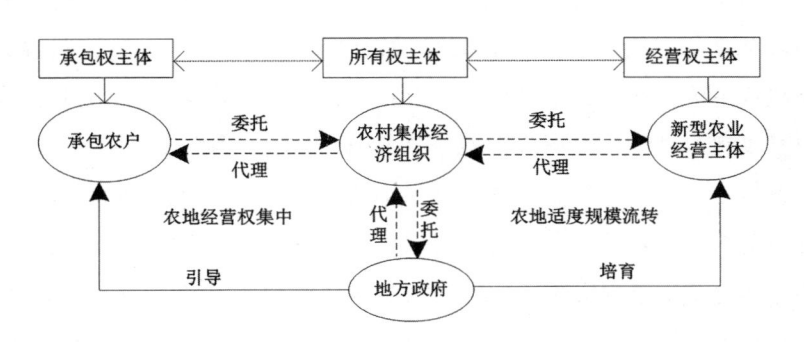

图 2-2 三权分置下农地多元产权主体间的行为互动关系

第三,从农地多元权利主体的分配关系入手分析利益关系的状况,是通过利益分析方法理顺农地多元权利主体利益关系的重要突破口。农地权利主体间的利益关系发生集中反映在与农地要素相关联的社会生产全过程,即围绕农地进行的生产、分配、交换、消费诸领域。"三权分置"制度下，农地多元主体的利益关系主要表现为不同权利主体对土地的所有、占有、支配和使用，核心仍然是一种分配关系。因而，建立客观、可行的农地生产经营或流转中收益分配标准，是实现农地所有权、承包权及经营权主体之间利益合理分配的基础与保障。

第四，从农地多元主体利益关系的状况探索协调利益关系的方法，是采用利益分析方法探寻三权分置下承包农户与新型农业经营主体利益共享机制达成的逻辑归宿。以"三权分置"为制度架构的农地权利主体利益关系形成过程中，通过土地承包经营权确权颁证工作，保障了农村集体所有权、农民承包权长期稳定不变，同时赋予了农民对承包地占有、使用、收益、继承、有偿退出及抵押担保等更多的土地财产性权利，并通过转包、转让、互换、出租、入股等多种流转方式，使得农地权利主体增多、主体间的行为互动与利益增量增加，农地多元主体利益关系也更趋复杂化。因此，需要通过共同委托代理人村集体的协调与监督促使新型农业经营主体与承包农户在收益分配中达成"风险共担、利益共享"合约，并从主体行为激励与约束视角，构建农地三权分置下新型农业经营主体与农户利益共享机制。

2.2.3 农地多元主体利益共享的实现逻辑

共享利益形成的理论基础是马克思的劳动价值论与剩余价值论，来源于理论界对企业所有权如何安排的探讨（洪远朋、叶正茂，2002）。利益共享以利益、利益主体及利益关系的存在为前提，正是由于现实中存在利益不一致、矛盾冲突或利益纷争，因而人们在多次博弈与行为互动关系中产生了利益共享的理念与价值追求。从企业参与主体视角分析，共享利益集中体现为劳动所有者与资本所有者共享企业内部劳动创造的利益（叶正茂、洪远朋，2002）。利益共享理念植根于中国特色社会主义实践与治理中，党的十五大提出"生产要素参与利益分配"，十九届四中全会将"按劳分配为主体、多种方式并存"作为社会主义基本经济制度，同时明确指出"健全劳动、资本、土地、知识、技术等生产要素由市场评价贡献、按贡献决定报酬的机制"，正是利益共享理念在社会主义分配制度中的体现，为正确处理要素（土地）与要素（劳动力、资本、技术等）之间的经济利益关系提供了现实指导。新发展时期，"共创共享

第二章 三权分置下农地多元权利主体利益关系理论解构

共治"贯穿党中央治国理政思想,习近平总书记在党的十八届五中全会提出的"创新、协调、绿色、开放、共享"新发展理念中,将"共享"作为发展的出发点与落脚点,并在中华人民共和国恢复联合国合法席位50周年纪念会议并发表重要讲话中表示"在国际事务中利益共生、权利共享、责任共担,共建美好世界"。借鉴利益共享的理论与"共享"价值理念,充分尊重农地多元产权主体享有权利的基础上,结合三权分置下农地利益主体多元化、利益关系复杂化特征,将从组织共建、利益价值共创、利益共享分配等方面探寻农地权利主体间的利益共享实现逻辑。

第一,组织共建是农地多元主体利益共享实现的前提。自家庭联产承包责任制实施以来,传统以农地租赁合同、生产购销合同为主的利益关系,随着三权分置改革推进逐步被"公司+农户"订单式合同与农民专业合作社形式的利益合作关系所取代。农地主体间的新型合作关系不仅有利于解决农产品销路问题、促进农民增产增收,还有利于带动小农户不断改进生产方式与大市场形成有机衔接,也增加农户参与分享农产品增值收益的机会。随着城乡融合与乡村振兴战略深入推进,如何让小农户深度参与、多环节分享增值收益,成为新时期探索和完善新型农业经营主体与农户利益联结机制的重要方向。各地在订单合同、专业合作的基础上,开始积极探索新型农业经营主体与农户共建农地股份合作型的利益联结机制,突破小农户在生产规模、技术、资金等层面的发展瓶颈,极大带动农业产业化和现代化发展。

第二,利益价值共创是农地多元主体利益共享实现的基础。三权分置中承包农户通常基于市场风险而选择与龙头企业、农民专业合作社等新型农业经营主体结盟,新型农业经营主体则基于土地等资源要素规避风险而与承包农户形成利益联结关系。农地股份合作依托农地资源整合实现要素融合、产业融合与资本融合,从而实现生产共营、价值共创。新型农业经营主体与农户进行农地经营协同价值共创的过程中,以资金入股的新型农业经营主体通常为核心社员,而以土地入股的农户为普通社员,二者共同构建组织治理框架,行使经营决策权、监督权与决策权。在农地股份合作模式运行过程中,新型农业经营主体和农户彼此间相互依存关系,部分农户在农地入股后通过劳动力雇佣形成双重身份参与农业生产活动,新型农业经营主体主要对农户生产过程进行统一管理、技术培训，确保农产品生产质量达到专业化生产要求，同时对接市场确保农产品销售渠道通畅，二者之间通过紧密配合、相互协作，从而实现资源环境共生、优势互补与价值共创。

第三，利益合理分配机制是农地多元主体利益共享实现的制度保障。在利益价值共创的基础上共享发展成果，需要公平的利益分配机制作为制度保障。清晰的产权关系与合理的利益分配机制是确保股份合作制有效运转的重要基础（叶正茂，2000）。"共享利益"反映在农地股份合作制中，其本质特征是多元要素融合的利益主体权益合理化安排。在农地股份合作社的利润分配制度建立中，通过按劳分配与按股份分配相结合、"保底＋分红"、"不保底＋分红"、"保底＋不分红"等多种收益分配形式，在合作社内部形成"收益共享、风险共担"的利益联结机制，是确保农地股份合作社可持续稳定发展的重要前提。然而，农地股份合作制中实际情况相对复杂，农地多元主体间的利益关系与产权关系交织，因此在"利益共享"的分配机制中要兼顾多方主体利益。因此，应根据农地股份合作制不同发展阶段，建立与农地产权主体利益联结关系强度相适宜的利益分配机制。

2.3 农地多元权利主体利益诉求分析

2.3.1 农地所有权人的利益诉求

农村经济组织作为农村土地所有权人，在推进农地三权分置改革中扮演着利益协调者、监督者、中介方等多重角色，其基于农村土地利益诉求体现了"共同委托代理人"与"经济人"的双重身份，既要实现集体经济组织自身发展，又要确保国家粮食安全、提高农地利用率，促进农业现代化发展。

一是实现集体经济组织自身发展。农村集体经济组织既承担着农村公共产品供给的职能，又肩负着对集体经济组织成员生存、发展权利的保障职能。农村集体经济资产与收益是上述职能得以实现的物质基础，否则集体经济组织将形同虚设、名存实亡（方志权，2015）。自农地分田地到户承包后，人民公社时期的"集体经营"逐步转变为"家庭经营"，原先"留足集体的"部分在农业税、三提五统取消后，农村集体土地所有权失去了"收益权"。尽管农村土地所有权主体享有占有、使用、收益和处置权，村集体既不能随意买卖农

第二章 三权分置下农地多元权利主体利益关系理论解构

村集体土地，更不能以承包方收取"公益金或公积金"等。当村集体经济组织没有了用于保障农村公共产品供给的收益来源，集体经济就如同无本之木、无源之水，集体经济组织的职能不断弱化，集体成员身份认同感也随之下降。因此，在农地三权分置改革中，壮大集体经济成为农村集体经济组织生存发展与职能实现的重要物质基础。

二是提高土地利用效率，促进农业现代化发展。确保国家粮食安全是党对"三农"工作全面领导中必须牢牢守住的底线（中央一号文件，2022-01-04），土地资源的高效合理利用是保障粮食安全与促进农业现代化发展的重要基础。当前，由农民税费负担过重引致的土地撂荒现象基本已消除，但受自然条件、环境约束、农村劳动力转移及农地流转市场需求不足等多重因素影响，村集体"公共地"与承包地闲置、撂荒等现象依然存在，造成新类型的土地资源利用效率低化问题（桂华，2018）。农村土地资产及收益也是农村集体经济组织赖以生存和发展的重要基础，因此无论是盘活农用地抑或农村集体土地资产兼具多重角色和身份的集体经济组织都责无旁贷。三权分置改革下，承包农户与新型农业经营主体在农地经营权市场化交易过程中需要维护市场交易秩序和协调平衡交易双方利益的第三方，农村集体经济组织扮演了这一角色，服务于小农户对接大市场与新型农业经营主体，促进农地高效利用与农业现代化发展。实践中，村集体通过成立农地股份合作社，或是以集体组织成员为核心成立的农民专业合作社，在整合分散碎片化农地，在促进土地集中规模化流转中都发挥着重要作用。

2.3.2 农地承包经营权人的利益诉求

三权分置下，承包农户的利益诉求体现在其农地生产经营与流转行为选择之中，而关于农户的行为属性或逻辑存在不同学派争论。本研究将从理性视角出发，借鉴文军（2001）的关于小农户理性分析，结合具有代表性的生存理性、经济理性与社会理性三种经典假设，发掘农地承包经营权人行为选择背后的真实利益诉求。

1. 生存理性假设：应对不确定性的保障

Scott（1976）基于对东南亚农村社会经济生活考察发现，小农户更多倾向于采取满足生存需要与"安全第一"的生存理性行为决策模式。判断生存理性假设是否符合当前承包农户的行为选择及利益诉求,须结合当前我国农村社会发展与农地流转的具体实践。既有研究表明,农民对土地的依赖会抑制其农地经营权流转,而社会保障功能对其农地依赖性具有"挤出"作用(段培、王国峰,2021;聂建亮、吴玉锋,2021)。随着统一的城乡居民医疗、养老保障体系不断完善,一定程度上有利于弱化农地所承载的农户生存保障功能,促进土地资源配置效率优化。但从 2021 农业农村部统计数据来看,目前承包耕地流转面积约占耕地面积的 1/3,表明多数农户仍选择保留承包土地而不愿流转。其行为决策背后不乏生存理性视角的考量:其一,农村社会保障制度尚未健全。根据第七次全国人口普查数据显示,生活在农村 60 岁及以上人口占比达 23.81%,比城镇高 7.99%,相比全国平均水平高出 18.7%。同时据预测,到 2028 年农村老年人口比重将突破 30%,与城镇这一比重进一步拉大,预计高出 11%(李蕊,2022)。尽管农村 60 岁以上老人参与了基本养老保险,但农村养老保险仍处于兜底和保基本的阶段,相较于城镇居民养老保障仍存在较大差距。面对农村养老保障需求随着老龄化加剧而不断激增,而农村养老资源及服务供给相对不足,农村居民在一定时期内仍面临着养老保障供需不匹配的结构性矛盾。其二,对未来生活风险及不确定性的顾虑。依据前景理论(Kahneman & Tversky,1979),在不确定性环境下,多数农户在农地流转收益获得中是风险规避者,而在面临可能的农地流转收益损失时却变成了风险偏好者,这主要是由于相比获得农地流转收益带来的满足,农户更在意和担心失去农地带来的损失。自 2019 年新冠肺炎疫情暴发以来,由于农村公共医疗卫生服务体系较为薄弱、农民个体自身抗风险能力较低等,农业农村发展与农村居民生活均受到了较大程度影响(芦千文等,2020)。叶兴庆等(2020)估算数据显示,2020 年受疫情影响农民工就业人数下降 205 万～351.1 万人,农民工工资收入名义增长速度下降约 1.45%～2.46%,同时 2020 年农村居民人均可支配收入名义增长速度下降 2.59%～3.59%。随着新冠疫情在全球范围的持续蔓延,将进一步增加承包农户对当下和未来生存发展的不确定性风险担忧,农地依然是守护农民的最后一道风险保障屏障。

不同于 Scott 早期生存伦理研究,小农户行为决策主要考虑解决温饱等低层次生存需求与生存风险问题,当前我国承包地小农户在面对农村社会保障

第二章 三权分置下农地多元权利主体利益关系理论解构

制度尚未健全、农村老龄化加剧、农民工进城生活高成本以及新冠疫情冲击等诸多不确定性风险带来的生存压力时，依据集体成员身份获得的农地承包经营权，仍然承载着一定的社会保障和精神保障功能，农户对农地除了经济层面的利益诉求，还体现为应对未来不确定性的更高层次的"生存理性"与保障需求。

2. 经济理性假设：土地财产收益最大化

以 Schults(2009)、Popkin(1979)为代表的经济理性派，认为农户是在权衡成本、利润及风险等利弊之后，做出符合自身利益最大化的行为决策。基于经济理性假设，农地承包经营权人作为理性"经济人"对土地的利益诉求，是通过"成本—收益"比较做出满足自身土地财产收益最大化的选择。土地具有生产资料与财产双重经济属性，其外在表现为生产功能与财产功能。在现行法律制度框架与农地"三权分置"格局下，承包方农户拥有对其土地经营权流转处置的自主权，即农户可以行决定是否流转、以何种方式流转以及流转给何种经营主体等。作为土地承包权人和理性"经济人"，农户以自身经济收益的最大化为利益诉求，根本上取决于对不同行为决策下的土地经济收益的预期。第一，流转收益与自营收益间的选择。承包方选择自营或流转土地的行为决策直接影响其农地收益分配结果。当流转农地经营权收益高于自营土地收益时，流转土地经营权将是理性"经济人"农户实现土地财产收益的最佳选择。然而，承包农户能否取得预期的农地经营权流转收益，还受所在地区土地流转市场发育程度与土地流转价格动态调整机制影响。第二，农地流转方式的选择。经济理性假设下承包方农户决定采取何种方式流转土地经营权，主要取决于不同流转方式所带来的经济收益与成本比较。第三，土地流转经营主体选择。在"发展多种形式适度规模经营"政策引导下，新型农业经营主体不断发展壮大。理论上，承包农户流转土地经营权时，可以在多个农地需求主体间比较选择，但实践中，农地流转交易中单个农民话语权相对较弱，往往处于利益分配中的劣势地位，在缺乏合理的农地收益分配机制下，承包经营权人的农地存量和增量利益易受到挤压侵蚀。因而，很多农户选择了非农就业的同时保有农地，将农地闲置也不愿将其流转。

3. 社会理性假设：超越经济价值的诉求

马克斯·韦伯(1998)提出了人的社会属性，认为人的行为受到社会文化、情感、习俗、制度规范等社会属性制约。Coleman(1990)认为"社会人"的行为决策不仅仅是满足经济效益最大化，还包括对如政治、文化、情感、规范等超越经济价值的"利益"诉求。中国是一个典型的乡土社会，中国文化的本质是乡土文化，在费孝通(1985)的《乡土中国》一书中有着生动的"乡土社会"的描述。植根于乡土文化之中的农户，其行为决策受到乡土农耕文化潜移默化的影响，因而产生了恋"土"情节。禀赋效应理论中的"物品人格化"心理(Kahneman et al，1990)，诠释了"土地依恋""惜土如金""土地就是命根子"等土地人格化心理，也被认为是"敝帚自珍"型禀赋效应(包国宪等，2021)。在社会理性假设下，农地经营权人在决策中首要目标不再是经济理性认知层面的效用最大化，而是社会文化、情感认知等层面的满意度、体验成为重要的决策依据。同时，往往将土地视作人格化财产，源之于在长久的农耕文明中农户对土地产生的超越经济价值的自然情感与精神依赖。实践中，诸如即使农地自营收益很低或闲置撂荒也不愿意流转，农地经营权流转中更倾向于具有血缘关系的亲属或地缘关系的邻里，以及熟人之间常以口头协议形式进行流转等情形，通过承包农户"社会人"理性假设可以得到较好解释。

2.3.3 农地经营权人的利益诉求

农地承包权与经营权分离，为有能力、有经验、有资本、有技术及有意愿的新型农业经营主体投入到农地经营提供了重要契机与政策支持。相比于承包农户，通过转入农地经营权实现适度规模经营的新型农业经营主体，其行为更趋经济理性和风险理性，以利益最大化为优先原则，遵循随土地产出率而调整农地经营规模比例的价值规律。

1. 经济理性考量：农地投资收益最大化

新型农业经营主体作为理性"经济人"，直接参与农业产业及农产品市场竞争，其农地投资收益与经营绩效水平关系到组织能否在激烈的市场竞争中存活，因而相比承包农户具有更强的逐利性。新型农业经营主体因农地规模扩张成本显著增加，面对市场、租金、合约等多重压力，为实现农地经营收益最大化，通过扩大农地规模使之达到经济可持续性的农地规模经营上线，并通过专业化生产提高土地收益效率，将有限的劳动力、资金、土地等要素投入到能够实现更优收益回报的农业生产领域中。基于"流转协议"以及"租金比价"的利益考量，会倒逼转入土地进行规模化经营的主体，必须通过抢占土地市场，从事生产周期短且获利快的经济作物，才能获得承包方的信任与土地流转续约，从而实现稳定长期农地投资收益(郭金丰，2018)。实践中，农地经营主体基于"经济理性"与"生存理性"的综合考虑，会在"非粮化"与"趋粮化"两种经营模式中作出符合自身利益诉求的最优选择(赵晓峰、刘子扬，2021)。

2. 风险理性考量：农地经营权抵押融资需求

新型农业经营主体在农业生产经营中受自然环境、灾害及市场消费需求变化影响较大，面对多重生存压力与农地经营风险顾虑重重，这也是实践中农地流转出现需求不足的重要原因(李一江，2022)。此外，农地规模化经营具有投入成本高、投资收益回报周期较长的特点，新型农业经营主体在土地流转与规模化经营中常面临资金短缺问题，但因缺少有效抵押品及较高的生产经营风险，金融机构对其放贷积极性不高。因而，通过流转的农地经营权抵押贷款，成为新型农业经营主体降低融资成本、缓解农地投融资压力与风险的理性考量。

农地经营权抵押融资是新型农业经营主体基于"农地经营权人"身份的利益诉求与权能体现。新修订的《农村土地承包法》，进一步从政策和法律层面明晰了"三权分置"的农地产权结构，同时赋予了农地经营权抵押权能，为缓解新型农业经营主体融资困境、提升农地抵押融资可得性提供了制度支撑。此外，农地产权制度改革、政府行政干预措施等外部环境治理，也可以促进农地流转市场发育，进而间接提高农地经营权作为抵押品的有效性(吴一恒等，2020)。

2.4 农地多元权利主体利益冲突分析

2.4.1 农地多元权利主体间的权益冲突

"三权分置"农地产权结构下，农地多元产权主体间的利益冲突集中体现在：第一，农地流转中因村集体过度干预而侵蚀农民土地承包经营权益。村集体作为土地所有权人，在农地流转中享有管理与服务权能，充当着流转双方的共同委托代理人，村委会同时也是村民自治组织的代理人，在带动乡村发展中也要体现国家意志。在乡村全面振兴战略实施过程中，村委会担负着实施或协调乡村产业项目、带动乡村集体经济发展的重任，其中首要任务是解决乡村产业发展中的用地需求。为促进农地利用效率提升，实现农地规模化集中经营，村委会往往会对农地流转双方行为进行必要的干预与协调。《农村土地承包法》第8条中规定，保护承包方的土地承包经营权，任何组织和个人不得侵犯。

然而，实践中村委会需要引入新型农业经营主体开发本地特色农业，形成乡村产业发展优势，为解决集中成片用地需求，追求快速、大规模农地流转，而对于拒绝流转农地的农户采取强制或变相强制方式，以实现农地规模化集中流转目标（贺林波、李甜，2021）。这种违背农民意愿的过度干预农地流转，实质上是损害农民土地权益、不利于村庄和谐稳定的侵权行为。

第二，农地流转中承包方生存权与经营主体收益权之间的冲突。土地的生存权益体现在农民基于土地承包经营权享有的基本生存权利保障。尽管农村社会保障制度已建立，但是实现城乡居民间的社会保障水平尚存在一定差距，这就决定了土地对农民的生存权保障功能依然发挥着兜底作用。截至2021年末，我国城镇化为64.72%，与此同时全国农民工总量超过2.9亿，农民工占全国就业人员比重为39.2%[①]。当前城镇化已成为大势所趋，在中国城镇化快速发展过程中，数以亿计的农村劳动力向城市转移从事二、三产业，部分农民获得了稳定可观收入在城市扎根，但也有部分农民就业稳定性差、城市生活能力较弱，尤其是到了年迈就业能力下降、经济收入减少，返乡务农成为进城农民工的最后退路。基于上述原因，实践中许多农民在城市非农就业，但仍不愿意退出土地承包经营权（张广财等，2021），以及在农地流转中选择签订短期租赁合约（5年及以下）（邹宝玲等，2016），这实质上反映了在未来不确定性风险考量下，农地承包经营权人对土地仍保有生存权益保

---

① 数据来源：国家统计局，《中华人民共和国2021年国民经济和社会发展统计公报》，2022年2月28日。http://www.stats.gov.cn/ztjc/zthd/lhfw/2022/lh_hgjj/202202/t20220228_1828009.html

障诉求。

土地经营权流转通常被认为是一种租赁关系(王小映,2021),新型农业经营主体作为农地经营权转入方,在农地经营权主体变更后,便在农地经营权流转期限内拥有了对农地占有、使用、收益等权利,即债权性质的农地租赁权。在农业生产经营中,特别是规模经营具有投资周期长、收益见效慢等特征,因而从事农地规模经营的新型农业经营主体,对农地经营权具有长期稳定性预期与收益权诉求。因而实践中,一方面存在农户因生存权益保障而选择短期化合约与新型农业经营主体规模化经营下的长期用地需求之间的矛盾;另一方面当进城农民工因各种不确定因素而导致失业不得不返乡,为了生存保障不惜毁约要求收回农地经营权时,必然破坏农地经营权转入方对未来农地规模化经营的稳定性预期,甚至使前期投资收益无法收回。因此,对于债权性质的农地经营权流转双方而言,存在着承包方生存权与经营主体收益权之间的利益冲突。

2.4.2 农地多元权利主体间的绩效冲突

1. 农地生产与保障功能间的绩效冲突

现代产权理论认为,清晰的产权有利于明确参与主体在财产关系上发生的经济利益关系,也是在市场机制下资源得以有效配置的前提。农地"三权分置"下依据产权细分与归属不同,农地产权的性质与功能也存在差异。农地所有权与承包权从功能上强调保障性,保障农村集体成员的土地生存发展权利,因而具有准公共产品属性;农地经营权则主要体现生存功能,经营者享有土地经营收益权,具有私人产品属性。作为准公共产品属性的农地所有权与承包权,旨在农地产出分配中充分保障农民利益不受损害,更侧重公平性、保障性;而具有私有产品属性的农地经营权需要通过市场机制实现资源有效配置,以追求收益最大化与效率最优为目标。因此,"三权分置"制度下单纯依靠市场机制既难以兼顾多元产权主体的农地生产与保障功能实现,也难以维系不同产权属性下的公平与效率平衡。实践中,农地生产与保障功能之间的绩效冲突表现为引发农地租金价格扭曲,进而使得农地流转契约难以达成或难以长久维系等。

2. 农地规模经营中的长、短期绩效冲突

农地承包权与经营权分离过程中,通过农地经营权市场化流转配置,农地经营主体形成了规模经营，与此同时需要支付地租或分红等给让渡经营权的承包方作为其基本收入保障。实践中，作为以理性经济人，新型农业经营主体以收益最大化为目标，需要通过提高农地生产效率、降低农业生产成本以获得更高利润，在侧重效率的目标导向下采取如使用化肥、农药等短期见效快但不利于耕地保护与可持续发展的短期行为。然而，从耕地资源保护与农业可持续发展考量，农地的可持续利用必须以降低农业面源污染及损害地力的短期行为为前提，同时需要采用改善土地肥力、环境友好型农业生产技术等长期投资行为，因此在农地规模经营中将面临长期与短期经营的绩效冲突。

3. 农地流转经营中的隐性与显现绩效冲突

从经济利益考虑，承包方获得农地流转期限内的地租或分红收益，经营主体则享有农地经营期限内的收益，二者的显性绩效通过契约达成一致。但与此同时，无论是农地流转方或经营方都存着一定的隐性风险，如"毁约弃耕""弃包跑路""非农化""非粮化"等，由此引发的利益冲突将影响粮食安全、农业长期投资与农村社会长久稳定，增加农村社会管理成本，形成与农地流转经营显性绩效并存的隐性绩效冲突。

2.4.3 农地多元权利主体代际利益冲突

从农地产权的纵向结构关系视角分析，农地承包经营权属于集体成员中的农户家庭成员共同享有，农地流转经营不仅关系到当代农民的生存与发展权利，还关系到下一代家庭成员的土地生存发展权(杨遂全等，2020)。因此，当代承包农户与经营主体的行为决策，将会影响到下一代承包经营权主体对农地的占有、使用、收益及处置等权利。从农地流转方式来看，根据《物权法》《农村土地承包法》等规定，互换、转让、退出农地承包经营权的流转方式，流转后原承包关系将发生变更，尤其是转让或有偿退出方式。这意味着原承包方与发包方在农地上的承包关系即行终止，下一代农民一旦在城市失业选择返回乡村，也难以重新获得农地承包经营权。因而在农地承包经营权物权性质的流转中，需要满足下一代承包户家庭成员更愿意生活在城镇并在城镇拥有稳定经济来源等条件，否则将面临农地权利主体间的代际冲突。此外，对于转入、转包或入股等债权性质的农地流转，当代农民与新型农业经营主体的农地流转经营行为同样也会影响下一代农民的农地生存发展权利，如农地流转中的弃耕毁约、损害土地肥力等矛盾。因此，农地三权分置下，以保护耕地资源可持续利用为前提的农地合理利用与收益共享，是避免农民土地生存发展权利代际冲突的重要前提。

2.5 本章小结

本章依据产权理论、利益相关者理论，在识别农地多元产权主体基础上，分析了农地权利主体间的利益关系形成、利益诉求及利益矛盾冲突焦点。首先，从农地三权分置的产权结构出发，农地利益相关者定义出发，界定三权分置中农地利益相关者，并确定了农地所有权人、承包经营权人及经营权人等核心利益主体。其次，从农地制度演进逻辑、农地相关利益主体形成逻辑及农地多元主体利益共享实现逻辑层面，建立三权分置下农地多元利益主体利益共享实现的理论架构。再次，结合农地多元产权主体在农地流转实践中的行为特征，从不同理性视角出发，发掘农地所有权人、承包经营权人及经营权人行为决策及其背后的真实利益诉求。最后，结合农地流转实践，基于不同权利主体视角的利益考虑，揭示当前三权分置下农地多元产权主体间尚存在不同权益间的利益冲突、绩效冲突及代际间的权利保障冲突等。

第三章 三权分置下农地经营权入股改革运行现状分析

农地经营权入股改革是不断探索和丰富"三权分置"改革的重要实现形式。通过农地经营权入股形式实现小农户与新型农业经营主体利益联结，被认为是提高农地资源配置效率、促进小农户与现代农业有机衔接、带动农民增收与农业提质增效的重要举措。本章将以全国第二批农村改革试验区江苏省常州市武进区为例，结合常州市武进区田野调查与案例分析结果，分析其农地经营权入股发展农业产业化经营试验试点改革的实施情况、经验做法，重点剖析农地经营权入股改革中新型农业经营主体与农户间的利益分配及利益冲突问题，从而有针对性地提出土地经营权入股模式创新的引导策略与配套保障机制。

3.1 农地经营权入股改革背景

在深化农业供给侧结构性改革的新常态下，推进农村土地经营权入股发展农业产业化经营试点改革，成为实现小农户与现代农业有机衔接的重要途径，这对于提升农地资源配置效率、带动农民增收与农业提质增效均具有重要现实意义。随着党的十八届全会提出"允许农民以土地承包经营权入股发展农业产业化经营"，各地纷纷展开农地经营权入股改革试验。试点改革既为农地经营权入股模式探索创新提供了新机遇，同时也面临着试验先行配套政策、法律、保障及评估机制尚未成形的挑战。本研究将首先依据公司契约理论与产权理论，从行为动机、利益诉求视角分析承包农户与涉农企业对土地经营权入股模式的选择机理，有利于完善土地经营入股模式的微观层面理论分析；在此基础上，以正在进行土地经营权入股发展产业化经营试点改革的常州市武进区为例，通过典型村、镇田野调查，探明农户、涉农企业对此次改革试验的参与意愿及利益诉求；进一步，探寻实现土地经营权入股公司的最优机制安排，即土地经营权入股"农企合股共赢"模式，使武进区此次试验改革的"要素整合、城乡一体联动、农业产业化发展"功能价值得以充分发挥；以农业产业化发展为导向、农民增收与权利保障为目标，构建农民土地经营权入股模式创新与保障机制，从而有针对性地提出涉农企业与农户参与土地经营权入股发展农业产业化经营的引导策略与方案，这对农地经营权入股改革试点工作的纵深推进具有重要现实意义。

3.2 试点样本案例选取

江苏省常州市武进区自 2014 年 11 月被批准为第二批全国农村改革试验区以来，承担了农业部（现农业农村部）委托的"农村土地承包经营权流转管理"、"农村土地经营权入股发展农业产业化经营"等改革试验工作任务。2015年 2 月份，武进区根据农业部安排承担土地经营权入股发展农业产业化经营任务。为确保试点工作顺利推行，武进区于 2016 年 12 月出台了《常州市武进区土地经营权入股发展农业产业化经营改革试验实施方案》，并在洛阳镇汤墅村、嘉泽镇跃进村进行了土地经营权入股农民专业合作社模式的试验探索。根据目标要求，武进区积极创新、大胆探索，改革试验工作按计划、按要求逐步推进。截至 2018 年，武进区已试点探索了两个农地经营权入股农民专业合作社典型案例，均以土地经营权作价入股农民专业合作社。

武进区围绕解决农村土地碎片化、农业兼业化、人地关系紧张等问题，以落实集体土地所有权、稳定土地承包权、放活经营权为改革主线，探索构建了"农地股份合作社＋农副产品专业合作社"的土地流转"双重合作"机制，外加"村级劳务合作社"为服务平台，共同构成了土地经营权入股发展产业化经营"双重合作"＋"三社联动"的创新模式，为提高土地节约集约利用效率、促进农业提质增效、激发富民强村活力等方面增添了新动力。

3.3 样本地区土地经营权入股模式创新举措

3.3.1 加快"三权"分置，激发土地要素新活力

常州市武进区西太湖花木专业合作社，所在的跃进村下辖 21 个村民小组，村域面积 2.5 平方公里，共有农户 736 户、人口 1 860 人。一是依托产业优势，化挑战为改革机遇。该村自 20 世纪 90 年代以家庭承包为契机，结合本土地域优势，大力发展苗木花木产业，形成了享誉全省、全国的"花木之乡"的美称。随着农村经济发展与市场化程度不断提升，传统的土地经营管理制度严重制约土地利用效率和经营效益的提升与拓展，面对发展新挑战、改革新形势，跃进村依托花木产业优势，以盘活土地资源为基础，不断寻求改革创新。二是土地承包经营权入股，实现资源整合。2009 年 5 月跃进村成立了农地股份合作社，通过村集体整合协调全村 64％的农地集中流转入社，入股农地面积达 1 183 亩。这种农地集中流转方式，一方面加速了土地要素的流动，另一方面通过集中整合实现了规模化连片经营，有利于提高土地资源配置效率。三是实现"三权分置"，激活土地要素。跃进村通过农民土地承包经营权入股村集体土地股份合作社，成功将土地经营权从长期固化的承包权束缚中分离出来，形成了以集体经济组织为主导的土地流转稳定机制，保障了农民对土地的长期承包权益，实现了土地资源要素更加活跃、自由地流动。跃进村实行统一的土地规模化流转，有利于土地利用的整体规划和产业发展的科学布局，为本地农博园产业发展奠定了良好基础，较好地适应了现代规模农业生产发展的现实需求，土地经营权潜能得到全面释放。

3.3.2 构建多元化股权融资平台，实现"双重合作"

跃进村农业产业化经营经历了合作发展的艰难过程，虽然较早组建了花木产业合作社，但在起步阶段因缺少资金且组织功能结构单一，尚未真正发挥合作开发的实效。为此，该村统筹整合现有资源，先行先试，着力推进改革创新。一是发挥区位优势，打造投资名片。多年来，通过积极融入现代农业园区经济发展，主动承接中国夏溪花木市场的区位优势辐射，发挥西太湖和花博会等叠加效应，跃进村良好的发展环境成为投资开发的靓丽名片。二是吸引工商、民间资本，构建多元化股权融资机制。2012 年 6 月，跃进村通

第三章　三权分置下农地经营权入股改革运行现状分析

过增资重组成立了常州市西太湖花木合作社，引入了包括涉农企业、农户和科研单位等多元主体参与注资，吸纳了工商资本、民间资本参股合作，形成了农地经营权入股发展产业化经营的股权新结构，农地股份合作社注册资本得到了极大扩充。通过构建农地多元主体参与的股权融资机制，农地股份合作社的实力明显增加，合作经营的内涵和功能得到全面丰富和拓展，集花木生产组培、新品种引进、技术成果推广运用、信息咨询、营销推介、代理服务等功能于一体，合作社借鉴利用现代企业管理模式，注资方式和股东构成的深刻变化，成为真正意义上的股份合作经济体。三是土地经营权入股，实现"双重合作"。目前，常州市西太湖花木合作社由村农地股份合作社及社会资本共同入股出资组建。通过土地经营权入股，实现了土地流转的"双重合作"稳定机制，有效防控了农地产业化经营风险对农民土地权能的损害，使农民可以离地不离权、离地不失地。

3.3.3　依托"三社"联动，发展农业产业化新格局

在武进区跃进村试验试点改革实践探索中，形成了互利共赢的农地经营权入股"三社联动"发展模式，即集中整合土地资源的村级农地股份合作社，聚集乡村剩余劳动力资源的村级劳务合作社，以及打造特色农业产业化经营的花木专业合作社，依托"三社"大力发展乡村特色花木产业，为盘活农地资源增添了新动能。一是以农地股份合作社为依托整合优化现有资源。农地股份合作社的建立，为实现农业产业化发展，提供了以集体经济组织为主导的土地流转稳定机制，是改革农村经营管理制度和适应生产力发展、产业化经营的实际需要，为新型农业经营主体提供了长期稳定的土地利用条件，营造了良好的农业产业化发展投资环境，同时也为农地资源高效利用和发展空间合理布局规划提供了基础。二是以花木专业合作社为依托搭建农业产业化发展平台。作为新型农业经营主体，花木合作社通过花木种植户农户股东成员注资合股经营形成利益联结体，不仅提供了投资发展的资金保障，同时通过各自的资源、技术、人才优势共享互补，为产业经营发展实现从田间地头到市场开发提供科研、信息、营销等全方位服务，通过资源优势互补与专业化管理运作，乡村花木专业合作社生产经营能力得到了极大提升。三是以村级劳务合作社为人力资源支撑。村级劳务合作社为规模化生产提供丰富可靠的

劳动力资源，随着全村花木产业规模化生产程度的提高，一大批能生产、懂技术的村民成为新型职业农民，劳务合作社面向周边旺盛的现代农业生产劳动力需求，展开多元化、全方位的专业化技能培训与劳务输送，既满足了乡村产业发展人力资源需求，同时也为返乡农民就地就业提供了机会。

3.3.4 农地"合股共赢"，释放土地要素配置红利

按照"土地入社、按组入股、人人分红"的原则，通过土地入股、保底收益、经营分红的办法分配土地经营收益。一是保底土地收益。通过农民土地集中流转，引导全村8个村民小组共200多户农户加入农地股份合作社，农户每年可获得每亩1 500元的土地保底收益，实行土地保底收益分配制度，是实现土地承包权与经营权分离后，保障入社农户获得稳定的土地基本收益的重要保证。二是增加服务收益。为规范全村花木产业有序发展，营造良好的市场营销环境，花木合作社积极开发拓展其平台服务功能，为花木交易提供相关运输调度、财务、税务、票务等有偿代理服务。据统计，2016年全村实现花木交易销售收入1.17亿元，近三年来，花木合作社按照交易额2‰比例收取代理服务费共计136万元。三是盈利性财产收益。该村农地股份合作社一方面通过整合连片土地租出方式获得稳定的土地租金收入，另一方面将剩余土地通过折价入股方式获得土地增值的分红收益。该村通过盘活土地要素资源，打造花木全产业链，增加了财产性收益同时也辐射带动了周边地区发展。

3.4 农地经营权入股改革中存在的主要问题

3.4.1 农地经营权入股"风险与收益"难以共担

当前农地经营权入股改革试点中尚存在着与农地经营权入股经营探索的政策目标及实现农地多元主体利益共享的初衷相背离的情况，如"入股出租化"现象，形式上以农地股份合作社名义成立，但实质上依然按照出租方式向入股农户支付固定租金。从收益分配方式来看，实践中普遍采取的"保底收益＋分红"模式，入股农户的最主要收益是保底收益(相当于租金水平)，部分由于在农地股份合作社发展初期阶段尚未形成真正盈利，甚至有些出现了亏空，因而"分红"收益难以实现。为确保农户土地产权收益稳定增长，合作社对农

第三章　三权分置下农地经营权入股改革运行现状分析

户承诺的分红收益，类似于浮动租金每年按固定比例增加。尽管短期内这种利益分配方式，确保了农户享有稳定土地产权收益，但这与"风险与收益共担"的股份合作制原则相背离，考虑到合作社经营中也会面临各种风险，稳定增长的"固定＋浮动租金化"入股收益分配机制缺乏可持续性。从农地股份合作社层面来看，认为多数农民股东只接受分红收益增加，但无法接受共同承担农地规模化经营中的风险与损失。

此外，合作社对入股农户的稳定增长的"固定＋浮动租金化"入股收益分配情况，主要依靠自觉性，缺乏有效的制度约束与民主监督，这使得农户参与分享产业化增值收益难以保障，而合作组织其权利效能与出租基本无差异。

3.4.2　农地经营权入股收益分配中的激励不足

从调查情况来看，武进区试点改革探索中，多数涉农企业对土地经营权入股有限责任公司（涉农企业）模式持谨慎态度。主要出于以下原因：首先，初具规模的龙头企业其经营模式和利益分配机制已形成，土地经营权入股龙头企业意味着这些企业的股权结构将产生变化，直接影响企业初始股东的利益；其次，在农地经营权入股试点阶段，考虑确保农户土地经营权入股能够获得稳定收益，通常企业被要求支付稳定的"保底收益"，以及持续稳定增长的"分红收益"，这就大大增加了涉农企业经营成本，使得土地经营权入股的交易成本要高于土地租赁成本，这是降低企业土地经营权入股意愿和积极性的重要因素。此外，龙头企业通过入股方式获取的土地经营权，通常在入股协议条款中明确了入股土地经营权不得进行抵押融资活动，这一定程度上与龙头企业希望获得包括融资抵押在内的入股农地经营权权能现实诉求相悖。

3.4.3　农地股份合作制多元主体间的利益冲突

当前，农地经营权入股"保底＋分红"做法与公司法"无利不分红"的规范相左。农地股份合作社给予农民股东"保底收益"，让承包农户获得稳定的土地财产收益，是包括常州武进地区在内的多数试点地区的普遍做法。即使在农地股份合作社运营初期，尚未形成利润收益，依然首先确保农民股东的"保底收益"。而按照《公司法》规定，公司弥补亏损和提取公积金后所余税后利润，股份有限公司按照股东持有的股份比例分配。这就意味着"保底＋分红"首先需要建立在农地股份经济组织具备一定的财务基础之上。因此，在农地股份合作社缺乏财务条件的情况下，进行的"保底收益"分配往往采取非农民股东的垫付制度，既满足了农民股东稳定的农地财产收益需求，同时一定程度上规避了法律制度冲突。然而，这种垫付制度实质上是优先满足农民股东利益，但对非农民股东而言存在利益分配不公平问题。实践中，平衡农民股东与非农民股东成员间的利益分配矛盾，主要是通过股东权益设计来实现，给予非农民股东公司经营管理决策权和表决权，而对于农民股东只享有优先收益权。

3.5 本章小结

本章围绕常州市武进区土地经营权入股改革试点实践，对武进区的土地经营权模式、创新举措及存在的问题进行了系统分析。武进区在土地经营权入股改革中，积极探索"农地股份合作社＋农副产品专业合作"的土地流转"双重合作"机制，通过加快"三权分置"激发土地要素活力，构建多元化股权融资平台实现"双重合作"，"三社"联动打造农业产业化经营新格局，从而实现农地"合股共赢"局面。但实验探索中尚存在农地经营权"入股出租化"倾向、收益分配的激励不足、多元主体间的利益冲突等问题。

针对农地经营权入股发展农业产业化经营中的现实困境，考虑在新发展阶段推进农地经营权入股改革的主要着力点：一是完善农地经营权入股收益分配制度，规范农民股东"按股分红"的操作程序，让农户真正参与分享农业产业链的增值收益；二是积极引导新型农业经营主体与农户间建立稳定的土地利用关系与紧密型利益联结关系，赋予农地经营主体更加稳定充分的农地经营权权能。

第四章 农户农地经营权入股行为决策的影响因素分析

创新农村土地经营权入股模式是实现新型农业经营主体与农户利益共享的重要路径，也是不断探索和丰富"三权分置"改革的有益探索。然而，实践中承包方农户是否愿意将承包地经营权入股经营，其农地经营权入股行为决策又受到哪些因素影响？这将直接影响到农地经营权入股改革能否顺利推行。为此，本章将以全国农地经营权入股改革试验试点区——常州市武进区为例，在对农地经营权入股政策逻辑框架分析的基础上，利用全国农村土地经营权入股改革试验试点区典型村镇 426 份样本农户数据，采用 Probit 模型实证分析了农地经营权入股试点中各环节政策对农户入股意愿及行为的影响，为从政策优化视角完善农地经营权入股保障机制、促进农地经营权入股改革顺利实施提供决策参考。

4.1 政策背景与理论分析

4.1.1 农地经营权入股的政策研究背景

农地经营权入股发展农业产业化经营已成为激发乡村振兴的新动能。十九大报告中提出："农村承包土地经营权可以依法入股从事农业产业化经营"。2019 年 5 月 5 日，国务院出台《关于建立健全城乡融合发展体制机制和政策体系的意见》中更进一步表明，农地经营权入股改革是实现城乡要素融合发展的重要途径。党中央系列文件精神既为农地经营权入股改革指明了方向，同时强调了此项改革对于乡村振兴战略目标实现的重要性、紧迫性。反观实践，自 2015 年农地经营权入股改革在黑龙江、江苏、浙江等地区试点以来，由于立法相对滞后、农民权利缺乏保障、配套政策不完善等问题使改革进程缓慢，直接影响了农业农村现代化进程。如何有效引导农地经营权入股发展农业产业化经营，已成为当前深化农村土地制度改革的关键问题。

土地问题本质是土地政策的资源配置效率及其最优制度选择问题。依据科斯定理推断（Coase，1960），创造价值较少的承包农户经营土地机会成本较高，当土地经营权可以交易，就能够通过要素自由流动方式交给能够创造更高价值的新型农业经营主体，并将土地经营收益中的一定比例用于补偿农户。补偿方式即利益分配方式，取决于农地流转方式。相比租赁获得单纯的租金收益，农户土地经营权入股可以按股份分享土地增值收益，获利空间更大，同时也面临较高风险。因此，农地经营权入股能否顺利推行的先决条件是良好政策环境及配套保障制度。那么，实践中农地经营权入股政策逻辑是什么？农户是否能够感知并积极响应农地经营权入股政策？究竟哪些政策环境特征影响着农户土地经营权入股决策偏好？这些已成为农地经营权入股改革进程中亟待探究的重要理论与现实问题。

学者们从不同视角阐释了农地经营权入股的政策逻辑。从政策的经济逻辑视角，于洋（2015）借助马克思主义地租理论，通过"质"和"量"两个层面论证了农地承包经营权入股的合理性；徐文（2018）指出农地股份制的优越性体现在兼具要素整合价值与产权分离价值，而组织代理成本较高是其主要困境。从政策的法律逻辑视角，学者们主要就入股农地经营权属性选择（姜红利，2016）、入股风险防控（王邦习，2018）、设定抵押的土地经营权入股合作（李晓聪、任大鹏，2016）等方面的法律问题进行了探讨。此外，农户是否响应土地经营权入股政策受诸多因素影响。已有研究表明农户的阶层分化（徐美银，2013）、家庭非农收入比重（林乐芬、王军，2010）、农户产权认知（高佳、宋戈，2017）等因素显著影响农户土地经营权入股决策偏好。

梳理已有文献发现：一是学者们从经济、法律视角探讨了农地经营权入股的政策逻辑，但就入股政策设计本身的逻辑性、科学性分析不足；二是关于农户土地经营权入股行为决策的影响因素研究多从微观主体视角考量，鲜有从宏观政策视角实证分析微观主体农户对土地经营权入股的政策响应。基

第四章 农户农地经营权入股行为决策的影响因素分析

于此,本文将以全国农地经营权入股改革试点区常州市武进区为例,在对农地经营权入股政策逻辑框架分析的基础上,从农户政策环境认知视角提出研究假设,并实证分析政策环境对农户土地经营权入股行为决策的影响,以期从政策方案优化视角为推进农地经营权入股改革提供经验参考。

4.1.2 农地经营权入股政策理论分析框架

结合全国农地经营权入股改革试点区常州市武进区实践经验,根据农地经营权入股实施流程与主要环节,总结形成了包括农地价格评估政策、农地流转管理政策、入股收益分配政策、入股风险防范政策及入股政策稳定性综合评价等五个方面的政策环境分析框架。农地价格评估政策是实现农地经营权入股经营的重要前提,主要通过制订农地经营权价值评估办法,培育和发展有资质的中介评估机构,开展农地经营权价值的科学评估,以此作为农地流转、入股、抵押等经营活动的重要依据。农地流转管理政策为引导农地经营权依法有序流转提供保障,包括建立农地经营权入股市场准入机制,对转入农地自然人、工商企业资质审查,规范农地经营权入股流转合同手续及流转农地经营行为。农地经营权入股收益分配政策是实现农地股份合作制运行的核心动力机制,探索包括"保底收益+经营性收益""保底收益+经营性收益+服务收益""按股分红"等多种形式的土地经营权入股分配方式,确保农民分享农业产业增值收益,保障入股各方合法权益。农地经营权入股风险防范政策是维护农民股东土地财产权利的重要屏障,主要包括先租、后股制度,农地入股风险保障金制度,以及实行担保、抵押制度等,以最大限度降低农民土地经营权入股风险。除上述针对农地经营权入股各环节的政策设计,农地经营权入股改革政策本身是否具有可持续和稳定性问题,实质上是对上述政策内容的综合性评估。以上五个方面政策内容共同构成了农地经营权入股的政策环境特征(图4-1),微观主体农户对宏观政策环境的认知和评价直接影响其行为决策与偏好。

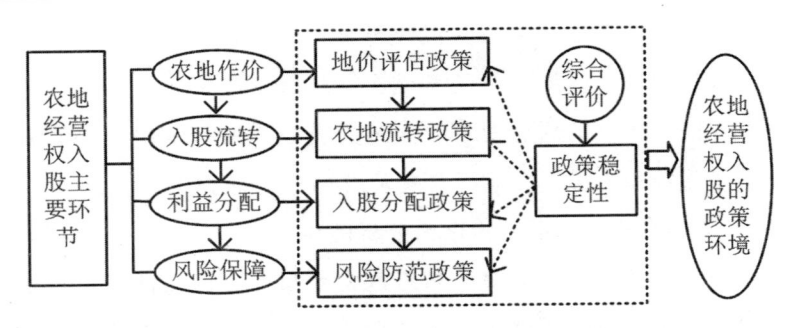

图 4-1　农地经营权入股政策理论分析框架

4.1.3 研究假设提出

农地经营权入股政策释放的信息，通过市场机制传导转换成价格、成本与收益预期、风险水平等诸多市场信号，进而影响微观主体农户入股行为决策。本研究以农地经营权入股政策环境特征为核心变量，其目的是为从政策设计改进视角提升农户对农地经营权入股政策响应提供科学依据。具体将结合农地经营权入股政策分析框架，基于农户政策认知与响应，考察各环节政策对农户农地经营权入股决策偏好的影响，同时将农户个体特征、家庭特征及地区特征等变量作为控制变量，构建了农户农地经营权入股政策响应的假设模型框架，如图4-2所示。

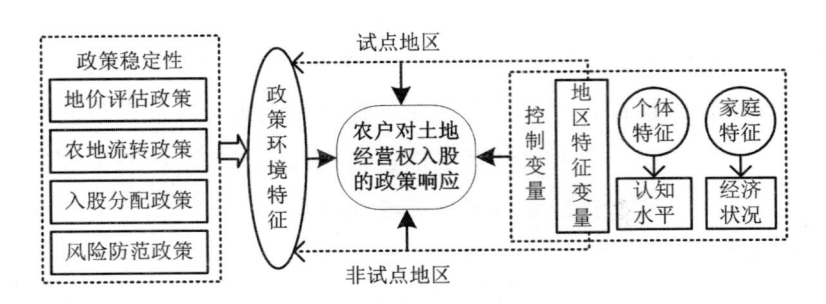

图 4-2　本研究假设模型框架

（1）地价评估政策。农地价格评估的科学性、公平性直接影响农户土地财产收益。作为一项财产，农地不仅仅体现实体物的价格，而应反映综合权利的价格，特别是土地发展权利的价格（程雪阳，2014）。农用地发展权利体现分为两种情况，当农地用途不受限制时，所有权者可以自由开发，土地所有

第四章　农户农地经营权入股行为决策的影响因素分析

权价格即为土地财产价格；当农地用途受限时，农地发展权从土地所有权中剥离出来，农地财产价格就是所有权价格与发展权价格之和(陈柏峰，2012)。农地内部发展权是农地使用权或处置权的延伸，在实际交易中由土地规模化程度、土地集约利用度和土地变更后的用途三个因素综合决定(王颜齐，2017)。根据股份制中的资本确定原则，首先需要对出资股东的资产进行价值评估，以确保对债权人的债务具有资产清偿能力。《公司法》第27条规定：对作为出资的非货币作价财产应当评估作价，核实财产，不得高估或者低估作价。农地经营权入股改革中，确保农地经营权的价值评估结论的客观性和科学性，对农户土地经营权入股决策偏好影响深远(吴义茂、吴越，2013)。基于此，提出假设：

H1：地价评估政策越公平合理，农户对土地经营权入股政策响应积极性越高。

(2)农地流转管理政策。实践表明，农地流转市场不完善、契约化程度不高，严重制约农地有序、高效流转(李星光等，2018)。口头化、短期化的非正式农地产权流转还会导致交易成本上升、冲突可能性增加(Goldberg，1976)、投资激励不足(邬亮亮等，2011)，甚至导致短期掠夺性行为(姚洋，1998)。现代主流契约理论认为，交易秩序的重要来源之一是以法律为后盾的正式契约(朱文珏、罗必良，2020)。在农地经营权入股改革中，通过采取农地经营权入股参与主体资质审查、市场准入及合同手续规范等农地流转管理政策，不仅可以有效降低交易成本、减少矛盾纠纷，还有助于增强农户土地经营权入股的安全感。由此，提出假设：

H2：规范农地流转管理有助于提高农户土地经营权入股政策响应。

(3)农地经营权入股收益分配政策。农地经营权入股收益分配方式决定了农户土地财产收益获取方式与收益水平。在股份制资本结构中，剩余索取权通常掌握在持股份额较高的理事会和监事会手中，统一产生经营的可分配盈余主要按股份份额在入股成员之间分配(黄胜忠，2013)。实践中，不同农地经营权入股模式收益分配方式存在差异，主要有三种类型。一是"内股外租型"模式的"固定＋浮动"收益分配方式。农户土地承包经营权入股到以村集体名义成立的农地股份合作社，再统一将农地经营权对外发包或出租，对内农户按入股农地份额从农地股份合作社获得土地流转保底分红，对外根据土地租金价格涨幅，按土地股份获取浮动分红收益。二是"自主经营型"模式的"保底＋分红"收益分配方式。这种模式下，农地股份合作社将整合集中的承包地经营权二次入股到由村集体或集体成员自主经营的农民专业合作社，农户按承包地折价股份首先获得村集体农地股份合作社的保底收入，再根据农地经营权入股农民专业合作社自主经营收益盈余分享红利。三是"合股共赢型"模式的"按股分红"收益分配方式。与前两种模式不同，"合股共赢型"农地经营权入股模式是将农地经营权二次入股到有限责任公司，按照现代企业生产经营运作模式，农地经营利润中的一定比例留作公司再生产资金，剩下盈余部分完全按股分红，无保底收益，股东成员间"收益共享，风险共担"。由于农地对多数农户依然具有生存保障功能及农户自身抗风险能力较低，前两种保底性利益分配方式在农地经营权入股经营中较为普遍，第三种真正股份化分配方式尚处于试点探索阶段。从政策设计视角，通过正式文件形式对农地经营权入股分配方式加以规范，既可以对农地经营决策权掌控者形成利益合理分配约束，又能够确保入股农户按股份获取土地财产收益。因此，提出假设：

H3：合理的农地入股分配政策有助于提高农户对土地经营权入股政策响应的积极性。

（4）农地经营权入股风险防范政策。农地经营权入股本身是一项具有风险性的投资行为，较高的收益必然伴随着较大的风险。由于我国农村土地承担着农户生存、就业和养老等多种保障功能，因此，有效防范入股风险是推进土地经营权入股的关键。一旦农地经营权入股经营不善，则可能导致农户土地预期收益无法实现、股权收益低于土地收益（王邦习，2018），甚至农地股份合作组织破产倒闭等风险。赋予农户在公司或合作组织破产时的土地经营权优先购买权，并构建"土地承包经营权入股保险"（吴越、吴义茂，2011），是有效防范农地经营权入股风险的重要政策保障措施。此外，农地股份合作制经营中，包括股东成员资格变动、入股增资、退股回购、解散清算等诸多涉及利益关系变动的活动，极易因利益分配不公问题而产生冲突或纠纷，这有赖于权责清晰、有章可循的农地经营权入股风险防范政策作保障。据此，提出假设：

第四章 农户农地经营权入股行为决策的影响因素分析

H4：农地入股防范风险政策越有效，农户对土地经营权入股政策响应积极性越高。

（5）农地经营权入股政策稳定性。农户对农地经营权入股政策是否能够持续推行、是否会影响农地产权稳定性等评价，即对农地经营权入股政策稳定性综合考量。首先是对农地经营权入股政策本身的稳定性评价。建立在对各环节农地经营权入股政策认知基础上，农户对政策可靠性、可行性与可持续等方面进行综合评估，通常较高政策稳定性认知反映了农户对农地经营权入股政策设计的满意度和认可度越高。其次是农地经营权入股政策对农地产权的影响评价。根据现代产权理论，安全的土地产权不仅有助于激励当事人农地经营积极性，还有助于产权交易实现。与此同时，前景理论（Kahneman al et，1979）指出在对不确定事件进行评估或判断时，大多数人相比获得收益更害怕失去，因而在决策过程中更关注损失。农地产权安全性是农户进行农地生产经营决策时的重要考量依据，若农户认为农地经营权入股政策选择会导致其面临失去农地风险，或影响农地产权安全稳定性，那么农户对农地经营权入股政策响应程度会大大降低，反之则相反。由此，本文提出：

H5：农地经营权入股政策稳定性越强，农户响应农地经营权入股政策积极性越高。

H6：农户认为农地经营权入股政策会影响农地产权安全性，则会降低对农地经营权入股政策响应。

4.2 研究方法

4.2.1 数据来源

本研究数据来自课题组 2017 年 7 月－9 月期间对江苏省常州市武进区典型村镇的抽样调查与访谈。常州市武进区被列为全国第二批农村改革试验区，进行土地经营权入股改革的试验探索，本项目以该地区试点村镇为调查对象，选取样本具有较强代表性和典型性。样本选取标准是：结合课题研究内容，综合考虑区域经济发展水平、试点情况等因素，根据样本范围，分别选取了常州市武进区土地经营权入股两个试点镇：嘉泽镇、洛阳镇，以及两个非试点镇：雪堰镇、湟里镇，作为本次调查区域，每个区域选取 1～2 个有代表性的村，然后在每个村随机选择50户左右农户进行入户调查和深入访谈。共取得农户调研数据450份，并筛选出有效样本426份。

426份有效样本中，77.93%的受访者有土地经营权入股意愿，64.79%的农户已经参与了土地经营权入股。调查农户户主性别男性比例为80.05%，平均年龄为52.58岁，具有初中及以上文化水平的占总样本的96%。从家庭特征来看，79.3%的农户家庭近三年人均年收入达到2万元以上，家庭土地确权后平均面积、地块数量分别为3.7亩、1.64块，这与样本地区农村居民实际情况相符。综合以上情况来看，此次调查样本具有一定的代表性。

4.2.2 变量说明

本文主要考察政策环境对农地经营权入股决策偏好的影响，分别将入股意愿和入股行为作为因变量以考察农户土地经营权入股决策偏好。核心自变量政策环境特征选取依据前文研究假设，此外借鉴已有研究，引入决策者户主特征、家庭特征、地区特征等作为控制变量(表4-1)。其中户主个体特征选取了户主年龄、受教育程度及职业，均在一定程度影响农户对农地经营权入股政策的认知；农户家庭特征包括家庭劳动力人数、家庭非农化程度、家庭近三年人均纯收入及土地确权面积，反映家庭经济状况；以是否为试点村为地区特征变量，由于农地经营权入股改革尚在试点阶段，试点与非试点村政策推行的力度存在差异，通过这一变量可以全面反映政策推行力度强弱对农户参与决策偏好的不同影响。

表 4-1 变量定义及预期影响方向

变量分类	被解释变量	变量描述	平均值	标准差	预期效应
政策环境特征	地价评估政策	您认为所在村土地评估价格是否合理？	是=1；否=0	0.749	0.434	+
	流转管理政策	您认为所在村土地流转合同是否规范？	是=1；否=0	0.980	0.143	+
	入股分配政策	您认为最合理的入股分配方式是哪种？	固定租金=1；保底+分红=2；按持股比例分红=3	1.829	0.537	+

第四章 农户农地经营权入股行为决策的影响因素分析

续表

变量分类	被解释变量	变量描述	平均值	标准差	预期效应
政策环境特征	风险防范政策	您认为入股风险保障金政策是否有效？	是＝1；否＝0	0.754	0.431	＋
	政策稳定性	您认为入股政策是否能够持续稳定推进？	是＝1；否＝0	0.805	0.397	＋
		您认为入股政策是否会影响产权稳定性？	是＝1；否＝0	0.469	0.500	＋
户主特征	户主年龄	户主实际年龄（周岁）	52.577	10.861	－
	户主文化程度	小学及以下＝1，初中＝2，高中＝3，大专以上＝4	2.596	0.798	＋
	户主职业	国家机关、党群组织、企事业单位负责人＝1，专业技术人员＝2，军人＝3，商业服务人员＝4，一般工作人员＝5，农业生产人员＝6，其他＝7	5.606	1.552	＋
家庭特征	家庭劳动力人数	劳动力人数（人）（女：16～55岁；男：16～60岁）	2.303	1.010	－
	家庭非农化程度	纯农业＝1，农业为主兼营其他＝2，非农业为主兼营农业＝3，非农业＝4	3.434	0.813	＋
	家庭近三年人均纯收入	0～20000元＝1，20001～40000元＝2，40001～60000元＝2，60001元以上＝4	2.073	0.783	＋
	家庭确权土地面积	确权土地面积（亩）	3.705	2.129	
地区特征	是否为入股试点村	是＝1；否＝0	0.507	0.501	＋

注：为简化上表内容，农地经营权入股均简称"入股"。

4.2.3 模型设定

在农地经营权入股决策偏好考察中，农户面临的是二项选择问题，即"是否愿意农地经营权入股""是否参与了农地经营权入股",选项只有"是"($Y=1$)和"否"($Y=0$)两种。由于被解释变量是二值响应变量,因此本文建立二元逻辑回归 Probit 模型,如下:

$$P(y_1=1)=\Phi(\beta_1+\beta'_1 X_1+\varepsilon_1) \quad (1)$$

$$P(y_2=1)=\Phi(\beta_2+\beta'_2 X_2+\varepsilon_2) \quad (2)$$

(1)(2)式中,X_1、X_2 分别表示影响农户土地经营权入股意愿和行为的各因素;β_1、β'_1、β_2、β'_2 为相应的估计系数;ε_1 和 ε_2 为服从二元联合正态分布的随机扰动项,Φ 表示标准正态累积分布函数。

4.3 回归结果与分析

4.3.1 模型拟合结果分析

根据前文设定的农地经营权入股决策偏好两个测度指标,本文采用 Stata12.0 统计软件分别对农户土地经营权入股意愿及行为的影响因素进行了 Probit 模型回归分析(见表 4-2)。模型Ⅰ考虑了所有自变量对农户入股意愿与行为的影响,模型Ⅱ为剔除对农户入股行为意愿影响均不显著变量的回归结果。为防止可能存在的异方差现象,本文选取了 Robust 稳健标准误。从两个模型的回归结果来看,对数似然函数值、Wald 卡方值检验值在 1% 的水平上显著,且伪 R 方值均大于 0.5,表明该模型的整体拟合结果均较好。

表 4-2 回归模型参数估计结果

解释变量	模型Ⅰ		模型Ⅱ	
	入股意愿	入股行为	入股意愿	入股行为
核心变量				
政策环境特征 地价评估政策	0.642***(0.200)	0.940***(0.205)	0.672***(0.193)	0.961***(0.201)
流转管理政策	0.210(0.630)	0.122(0.554)	—	—
入股分配政策	0.261(0.179)	0.087(0.160)	—	—
风险防范政策	1.432***(0.232)	1.617***(0.246)	1.441***(0.229)	1.627***(0.242)
入股政策稳定性	0.600**(0.239)	0.248(0.275)	0.576**(0.245)	0.235(0.268)

第四章 农户农地经营权入股行为决策的影响因素分析

续表

解释变量	模型Ⅰ		模型Ⅱ	
	入股意愿	入股行为	入股意愿	入股行为
是否影响产权稳定性	−1.348***(0.232)	−0.624***(0.180)	−1.333***(0.220)	−0.637***(0.179)
控制变量				
户主特征				
年龄	−0.059***(0.013)	−0.213**(0.009)	−0.056***(0.012)	−0.020**(0.009)
受教育程度	0.018(0.134)	0.405***(0.120)	0.035(0.135)	0.417***(0.122)
职业	0.097(0.061)	0.057(0.058)		
家庭特征				
家庭劳动力人数	−0.110(0.075)	−0.056(0.094)		
家庭非农化程度	0.053(0.112)	0.346***(0.122)	0.051(0.110)	0.348***(0.120)
家庭人均纯收入	0.210*(0.111)	0.088(0.120)	−0.212*(0.086)	0.082(0.118)
家庭土地确权面积地区特征	−0.002(0.043)	−0.020(0.034)		
是否为入股试点村	0.342(0.216)	0.984***(0.198)	0.310(0.211)	0.983***(0.187)
对数似然值	−111.948		−137.345	
Pseudo R^2	0.505		0.503	
Wald 卡方值	107.890***		154.190***	

注：***、**、* 分别表示估计系数在1%、5%、10%的水平上显著。

4.3.2 实证结果的经济学含义与可能的原因分析

（1）政策环境特征对农户土地经营权入股决策偏好的影响。如表 4-2 所示，从模型Ⅰ与模型Ⅱ估计结果来看，假设 H1、H4、H5、H6 均得到了验证。地价评估政策方面，所在村土地价格评估是否合理认知对农户土地经营权入股意愿及行为均具有正向影响，且在 1% 的水平上显著，这与 H1 的假设一致。表明地权评估是否符合农户心理预期对其入股行为决策具有重要影响。农地入股风险防范政策方面，模型Ⅰ与模型Ⅱ均在 1% 水平上通过显著性检验，即原文假设 H4 成立。这说明可靠的风险保障金政策是农户积极响应农地经营权入股改革的重要前提。在农地经营权入股政策稳定性认知方面，在 5%

的显著性水平上，对农户土地经营权入股意愿具有正向影响，符合假设 H5。土地经营权入股政策稳定性是农户土地经营权入股意愿的关键因素。土地经营权入股是否影响产权稳定性变量对农户土地经营权入股意愿与行为均具有负向影响，且均值在 1% 的水平上显著，与 H6 的假设相符。当农户感知农地经营权入股会影响到其土地产权稳定性，则会对农地经营权入股采取保守态度。

原文假设 H2、H3 未通过显著性检验，结合样本地区实际，可能的原因是：样本地区自 2014 年 11 月被批准为第二批全国农村改革试验区，农地流转管理规范化程度较高，因此农地流转管理政策对农户土地经营权入股决策偏好的影响不十分显著。此外，农地经营权入股分配政策变量的正向影响不显著，说明样本地区农户农地经营权入股倾向逐步从固定租金向分红性收益分配方式转变，但相较于收益分配政策农户更关心地价评估、入股风险保障与政策稳定性。

(2)其他控制变量对农户土地经营权入股决策偏好的影响。户主特征层面，户主年龄对农户土地经营权入股意愿与行为均有负向影响，且分别在 1%、5% 水平上显著，与预期相符。说明较为年轻的农户更容易接受与尝试新事物，对土地经营权入股政策响应积极性更高。户主受教育程度对农户土地经营权入股行为的正向影响，良好的教育有助于增强农户对土地经营权入股的认知、理解，以提高其土地经营权入股行为决策。家庭特征层面，在 1% 显著性水平上，农户家庭非农化程度正向影响其土地经营权入股行为，表明家庭非农程度越高的农户更倾向于将闲置土地通过入股方式流转，获得较高农地财产性收益。家庭近三年人均收入水平对农户土地经营权入股意愿具有正向显著影响，与预期相符。较高收入农户对农地经营收益依赖程度较低，更倾向于将土地经营权入股投资。地区特征变量中，由于试点村农地经营权入股政策引导、宣传力度较大，对农户土地经营权入股行为的正向显著影响同样符合预期。

4.4 本章小结

本文利用全国农地经营权入股改革试点的典型村镇 426 个微观农户数据

第四章 农户农地经营权入股行为决策的影响因素分析

样本,实证分析了政策环境对土地经营权入股决策偏好的影响。结果显示:(1)农地价格评估政策的合理性、入股风险保障金政策的有效性、农地经营权入股政策的稳定性是影响农户土地经营权入股决策偏好的核心政策因素,同时农地经营权入股会影响农地产权稳定性认知,则会降低其入股积极性;(2)相较于农地流转管理、入股分配政策,农户在农地经营权入股行为决策中更关心地价评估是否合理、入股风险是否能有效防范以及入股政策是否能够持续推行;(3)户主年龄、受教育程度、家庭非农程度及家庭人均收入水平等变量对农户土地经营权入股决策偏好有不同程度显著性影响;(4)通过试点与非试点地区情况对比发现,试点地区农户对土地经营权入股改革响应积极性更高。

基于以上结论,考虑应从如下方面完善农地经营权入股政策:第一,建立合理的农地经营权入股价格评估机制。在土地经营权确权登记颁证的基础上,研究制定土地经营权价值评估办法,以此作为土地流转、入股、抵押等经营活动的重要依据。第二,构建有效的农地经营权入股风险防范机制。借鉴存款保险制度的原理,构建"农地经营权入股保险",利用市场化手段化解入股所可能带来的农户生存保障缺失以及社会稳定危机。第三,完善土地经营权入股的相关法律政策,确保政策的持续稳定性。深入分析土地股份合作社的制度特征及其法律属性等,为深入开展农村土地经营权入股改革试点工作提供法律依据与政策支持。第四,建立以农地经营权入股为纽带的持续稳定土地利用关系。在农地三权分置的背景下,促进涉农企业与农户建立长期稳定的土地经营权入股合约,以满足农业规模化、产业化发展需求,实现农地多元产权主体利益共享、合股共赢。

第五章 新型农业经营主体农地投资行为影响的实证分析

新型农业经营主体通过多种流转方式获得农地经营权后,其农业生产投、融资行为决策既关系到农地资源的可持续利用,同时也影响着农地经营主体间的最终收益分配。当前,农地流转的经营权究竟是"债权"抑或"物权"长期备受争议,政策与法律层面对农地经营权的定性问题均采取了"搁置争议"的处理方式。不同农地经营权利属性是否会影响新型农业经营主体的投资行为?已有研究尚未被证实,为此本文将试图构建"农地经营权属性——地权稳定性、完整性——农地保护性投资行为"的分析框架,利用常州市第三次全国农业普查数据,采用两阶段估计策略,实证检验了差异化农地经营权属性对规模经营者农地保护性投资行为的影响。主要回答以下问题:第一,不同流转情形下农地经营权的物权、债权属性如何体现与划分?第二,差异化农地经营权属性如何影响经营者的农地保护性投资行为?以期从理论与实证层面,揭示农地经营权属性差异对农地经营者投资行为的影响路径与效应。

5.1 农地流转、经营权属性与经营主体投资行为理论分析

农地作为农业生产的重要稀缺资源,是确保国家粮食安全的根基。农地保护问题一直以来备受党中央高度重视,先后提出扎紧耕地保护"篱笆"、"藏粮于地"、推进农业绿色发展等农地保护措施。随着《农村土地承包法》(2003年)、《农村土地承包经营权流转管理办法》(2005年)、《农村土地经营权流转管理办法》(2021年)等法律法规的不断完善,农地流转规模逐年增加,流转合

第五章 新型农业经营主体农地投资行为影响的实证分析

约也日趋规范。现代产权理论认为,清晰、稳定的产权关系是实现资源最佳配置的重要前提。地权稳定性、完整性缺失会导致农户掠夺式生产,使耕地质量退化、土地产出效率下降,不利于可持续农业生产经营(Li,1998;Yang,2022)。已有研究表明,产权稳定性对农户耕地质量保护行为的影响,主要通过农地调整(Hu,2021)、土地确权(郑淋议等,2021)、不同农地流转方式(张建等,2019)与流转期限(Kirtti,2018)等情形变化,从法律、事实和认知层面形成经营者对农地产权稳定性的不同预期(Asaage,2020),进而作用于农户耕地质量保护行为,但就其作用结果尚为达成共识。李博(2021)梳理了40篇相关文献发现,82.5%的研究发现产权稳定性对农户耕地质量保护行为具有显著促进作用,影响机理表现为收入效应(Soule,2000)、信贷效应(Haque,2018)与转让效应(Xin & Li,2019)。也有研究表明,当农地产权稳定性涉及农户租赁行为时,地权稳定性可能会抑制转入户耕地质量保护行为,或出现作用不显著结果(Prokopy et al.,2019)。

徐志刚和崔美龄(2021)研究发现,从2010—2017年间,农地流转面积签订正规合约的数量在持续增加,但农业长期投资却未明显改善,即正规合约的普及并未带来农业长期投资的改善。从合约约束力视角给出了解释,其研究认为长期书面合约有助于激励经营者进行长期投资行为,这一作用发挥的关键因素是以合约执行率、纠纷解决率为主要测度指标的合约约束力水平。该研究结论从农地流转合约执行层面对农地产权稳定性影响农地经营者长期投资行为的先决条件进行了有益补充。然而,上述论证中却隐含了一个容易被忽略的前置条件,即流转的土地经营权权属被清晰界定,建立在清晰的权利属性界定基础上的合约,在执行中才能发挥产权稳定性对经营者的投资激励作用。清晰界定农地经营权性质是明确农地经营权权利内容、权能和法律效力的前提(宋志红,2020)。遗憾的是,这一触及土地经营权稳定性的内核因素,在立法与理论研究中一直备受争议且尚无定论,并且在既有关于农地产权稳定性与农业长期(保护性)投资的研究中却被长期忽略。

清晰界定农地经营权法律属性是实现农地产权保护的重要前提。土地经营权作为一种创设的土地财产权利,遵循我国民法财产法物、债二分的基本逻辑对土地经营权的法律属性进行界定(宋志红,2020)。但目前就土地经营权的定性问题，政策与法律层面均采取了"搁置争议"的处理方式，进而在法理与实践中形成一定纷争与困扰。法律层面，形成了似是而非的乱象，土地经营权"既像物，又像债""既不完全像物，又不完全像债"(宋志红，2020)；理论层面，"物权说"(孙宪忠，2016)、"债权说"(单平基；2020；袁野，2020)、"债物二元说"(王辉，2019)等众说纷纭。实践层面，农地经营权抵押贷款工作进展缓慢且效果不佳，与政策目标相去甚远(胡小平和毛雨，2021；周晨曦，2020)，其中不乏来自立法层面对流转土地经营权属性界定不明带来的困扰，作为债权的土地经营权只能质押，而基于不动产属性的物权才能是抵押。

可见，理论层面，不同情境下农地经营权属性界定模糊不清；实证层面，农地经营权性质差异对经营者投资行为的影响尚待进一步检验。上述理论上的纷争与实践中的困惑，也为从学理、实践、立法层面进一步完善土地经营权制度留下了极大空间。事实上，农地产权制度改革的经济学逻辑与法学逻辑之间并非对立关系，相反经济学逻辑作为一种"前置性"介入通过理论假说与实证检验，为立法层面的"后置性"介入为农地制度的正式确立、补充完善及合法化提供有力的理论支撑与经验证据(申始占，2021)。鉴于此，本文将试图构建"流转农地经营权属性——稳定性、完整性——投资行为激励"的分析框架，围绕流转的农地经营权在不同情境下地权属性差异对转入方经营主体农地保护性投资行为影响展开深入探讨。

5.1.1 土地流转中的经营权属性纷争

放活土地经营权被视为三权分置改革的核心要义(吴晓佳，2016)，本质上是释放土地要素属性，促进要素配置优化与劳动生产效率提升，同时保证农业经营主体的农地经营收益(钟晓萍等，2020)。当前，如何界定土地经营权属性却成为学术争议焦点(蔡立东、姜楠，2017)，关于土地经营权性质争论，学界主要有以下三种观点(见表5-1)。

第一，用益物权说。立法层面支持者观点具体分为两种，一种将土地经营权视为次级用益物权，即在具有用益物权属性的土地承包经营权之上设定的以农地经营为目的用益物权(朱广新，2015；韩学平，2016)。也有学者持不同观点，认为土地经营权是一种权利用益物权或他物权，主要指经营权人

第五章　新型农业经营主体农地投资行为影响的实证分析

对集体所有土地享有占有、使用、收益的权利（肖卫东、梁春梅，2016；朱继胜，2017）。从经济学视角，部分学者从"三权分置"的政策目标出发，认为设立用益物权属性的土地经营权，有利于实现土地经营权流转、抵押、入股等权能并提升农地经营绩效（王康，2018）。

第二，债权说。土地经营权是土地流转情况下独立于土地承包经营权的一种债权，这种定性更契合现行规范解释与当事人灵活自主交易安排，在学理推导和制度承接方面亦具正当性（袁野，2020；单平基；2020；肖鹏，2021）。

第三，债物二元说。土地经营权属性既可以是物权也可以是债权，设定兼具物权性和债权性的二元法律属性的土地经营权，更符合实际需求（王辉，2019）。二元说在判断其属性的依据上也存在纷争，有学者认为取决于土地承包经营权持有人授权，即是否向转（租）入方授予改变转（租）入土地自然属性、四至界限或权属状况等权利（廖洪乐，2020），也有学者认为流转农地经营权属性的判断主要基于农地流转方式、租金支付方式、流转期限等方面考量（罗兴和马九杰，2017；宋志红，2020；房绍坤和林广会，2020）。持反对观点者认为，农地经营权债物二元说模糊了农地经营权法律属性，有悖于民事权利规范中物债二分的基本规则（陈小君和肖楚钢，2020）。

表 5-1　农地流转中的经营权属性争论

土地经营权属性学说	支持观点	代表性文献	反对观点	代表性文献
物权说	用益物权；次级用益物权	蔡立东、姜楠，2015；朱继胜，2016	违背限定物权生成的法理；难以合理解释出租方式设立土地经营权和土地经营权再流转	袁野，2020；肖鹏，2021
债权说	租赁债权；债权型用益	单平基；2020；袁野，2020；	混淆了土地租赁权与土地经营权；无法为权利人提供实质保障	陈小君和肖楚钢，2020
债物二元说	应兼具物权性与债权性；依情况而定	宋志红，2020；廖洪乐，2020	模糊了土地经营权的法律性质	陈小君和肖楚钢，2020

清晰界定土地经营权法律属性真正意图旨在实现农村土地"三权分置"改革的初衷，即使生产关系适应生产力发展的客观规律，使承包农户可以自由顺畅地流转土地，使农地经营者可以获得稳定预期的土地经营权。纵观上述权属争论，基于不同的解释方法、目的，学者们对土地经营权定性的多种诠释。立足于农地"三权分置"改革目标，遵循既有法律条文及规定，本文认为"二元说"的观点更加契合当前农地流转实际，理由有二：一是"债、物并行"的土地经营权权利属性设计，可以更加灵活应对实践中农地流转多样化途径与农地经营主体多元化需求。就流转方式而言，不同土地经营权流转方式在权利关系与权利让渡上存在显著差异，权属定性上不能一概而论。《农村土地承包法》中规定土地经营权的主要权能有：占有使用收益权（第37条）、登记能力与对抗权（41条）、投资改良与建造农业附属设施并投资补偿权（第43条）、再流转权（第46条）、融资担保权（第47条）、侵害救济权等，从经营主体实际需求出发，农地转入方对土地经营权权能诉求上存在不同偏好和侧重，应当赋予经营者更多选择权，因此区分情形定性更加符合实际需求，也有助于对农地经营者形成有效激励。二是根据实际情形对土地经营权性质予以认定，更接近目前相关立法与改革意图。从立法规定来看，无论将土地经营权定性为物权抑或债权，似乎在《农村土地承包法》中都能找到一定的支持依据（宋红志，2020），这正是学界形成不同争论的缘由所在，同时这也恰恰体现了立法与政策层面既想充分保障承包方对土地的控制权，又想使土地经营者获得稳定的权利预期。由此可见，目前"二元说"是相对符合立法与政策意图的一种折中策略。

5.1.2 不同流转方式下的农地经营权属性差异

三权分置下不同流转方式的农地经营权具有差异化属性（见表5-2）。根据《物权法》第128条、《农村土地承包法》第34条、第35条、第36条等规定，我国现行的土地承包经营权流转方式主要包括：互换、转让、转包、出租、入股等几种形式。依据相关法律条文，结合土地流转中的承包关系变更、土地权利让渡情况，对不同流转方式的农地经营权属性进行了划分（见表5-2）。《物权法》（第129条）、《农村土地承包法》（第35条）中规定，土地承包经营权互换、转让的，当事人可以向登记机构申请登记。转让、互换两种形式下，

第五章 新型农业经营主体农地投资行为影响的实证分析

承包关系发生实质性变更,并且原承包方会部分或全部让渡自己的土地承包经营权给新的承包方,此时土地承包权与经营权未发生分离,仍然具有物权属性特征。而在《农村土地承包经营权流转管理办法》(第 16 条)、《农村土地经营权流转管理办法》(第 15 条)中规定,转包、出租与入股或者其他流转方式,是将土地经营权部分或全部流转,原承包关系不变,保留了对土地的支配权,此时流转的农地经营权具有相对性、时限性特征,是典型的债权属性。据此,认为互换、转让方式流转的农地经营权具有物权属性;转包、出租、入股等方式获取的农地经营权则具有债权属性。

表 5-2 农地流转中的经营权属性划分

土地流转方式	流转经营权属性	法律依据	权利让渡
互换、转让	物权属性	《物权法》《农村土地承包法》,流转后原承包关系变更	占有权、使用权、收益权、处置权
转包、出租、入股及其他	债权属性	《农村土地承包经营权流转管理办法》《农村土地经营权流转管理办法》,流转后原承包关系不变	占有权、使用权、收益权

5.1.3 不同流转期限下的农地经营权属性差异

《农村土地承包法》(第 41 条)、《民法典》(第 341 条)中均以五年为限对流转农地经营权流转期限进行了不同规制,成为农地经营权债、物二元属性划分的重要法律依据。《民法典》341 条之三规定增加了"自流转合同生效时设立",被认为是弥补了《农村土地承包法》第 41 条表述上的缺陷(房绍坤、林广会,2020)。登记效力下流转期限五年及以上的农地经营权被赋予了不动产登记能力、对抗效力、排他效力和独立诉权,也使其具备了典型物权属性特征。以此进行物权定性,对于希望获得长期稳定的土地经营权人,可以通过申请登记获得农地经营权对抗效力、排他效力等,并可以依法将农地经营权进行抵押融资,获得可持续经营的投资资本,释放更大的土地要素红利,也有利于农地经营权制度和民法基本制度的和谐相处(宋红志,2020)。而流转期限未满五年农地经营权不具备登记条件和对抗效力,被认为是具有债权属性特征的土地租赁权(房绍坤、林广会,2020),对于农地短期租赁者,可以满足高效灵活的短期化农地生产经营需求。由此认为,五年及以上流转期限的农地经营权具有物权属性;未满五年流转期限的农地经营权具有债权属性。

5.1.4 差异化经营权属性对经营者农地投资行为的影响

作为一种不动产物权可以跨越《合同法》规定的20年期限,满足经营者长期生产经营需要,其稳定性相比具有合同限制的债权更强(孙宪忠,2016);物权享有对物的支配权,在合同期限内可转让、可抵押(肖鹏,2021),相比只具备请求权与受领权的债权更完整。结合前文分析,在特定流转方式下两种属性农地经营权在权利、权能方面的特征与差异,主要通过土地流转租金支付方式、流转合同期限等因素体现(见图5-1)。农地流转合同期限即为具有法律效力的农地经营权使用年限,一定程度上反映经营权的稳定性状况;通常,农地经营权流转期限越长,经营者的稳定性预期越高。在流转既定期限下,若承租人一次性将流转合同期限内的租金付清,则租金的不确定性将消除,合同期内的农地经营权完整性、稳定性更高,更接近用益物权属性(罗兴、马九杰,2017);反之,农地流转合同期限越短,租金采取一年或更短时间分期支付,农地经营权的稳定性与完备性程度越低,此时更倾向于债权属性特征。基于此,本文认为:在特定农地流转方式下,流转合同期限为五年及以上,且一次性租金支付,则流转的农地经营权稳定性、完整性程度越高,物权属性特征越强,即为物权属性占优;流转合同期限不足五年,且分期支付租金,则流转的农地经营权稳定性、完整性程度越低,其债权属性特征越显著,即为债权属性占优[①]。

[①] 鉴于目前法律尚未对不同流转情形的农地经营权作出明确法律属性明确界定,本文关于农地经营权"物权属性占优"、"债权属性占优"的表述,是在现有法律条文和理论分析的基础上对不同特征农地经营权法律属性进行的倾向性程度划分。

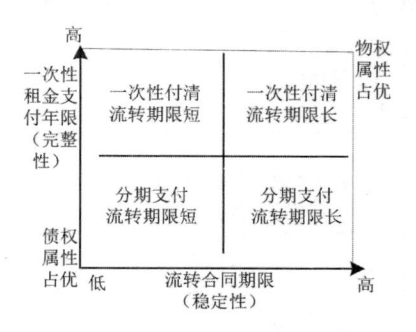

第五章 新型农业经营主体农地投资行为影响的实证分析

图 5-1 农地流转中的经营权属性差异

不同农地经营权属性将通过地权稳定性、完整性差异影响经营者农地保护性投资行为。基于理性经济人假设，农地转入方只有确保在农地流转期内获得其农地保护性投资带来的全部收益，才会有此行为动机。实践中，农地质量保护行为主要分为两类：养分平衡行为（如测土配方施肥、化肥减量等）和有机质提增行为（包括有机肥使用、秸秆还田等）（周力、王镱如，2019）。通常，不同类型农地质量保护性投资周期有所差异，一般周期在一年以上（李博等，2022）。因此，对转入方农户而言，农地保护性投资行为需要建立在一定时间周期、相对稳定且完整的农地经营权基础之上。农地经营权权利属性因流转方式、流转期限、租金支付方式而异，形成不同程度的地权稳定性、完整性特征，进而对经营者农地保护行为产生差异化影响。

综上，本文将按照"农地流转—经营权属性—地权稳定性、完整性—农地投资行为"逻辑脉络，构建农地经营权属对经营者投资行为影响的分析架构（如图 5-2 所示）。首先，从既有法律条文出发，结合流转支付方式、流转期限对不同流转方式的农地经营权进行权利属性辨识；其次，分析债权、物权属性下农地经营权在稳定性、完整性方面的差异，进而明确农地经营权属性对经营者投资行为的影响机理。由此，提出研究假设：农地经营权物权属性占优时，经营者地权稳定性与完整性预期较高，更倾向于实施农地保护性投资行为；农地经营权债权属性占优时，经营者对地权稳定性、完整性预期较低，经营者采取农地保护性投资行为可能性较低。

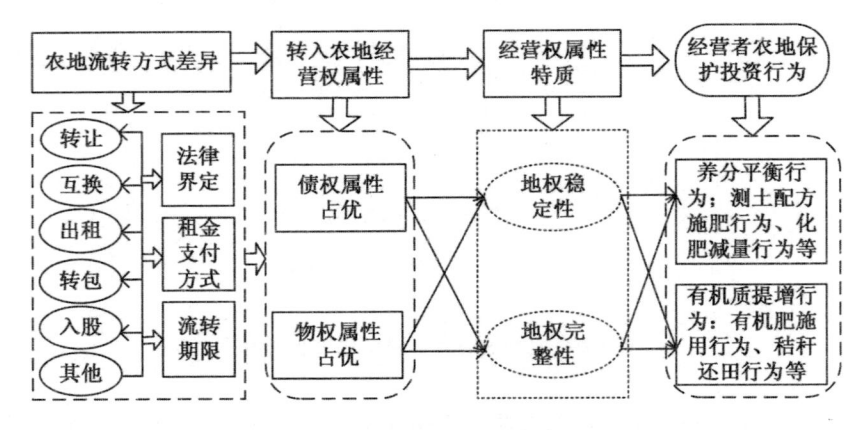

图 5-2 农地经营权属性对经营者投资行为的影响机理

5.2 数据来源与描述性分析

5.2.1 数据来源

本文数据主要来源于常州市统计局第三次全国农业普查(简称"三农普")的微观调查数据。样本数据以规模农业经营户普查表中"流入农地面积(亩)大于 0"为筛选条件,剔除数据中的缺失值、极端异常值等,从常州市新北区、武进区、金坛区和溧阳市四个农业主产区共选取 1532 个规模经营户有效样本。同时,选取主要农作物水稻种植测土配方施肥技术采用情况,反映样本规模经营户农地保护性投资行为,并采用其小麦生产经营数据进行稳健性检验。采用以上数据的主要原因:一是契合研究主题,样本选取有转入农地的规模农业经营户及其主要作物生产投资行为作为研究对象,旨在探究转入农地经营权隐含的差异化属性对经营者农地保护性投资行为带来的可能影响;二是数据具有代表性,普查表中内容包括了样本家庭基本情况、确权与经营耕地状况、主要农作物种植及生产经营特征情况等,较为全面客观地反映了规模农业经营户的农地生产经营实际状况,也为本文研究提供代表性数据。

5.2.2 描述性分析

1. 样本地区农地经营权流转情况

表 5-3 列出了 1 532 个样本规模农业经营户的地区分布与农地经营权的主要转入方式。从区域分布来看,46.74% 的样本数据来源于溧阳市,28.66%

第五章 新型农业经营主体农地投资行为影响的实证分析

来源于金坛区，24.6%为新北区和武进区样本，这与各地区的耕地面积分布、农地流转实际情况相符。72%的样本经营户采取转包方式流转农地经营权，说明样本地区以集体经济组织成员间的流转为主。

表5-3 样本地区规模农业经营户农地流转情况

样本地区 \ 土地流转方式	转让	互换	转包	租入	其他	合计
新北区	1	0	188	44	3	236
武进区	0	0	49	86	6	141
金坛区	14	1	292	121	11	439
溧阳市	5	0	574	132	5	716
合计	20	1	1103	383	25	1532

2. 不同农地经营权流转方式、流转期限与经营者投资行为

不同农地经营权流转方式、期限下，对比规模农业经营户测土配方施肥这类农地保护投资行为（见表5-4）。总体上，仅9.3%的样本经营户进行测土配方施肥，其原因是在第三次全国农业普查期间，样本地区测土配方施肥技术推广尚处于起步阶段。从流转方式来看，相比互换、转让方式，通过转包、租入方式获得农地经营权的规模经营户更倾向于采用测土配方施肥，占比为8.8%；而从流转期限来看，相比五年以内情形，流转期限在五年及以上的规模经营户进行测土配方施肥的比例高出3.1%。可见，在测土配方施肥总体样本比例较低的情况下，不同流转方式与流转期限下，样本规模经营户对这类农地保护性投资行为尚存在差异。

表5-4 农地经营权流转方式、期限划分下经营者的投资行为差异

投资行为 \ 农地流转特征		流转方式				流转期限		合计
		转让/互换	转包	租入	其他	5年以内	5年及以上	
是否测土配方施肥行为	是	3	91	44	5	48	95	143
	否	18	1012	339	20	461	928	1389
合计		21	1103	383	25	509	1023	1532

5.3 模型设定与变量说明

5.3.1 模型设定

识别农地流转经营权属性的核心变量：农地流转方式（转让、互换、转包、出租、其他）、流转期限选择并非随机的，具有较强的内生性（张建等，2019）。因此，采用基于工具变量法的两阶段最小二乘法对模型估计，以解决自选择导致的模型内生性问题。第一阶段，构建流转农地经营权属性识别模型，根据可观测变量估计出流转农地经营权属性的拟合值；第二阶段将拟合值代入规模农业经营户农地投资行为模型。第一阶段流转农地经营权属性识别模型为：

$$A_i = \alpha + \beta X_i + \gamma \mathrm{IV} + \varepsilon_i \tag{1}$$

其中，A_i 为流转农地经营权属性变量，根据前文分析将转让、互换方式划分为物权属性占优，再以五年流转期限为界将转包、出租、其他等三种方式流转农地经营权进行债权、物权属性占优情形划分。A_i 中 i 取值为 1 表示流转农地经营权物权属性占优，i 取值为 0 则表示流转农地经营权债权属性占优。X_i 是控制变量，包括经营者及其家庭特征：年龄、家庭成员数量、参加农技培训情况、兼业化程度；土地经营特征：土地经营规模、转入土地比重；组织模式特征：生产方式、销售模式及新型农业经营组织参与情况；其他控制变量还包括农业保险参与情况及代表区域差异的地区虚拟变量。α 为截距项，β 和 γ 为模型估计系数，ε_i 为残差项。IV 是影响规模经营户转入农地经营权权属的工具变量。工具变量需要满足两个条件，一是与规模农业经营户转入农地经营权方式、期限变量高度相关，二是与规模经营户生产投资模型中的扰动项不相关。据此，本文选取了规模农业经营方户主的户籍是否在本乡镇作为流转土地经营权权属的工具变量。其原因主要是：首先，《农村土地承包法》第33、34条明确指出，土地承包经营权互换、转让方式仅限于同一集体经济组织成员之间，非本乡镇规模经营户只能通过转包、租赁或入股方式流转农地经营权。其次，考虑我国乡村具有十分鲜明的地缘与血缘关系特征（陈美球等，2018），农业生产经营活动深嵌于村庄熟人社会之中，乡村成员在长期生产生活互助中形成了有利于农地经营权流转与规模经营的社会资本，相

第五章　新型农业经营主体农地投资行为影响的实证分析

比而言，非本乡镇户主因缺乏这种先天优势而在农地经营权流转经营中可能面临较高的交易成本。加之，非本乡镇居民作为外来者因缺乏文化、身份认同与归属感，在村庄内从事农业规模经营中更倾向于选择与承包户利益联结关系较弱、流转期限较短的土地经营权转入方式。

第二阶段规模农业经营户投资行为模型为：

$$I_i = \rho + \pi A_i^* + \varphi B_i + \delta_i \tag{2}$$

(2)式中，I_i 为规模农业经营户农地保护投资情况，反映其农地保护性投资行为的指标包括：是否采用测土配方施肥及测土配方施肥面积的对数。上式中，若 $I_i=1$ 表示规模经营户采取了农地保护行为，$I_i=0$ 则表示其未采取农地保护行为。规模农业经营户是否采用测土配方施肥为二元离散变量，故采用 Probit 模型进行估计；其测土配方施肥面积对数是限制因变量，左侧存在着删失数据，因而选择 Tobit 模型估计。A_i^* 为第一阶段规模经营户流转农地经营权属性识别模型预测概率；ρ 是截距项，π 和 φ 为模型估计系数，δ_i 为残差项。此外，B_i 表示控制变量与公式(1)的控制变量 X_i 相同。

5.3.2 变量说明

变量的含义及描述性统计见表5-5，以下具体分析控制变量对规模经营户采用农地保护行为的影响。

(1)规模经营户个体特征包括经营者年龄、家庭成员数量、农技培训情况以及兼业化程度。通常年龄较大的规模经营户对传统农业生产技术掌握较好，但对测土配方施肥这类新技术的认知与接受程度相对较低，采取农地保护性投资行为的可能性较小。家庭成员数量反映家庭农业劳动力供给情况，通常家庭农业劳动力不足，更倾向于采用高效生产技术以节省劳动力。已有研究表明，参与农业施肥技术培训可以显著促进农户对测土配方施肥技术的采纳(Liu et al., 2019)，通过农技培训有助于提升规模经营户耕地保护认知，促使其进行这类技术投资的概率较高。规模经营户兼业化程度越高，意味着其分配到农业生产上的劳动力投入会相对较少，故认为兼业化程度对农地保护行为具有正向的影响。

(2)土地经营特征包括土地的经营规模和转入地占实际农地面积的比重。随着农地经营规模不断扩大进行耕地质量保护性投资的边际成本随之下降，这使得规模经营者更青睐于这类投资以节省成本。但对于转入地与自家地两种不同法律属性的农地经营权，经营者可能采取不同的农地投资策略（Gao et al.，2017），转入地占实际农地面积比例越大，经营者的农地租金成本越高，因而更倾向于农地保护性投资行为以节省生产经营成本、提高农地生产效率。

（3）生产经营模式特征设置了规模经营户生产方式、销售模式及新型农业经营组织参与情况。生产方式变量主要区分规模经营户在农业产业链中的位置与分工，相较于只参与生产种植环节，参与到后期农产品加工与销售环节的规模经营户，通过产业链的延伸更能够及时把握市场需求，因而对农业生产效率具有更高诉求，进行农地保护性投资行为的可能性更高。销售模式反映了农地经营者与市场连接紧密程度，以及获取农地保护性投资信息的便捷程度，相比中间商经销方式，自销与订单农业销售模式直接对接市场需求端，更有利于及时获取市场需求与技术信息；而相对于自销模式，采取订单农业模式的规模经营者面临订单企业对生产数量、质量、交易时间等合同约束，同时又获得来自订单企业资金、技术、信息等方面支持（檀艺佳、张 晖，2021），为保障转入农地的可持续产出率，而采用农地保护性投资的可能性较高。升级为新型农业经营组织的规模经营户，在采用生态、可持续农业技术方面相较于普通种植户具有明显优势（杨兴杰等，2021），因而更倾向于采用测土配方施肥这类农地保护性投资行为。

此外，控制变量还包括农业保险购买情况，以新北区为参照设置 3 个区级虚拟变量以控制区域层面的差异。农业保险是减轻经营者生产风险的重要手段，通过购买农业保险一定程度上可以缓解规模经营户农地保护性投资采用风险，有助于其增加这类技术投入。

表 5-5　变量的含义与描述统计分析结果

变量名称	含义及单位	平均值	标准差
被解释变量			
测土配方施肥行为	1＝是 0＝否	0.093	0.291
测土配方施肥程度	面积（亩）	11.452	86.833

第五章 新型农业经营主体农地投资行为影响的实证分析

续表

变量名称	含义及单位	平均值	标准差
核心解释变量			
土地流转经营权属性	1=物权属性占优 0=债权属性占优	0.674	0.469
控制变量			
经营者特征			
年龄	农业决策者年龄(周岁)	44.684	10.574
成员数量	家庭成员数量(人)	3.117	1.521
农技培训	接受农技培训的次数(次)	0.642	0.845
兼业化程度	非农收入占总收入的比重(%)	0.084	0.192
土地经营特征			
农地经营规模	水稻经营面积	111.068	148.501
转入地比重	转入地面积/总经营面积(%)	5.834	18.704
组织模式特征			
生产方式	0=以生产为主 1=生产+加工/销售	0.12	0.325
销售模式			
自销	1=是 0=否	0.802	0.398
中间商经销	1=是 0=否	0.139	0.346
订单销售	1=是 0=否	0.023	0.152
其他(如互联网销售)	1=是 0=否	0.035	0.184
新型农业经营组织/形式	1=是(公司+农户/农民专业合作社/专业协会/土地托管) 0=否	0.268	0.443
土地转入户是否本镇	1=是 0=否	0.854	0.353
农业保险	1=有 0=无	0.843	0.364
地区虚拟变量			
新北区	1=是 0=否	0.154	0.361
武进区	1=是 0=否	0.092	0.289
金坛区	1=是 0=否	0.287	0.452
溧阳市	1=是 0=否	0.467	0.499
样本量			1532

5.4 估计结果分析

5.4.1 模型估计结果及讨论

表 5-6 为采用工具变量法模型估计结果，第一阶段为土地流转经营权属识别模型（第 1 列），第二阶段为规模经营户农地保护性投资行为及投入程度模型的估计结果（第 2、3 列）。根据土地流转经营权属性识别模型结果显示，在 1% 显著水平上，工具变量"土地转入户是否本镇"对规模经营户农地流转经营权属性虚拟变量具有正向影响，以及综合相关检验结果来看，均表明了本文选取的工具变量具有较强的解释力与有效性。

表 5-6 规模经营户水稻农地保护性投资行为的工具变量法估计结果

解释变量	被解释变量		
	土地流转经营权属（1）	是否采用测土配方施肥（2）	测土配方施肥面积（3）
土地转入户是否本镇	0.355(3.45)***		
土地经营权属性		−2.054(−2.07)**	−14.052(−2.18)**
户主年龄	0.007(1.75)*	−0.000(−0.02)	0.006(0.15)
家庭成员数量	−0.029(−1.02)	−0.003(−0.07)	−0.028(−0.11)
农技培训	0.000(0.00)	0.123(2.27)**	0.848(2.42)**
兼业化程度	−0.0140(−0.08)	0.242(1.01)	1.536(0.99)
农地经营规模	−0.000(−1.96)*	0.001(1.74)*	0.004(1.87)*
转入地比重	0.017(4.80)***	−0.014(−1.24)	−0.124(−1.57)
生产方式	0.044(0.39)	0.165(1.17)	1.133(1.24)
销售模式虚拟变量（以自销方式为参照）			
中间经销商销售	−0.317(−2.85)***	−0.424(−2.11)**	−2.686(−2.06)**
订单销售	−0.180(−0.70)	0.440(1.79)*	2.488(1.61)
其他销售	0.444(2.13)**	−0.001(−0.00)	−0.281(−0.13)
新型农业经营组织	0.385(4.33)***	0.378(2.30)**	2.681(2.49)**
农业保险	0.181(1.82)*	0.515(2.91)***	3.582(3.04)***

第五章 新型农业经营主体农地投资行为影响的实证分析

续表

解释变量	被解释变量		
	土地流转经营权属(1)	是否采用测土配方施肥(2)	测土配方施肥面积(3)
地区虚拟变量(以新北区为参照)			
武进区	0.733(4.45)***	0.610(1.57)	4.277(1.70)*
金坛区	1.154(9.90)***	1.072(2.53)**	7.387(2.67)***
溧阳市	0.591(5.72)***	0.379(1.32)	2.736(1.47)
常数项	−0.966(−3.37)***	−1.220(−2.62)***	−8.306(−2.70)***
观察值	1532	1532	1532
Pseudo $R2$	0.1149	0.0962	0.0628
LR chi2	222.23***	91.41***	100.73***

注：规模经营户土地流转经营权属性识别的概率通过 Probit 模型估计得到，结果为均值处的边际效应（Marginal Effect），括号内报告的是 Z 值。规模经营户测土配方施肥采用模型的估计为 Tobit 模型，报告为左截取（Left-censored）情形下的均值处边际效应，其中是否采用测土配方技术估计结果括号内汇报的是 Z 值，测土配方施肥采用面积结果括号内为 T 值。第一阶段工具变量检验的 F 统计量的值为 16.67 大于 10，可以拒绝"存在弱工具变量"的假设。***、**、* 分别表示在 1%，5% 和 10% 的统计水平上显著。

在第二阶段规模经营户农地保护性投资行为模型中，核心解释变量农地经营权属性在 5% 的显著性水平下对其农地保护性投资行为与投入程度均具有负向影响。说明相较于物权属性占优的情况，流转农地经营权债权属性占优时，规模经营户更倾向于农地保护性投资，且更大面积采用这类技术的可能性更高。上述结果与前文研究假设相反，结合样本地区实际情况分析可能的原因如下：一是技术采用约束。技术或服务约束可能会制约农地经营权稳定性的收入效应发挥，进而不利于农户耕地质量保护行为（李博、王瑞梅，2021；Smith，2004）。根据技术接受模型（TAM），样本规模经营户是否采纳测土配方施肥技术受到其感知的可获利性、有用性、易用性等因素影响，而样本地稻农规模经营农户对该类技术采纳比例总体较低（9.3%），说明存在技术采用约束，这一定程度上会降低农抑制其此类耕地质量保护行为。同时，相较于物权属性占优情形，流转周期较短、流转方式较为灵活（如转包、出租等），农地经营权债权属性占优的规模经营户更愿意尝试新技术，同时承担测土配方施肥技术施用带来的不确定性收益和风险。二是基于耕地质量保护性投资回报周期考量。通常耕地质量保护性投资回报周期在一年以上（李博等，2022），本研究将农地流转周期在五年以内划分为债权属性占优，相较于五年及以上农地经营权流转期限的地权稳定性较弱，但作为理性经济人的规模经营户以追求利润最大化为目标，更青睐于通过测土配方施肥技术降低生产经营成本、提高土地利用效率，在有限农地经营期限内实现收益最大化。三是农地流转租金支付方式差异的影响。农地流转租金安排差异（如固定租金或收益分成、零租金或非零租金、一次性或分期支付等）带来地权稳定性问题，可能会对农户耕地质量保护行为形成负向影响（Soule，2000；李博等，2022）。地租支付方式是本文关于农地经营权属性界定划分的一个关键指标，囿于数据获取限制，未能将这一指标纳入农地经营权属性识别模型中，有待在后续研究做进一步论证。

此外，其他控制变量估计结果与预期假设基本一致。其中，参加农技培训次数对规模经营者农地保护投资行为及投入程度均在5%显著水平上具有显著的正向影响，说明农技培训通过提升规模经营户对农地保护行为理解认知程度，进而影响其对该类技术的投资行为。农地经营规模对经营者高效生产技术的采用具有显著正向影响，农地经营规模不断扩大，进行农地保护投资的边际成本随之下降，这使得规模经营者更青睐于这类投资以节省成本。此外，中间经销商销售模式对规模农业经营户农地保护性投资行为及投入程度在5%显著性水平上具有显著负向影响，其可能原因是相较于其他销售模式，该模式不利于直接获取农地保护信息。新型农业经营组织参与情况对规模经营户高效生产技术投资及投入程度具有显著的正向影响，这与理论预期一致。较高的农业生产经营组织化程度，有助于增加经营主体对农地保护性投资信息的获取机会同时也降低了投资成本，因而对这类技术投资的可能性较高。此外，在1%显著水平上，农业保险对规模农业经营者农地保护性投资行为具有显著的正向影响，说明购买农业保险从降低农地保护性投资风险视角起到了积极作用。

5.4.2 模型稳健性分析

前文关于差异化农地经营权属性对农地经营者耕地保护性投资行为影响的理论分析，对于大田作物生产投资行为具有一定的普适性。为进一步验证这一观点，同时为避免未对大田作物分类笼统处理而导致的样本重复计算问题，本文对所选规模农业经营户样本根据粮食作物类型进行了分类。其中，水稻种植户作为主回归的研究对象，并将小麦种植户作为分样本进入与主回归相同的两阶段模型进行估计(表5-7)，以检验研究结果的稳健性。表5-7的估计结果表明，无论是对第一阶段工具变量的回归，还是第二阶段高效生产技术投资行为的估计结果，均与主回归的结果具有高度的一致性，说明了模型及结果的稳健性。

表5-7 农户小麦农地保护性投资行为的工具变量法估计结果

解释变量	被解释变量		
	土地流转经营权属(1)	是否采用测土配方施肥(2)	测土配方施肥面积(3)
土地转入户是否本镇	0.384(3.75)***		
土地经营权属性		−1.992(−2.15)**	−13.413(−2.16)**
户主年龄	0.010(2.29)**	0.002(0.39)	0.021(0.51)
家庭成员数量	−0.019(−0.66)	−0.002(−0.06)	−0.010(−0.04)
农技培训	0.006(0.14)	0.128(2.30)**	0.889(2.40)**
兼业化程度	−.0091(−0.47)	0.177(0.70)	1.090(0.65)
农地经营规模	−0.001(−2.55)**	0.000(0.95)	0.002(1.06)
转入地比重	0.014(3.54)***	−0.007(−0.70)	−0.085(−1.15)
生产方式	0.033(0.28)	0.072(0.48)	0.583(0.59)
销售模式虚拟变量(以自销方式为参照)			
中间经销商销售	−0.337(−2.92)***	−0.404(−1.99)**	−2.575(−1.91)*
订单销售	−0.281(−1.07)	0.318(1.22)	1.677(1.00)
其他销售	0.400(1.93)*	0.040(0.13)	−0.106(−0.05)
新型农业经营组织	0.419(4.52)***	0.466(2.75)***	3.277(2.87)***
农业保险	0.267(2.64)***	0.517(2.79)***	3.535(2.80)***

续表

解释变量	被解释变量		
	土地流转经营权属(1)	是否采用测土配方施肥(2)	测土配方施肥面积(3)
地区虚拟变量(以新北区为参照)			
武进区	0.591(3.56)***	0.362(1.04)	2.572(1.11)*
金坛区	1.203(10.31)***	1.044(2.52)**	7.158(2.58)***
溧阳市	0.550(5.25)***	0.263(0.99)	1.901(1.07)
常数项	−1.231(−4.21)***	−1.356(−3.21)***	−9.484(−3.27)***
观察值	1410	1410	1410
Pseudo $R2$	0.1308	0.0867	0.0559
LR chi2	241.17***	75.57***	82.40***

注：农户土地流转经营权属性划分的概率通过 Probit 模型估计得到。***，**，* 分别表示在1%，5%和10%的统计水平上显著。模型(1)和(2)括号内汇报的是 Z 值，模型(3)括号内为 T 值。

5.5 本章小结

在全国承包农地流转面积持续增长、流转不断加速背景下，如何处理好流转农地经营权属性界定与经营权自由流动之间关系，成为农地三权分置改革"放活经营权"目标实现的关键。本文结合土地流转方式及流转期限特征差异，基于法律条文、经验事实与学理分析，对农地经营权权利属性进行划分。在此基础上构建流转农地经营权属性对经营者投资行为影响的分析框架，并利用常州市三农数据进行了实证检验。研究结果表明：农地流转期限在五年以内、流转方式以较为灵活的转包、租赁为主，即为农地经营权债权属性占优时，经营者更倾向于实施农地保护性投资行为；农地流转方式为互换、转让或农地流转期限五年及以上的转包、租赁等方式，此时农地经营权物权属性占优，经营者在地权稳定性、完整性预期下，通过农地保护性投资行为的可能性反而较低，可能原因是受技术采用约束、农地质量保护性投资回报周期及农地流转租金安排等影响。此外，农技培训、农地经营规模、参与新型农业经营组织与农业保险等经历对农地经营者农地保护性投资行为具有积极

第五章 新型农业经营主体农地投资行为影响的实证分析

促进作用。

基于以上研究结论形成的政策启示包括：第一，妥善处理好农地经营权属性界定与自由流转之间的关系。农地产权制度改革的核心是要处理好公平与效率的关系，即产权界定与产权流动性关系。随着三权分置改革不断深化，物权化不再是放活农地经营权的唯一选择，应根据农地经营权流转方式、流转期限、权利设定方式及实际权能等分形划分，清晰界定债、物二分属性农地经营权权能，兼顾农地经营权流转灵活性与经营者收益稳定性预期需求，进一步完善相关法律条文，以实现维护农地经营权制度公平与追求产权配置效率最优之间的和谐。第二，建立匹配差异化农地经营权属性的农地保护性投资行为激励与保障制度。鉴于农地经营权属性差异对经营者投资行为带来的潜在影响，应结合区域农业产业发展规划，制定农地经营权属性分类的农业技术推广与农地保护支持策略。具体而言，设定债权属性农地经营权满足经营者自由灵活短期化农业生产需求，通过绿色高效农业生产经营补贴、绿色生产社会化服务支持体系，引导这类主体进行农地保护性投资；设定可抵押、担保、入股等物权属性农地经营权，保护经营者长期稳定的农用地需求，并提供普惠性农地经营权抵押贷款支持其进行农地资源永续性投资。第三，多措并举提升经营者可持续性农地投资行为的内生动力。通过农技培训不断提升经营者对农地保护性投资行为的科学认知，形成农业绿色发展理念；根据农业经营主体绿色高效农业发展个性化需求，探索多元农业保险产品，搭建数字化农产品销售服务平台，促进农业生态产业化与农业经营组织化耦合协调发展。

第六章 新型农业经营主体融资决策偏好影响因素分析

新型农业经营主体在助推乡村全面振兴、农业现代化发展中的作用日益显现。然而，当前在农地适度规模化经营中，新型农业经营主体仍面临着供给型信贷约束。为从三权分置改革视角提升新型农业经营主体融资可获得性，本章将结合新型农业经营主体内外部影响因素，利用微观调查数据实证分析新型农业经营主体数字金融偏好，纳入农地产权属性、过往融资情况等情景因素，构建扩展计划行为理论结构方程模型，并以经济较发达的苏南地区样本数据为例，对三权分置下新型农业经营主体融资偏好进行了实证分析，为破解新型农业经营主体供给型融资约束，从农地三权分置改革视角提升其融资可获得性提供经验参考。

6.1 新型农业经营主体融资现状及问题

党的十九大报告、2019年中央一号文件关于乡村振兴战略部署中，均明确提出："要发展多种形式适度规模经营，培育新型农业经营主体。"2018年9月出台《乡村振兴战略规划（2018—2022）》，进一步指出："加快农村金融产品和服务方式创新，探索开发新型信用类金融支农产品和服务。"作为实现乡村振兴战略目标的重要新生力量，新型农业经营主体培育与发展离不开有效的金融支持（文龙娇、张珩，2021），农村金融市场发展与金融产品、服务模式创新同样离不开新型农业经营主体的参与，二者间的良性互动将为全面激活农村金融服务链、助力乡村振兴增添新动能。反观实践，传统金融机构服务

第六章 新型农业经营主体融资决策偏好影响因素分析

三农力不从心,新型农业经营主体仍面临融资窘境。据《2018 年中国农村金融服务报告》显示,自 2007 年以来中国涉农贷款数额不断上升,2009—2010 年间增速高达 30%,金融对农业农村现代化发展的支撑作用日益凸显。2019 年 11 月《新型农业经营主体金融需求与融资约束调查报告》中进一步指出,新型农业经营主体总体融资需求旺盛,但当前仍面临着供给型信贷约束(经济日报社课题组,2019),不同类型新型农业经营主体仍存在较大资金缺口,同时存在借贷周期与投资周期不匹配等问题。归根结底,上述问题产生的主要原因是传统商业化金融供给模式与农村相对分散的新型经营主体融资需求之间信息不对称问题。解决上述问题的关键是推进农村数字乡村建设,搭建数字化金融服务平台,最大限度降低农村金融供需主体因信息不对称造成的交易成本过高问题。

随着《数字乡村发展战略纲要》(2019 年 5 月)这一指引性文件的出台,中国进入了农村数字金融发展的 2.0 时代,以"创新农村普惠金融服务,改善网络支付、移动支付、网络信贷等普惠金融发展环境"为行动指南,推进农村数字普惠金融发展已成为乡村振兴战略的重要着力点。数字普惠金融模式依托于云计算、互联网技术,借助互联网平台实现了融资高效便捷性、灵活多样性与普惠性等多重功能,逐渐成为新型农业经营主体的融资新途径。这种融资方式可以打破资金供求双方信息壁垒,有效降低融资交易成本,成为破解新型农业经营主体融资窘境的新途径。然而,实践中相比传统融资方式,数字金融是否更能够满足新型农业经营主体资金需求?新型农业经营主体是否愿意通过数字金融,其意愿又会受哪些因素影响?上述问题的回答对于缓解新型农业经营主体供给型融资约束,提升数字普惠金融覆盖广度与深度,带动乡村全面振兴具有重要现实意义。

为探究新型农业经营主体数字金融偏好可能的影响因素,本文将围绕以下方面展开研究:第一,数字金融对解决新型农业经营主体融资瓶颈问题的有效性,需要结合微观主体行为意愿进行实证检验;第二,计划行为理论为新型农业经营主体数金融偏好研究提供了理论基础,但其融资意愿还会受农地产权权属、过往融资情况等情景因素影响,有必要将情景因素纳入模型中以扩展计划行为理论。立足于乡村振兴战略背景,本文将结合新型农业经营主体内外部影响因素，构建扩展计划行为理论结构方程模型，并利用微观调查数据实证分析新型农业经营主体数字融资意愿，为提升新型农业经营主体融资可获得性，促进乡村振兴战略规划目标早日实现提供经验参考。

6.2 理论基础与研究假设

6.2.1 理论基础

Ajzen(1991)最早提出计划行为理论(Theory of Planned Behavior，简称TPB)，认为个人采取实际行动的行为意向，主要受行为态度、主观规范以及知觉行为控制的影响。已有实证研究表明，该理论对个体行为预测具有较强解释力(段文婷等，2008)。一些学者基于特定主题、研究对象对该理论进行了扩展研究(Azadi et al.，2019)，认为增加其他相关变量有助于提高计划行为理论模型的预测能力(Bird et al.，2018)。扩展计划行为理论被广泛应用于生态环保(秦曼等，2020；熊长江等，2020；Savari & Gharechaee，2020)、食品安全(Rezaei et al.，2018；Daxini et al.，2019)、农地流转(兰勇等，2020；彭开丽，2020)、信贷融资(单泪源等，2017；Balushi et al.，2018)等涉农领域主体行为研究。

6.2.2 研究假设

基于计划行为理论，本研究假设新型农业经营主体数字金融偏好受到行为态度、主观规范及知觉控制等因素影响。由于新型农业经营主体数字金融行为是组织的一种理性行为，既受到负责人及组织自身因素影响，也受到三权分置下农地产权情景(彭开丽，2020)、过往融资情况(林乐芬和沈一妮，2015)等外部条件的影响。因此，结合研究主题及调研对象，本文引入农地产权属性、融资情况变量等，并将其作为情景因素引入到计划行为理论中，通过构建扩展的TBP理论模型(如图6-1所示)，分析新型农业主体数字金融偏好的影响因素。

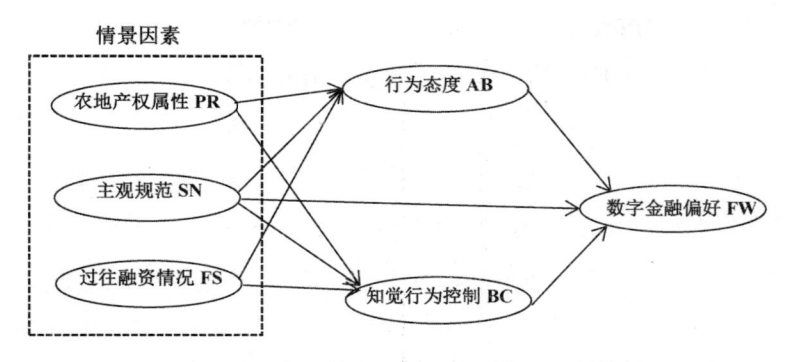

第六章　新型农业经营主体融资决策偏好影响因素分析

图 6-1　新型农业经营主体数字金融偏好假说模型

（1）知觉行为控制与新型农业主体数字金融偏好。知觉行为控制是新型农业经营主体对数字金融接受难易程度的感知，这种感知力主要受到负责人的文化程度和网络使用熟练度、经营土地面积及经营绩效情况等因素影响。一般而言，新型农业经营主体负责人的文化程度越高，其对数字金融的认知能力和理解能力就越强（刘俊奇和周杨，2017），移动支付、数字信贷设备操作就越熟练，对数字金融产生排斥情绪的可能性越低，通过数字金融平台自主申请贷款的意愿及可能性更高。新型农业经营主体农地规模化、组织化和产业化程度越高，经营绩效就越好，在良性运转下的资信状况也会越来越好，为便于其资金周转利用数字金融渠道来实现周转资金的可能性就越高。基于此，提出假设如下：

H1：新型农业经营主体知觉行为控制能力越强，其数字金融偏好程度越高。

（2）行为态度与新型农业经营主体数字金融偏好。行为态度是指新型农业经营主体对数字金融行为的赞成或不赞成程度。Ajzen（1985）研究表明，主体行为态度主要来自对行为结果或行为结果发生可能性的评价。数字金融的优势在于通过大数据技术分析，帮助供需双方减少融资信息不对称问题，从而更好地满足市场需求主体的融资金额和借贷周期（江维国和李立清，2015）。由于农村数字金融理论与实践尚处于探索中，因此有必要从新型农业经营主体对数字金融产生的可能性结果评价中来综合衡量其真实的行为态度，具体可以结合数字金融特点设置的多维度评价指标（如数字金融借贷到账速度、网络安全性、操作便捷性、信息全面性等）来进行判断。一般而言，新型农业经营主体对数字金融评价越积极，其对数字金融偏好越强。据此，本文提出如下假设：

H2：新型农业经营主体行为态度越积极，其数字金融偏好越强。

（3）主观规范与新型农业经营主体数字金融偏好。主观规范是新型农业经营主体的主要关系人（如地方政府、组织内部成员及家庭成员等）对其数字金融行为决策会产生的支持或反对的主观态度或主观意见，这些态度或意见对新型农业经营主体数字金融偏好的形成构成了一定的社会压力。已有研究表明，新型农业经营主体家庭成员（林乐芬和沈一妮，2015）、组织成员及村镇地方政府的支持（吕德宏和冯春艳，2016），会显著影响新型农业经营主体的主观规范。一般而言，获得家庭成员支持、新型农业经营主体社员鼓励、地方政策扶持的新型农业经营主体，其主观规范更稳定，知觉行为控制能力更强，行为态度也更积极，因而其数字金融偏好也更强烈。

H3：新型农业经营主体的主观规范越强烈，其数字金融偏好越强。

（4）情景因素与新型农业经营主体数字金融偏好。个体主观行为偏好等心理活动往往受到外界情景因素的影响。新型农业经营主体所感受到的农地经营权产权属性与融资经历，比较类似于其个体的内心活动，可视为情景因素。因流转方式、流转合同期限及保底租金支付方式等方面有明显差异，当前的农地经营权存在物权化与债权化权属差异（罗兴等，2017；宋志红，2020）。一般而言，物权化的农地经营权在产权完整性与稳定性方面要明显强于债权化的农地经营权，通过入股流转农地经营权、合同期限在五年以上并采用一次付清租金方式，其获得的农地经营权物权化属性越强，进行农地生产经营投融资的积极性越高。新型农业经营主体过往互联网贷款经历不仅有助于降低数字金融操作障碍，而且可接受较高的贷款利率也让其在甄别和选择数字金融产品时有了更大的空间。同普通农户一样，新型农业经营主体资金借贷往往会受生产周期影响显著，从而强化了其对数字金融周期匹配性要求（丁淑娟等，2017）。上述情景因素通过影响新型农业经营主体主观规范、知觉行为控制及其行为态度，进而影响其行为偏好。据此本文提出如下假设：

H4：新型农业经营主体的农地产权权属越稳定，过往融资情况越良好，

第六章 新型农业经营主体融资决策偏好影响因素分析

其主观规范越强烈，行为态度越积极，知觉行为控制能力越强，其数字金融偏好越强。

6.3 数据来源、问卷设计与模型构建

6.3.1 样本选取与数据来源

本研究数据来源于课题组对新型农业经营主体的问卷调查。参与调研的成员是由农业经济专业的教授、博士研究生、硕士研究生及本科生组成，共计10人。本次调查采取分层抽样和简单随机抽样相结合的方式，对当地新型农业经营主体开展了"一对一"的入户问卷调查活动。课题组于2019年7月—9月首先根据江苏省数字金融实施情况确定了常州市春江镇和直溪镇、常熟市虞山镇和尚湖镇等4个镇作为研究区域；其次，根据各镇的村庄规模、耕地面积、农业总产值、银行网点数量情况等进行综合排名，分别在各镇排名前5的村庄中随机选取了2个村庄；再次，在每个村庄中按照调查样本不低于10%的原则随机选择了25～30个包括龙头企业、农民专业合作社、家庭农场和专业大户等在内的新型农业经营主体，并向新型农业经营主体的负责人进行了问卷调查；最后，此次调查共发放224份调查问卷，实际有效收回了207份，有效率为92.41%。选择上述4个镇的新型农业经营主体作为研究对象的原因是：第一，以上4个镇均位于江苏省经济比较发达的苏南地区，其中常州市2019年入选全国金融服务综合改革试点城市，常熟市入选为2020年江苏省首批数字乡村试点地区，具备了农村数字金融发展的良好经济社会条件和试点示范意义；第二，样本镇整体从业人员文化程度较高，且当地网络、交通等基础设施建设情况良好，便于调查成员深入了解数字金融的贷款流程和运作模式。第三，上述4个镇近年来通过"先建后补"和"以奖代补"等措施，建设成了包括昌玉红香芋合作社在内的全国500强农民专业合作社，当地蓬勃发展的新型农业经营主体具有较强的融资需求。因此，基于上述地区的新型农业经营主体数字金融偏好调查，为江苏乃至全国农村地区数字普惠金融服务模式创新提供经验参考。4个样本镇的基本概况如表6-1所示。

表 6-1　苏南地区样本乡镇概况

乡镇	总人口(人)	从业人员(人)	耕地面积(公顷)	粮食产量(吨)
春江镇	165 145	76 872	3 819	30 268
直溪镇	55 917	34 769	4 700	49 038
虞山镇	573 000	201 900	3 775	40 400
尚湖镇	125 066	74 161	3 664	521 89

注：数据来源于《2018 年常州市统计年鉴》《2018 年苏州市统计年鉴》整理所得。

在调查数据 207 个新型农业经营主体中心样本中(见 6-2)，表示有数字金融行为偏好的占 69.57%，16.91% 负责人持观望态度，仅 13.52% 的样本表示不愿意采用数字金融。受访的新型农业经营主体的负责人平均年龄为 41.5 岁，文化程度普遍在高中及以上，其中龙头企业和农民专业合作社的负责人文化程度总体高于家庭农场和专业大户的负责人文化程度；负责人对网络设备使用熟练度总体较好，并呈现出由龙头企业、农民专业合作社到专业大户、家庭农场递减的特征。从新型农业经营主体近三年的年均收益水平来看，龙头企业具有比较优势，100 万元以上的经营绩效企业占比为 82.36%，农民专业合作社半数以上年收益集中在 50～150 万元，家庭农场和专业大户年收益在 100 万元以下的占比为 77.67%。从农地经营规模化程度来看，依然是由龙头企业、农民专业合作社再到家庭农场和专业大户。在可接受贷款利率水平方面，新型农业经营主体总体倾向低利率贷款，龙头企业和合作社经营绩效相对较好，可接受贷款利率水平相对较高。

表 6-2　新型农业经营主体特征

类型特征	分类	家庭农场或专业大户		农民专业合作社		龙头企业	
		样本数	比例	样本数	比例	样本数	比例
负责人文化程度	小学及以下	3	2.91%	3	3.20%	0	0.00%
	初中	16	15.53%	17	19.24%	2	11.76%
	高中	46	44.66%	33	37.93%	3	17.65%
	大专及以上	38	36.90%	34	39.63%	12	70.59%

第六章　新型农业经营主体融资决策偏好影响因素分析

续表

类型特征	分类	家庭农场或专业大户		农民专业合作社		龙头企业	
		样本数	比例	样本数	比例	样本数	比例
负责人网络使用熟练程度	高	66	65.05%	68	78.16%	15	88.23%
	低	37	35.95%	19	21.84%	2	11.77%
近三年年均经营绩效	50万元及以下	35	33.98%	21	24.13%	1	5.88%
	50～100万元	45	43.69%	29	33.33%	2	11.76%
	100～150万元	14	13.59%	17	19.55%	4	23.53%
	150万元以上	9	8.74%	10	11.49%	10	58.83%
土地经营面积	50亩及以下	56	54.37%	12	13.80%	0	0.00%
	500～100亩	38	36.89%	31	35.63%	2	11.76%
	100～200亩	7	6.80%	30	34.48%	6	35.30%
	200亩以上	2	1.94%	14	16.09%	9	52.94%
可接受贷款利率	4%～5%	83	80.58%	56	64.37%	9	52.94%
	5%～7%	14	13.59%	22	25.29%	5	29.41%
	7%以上	6	5.83%	9	10.34%	3	17.65%

6.3.2　问卷设计

本文问卷设计在参考相关文献的基础上，根据新型农业经营主体数字金融偏好特征和实地调研访谈资料，对主要变量进行了题项设计。问卷设计共涵盖了知觉行为控制、行为态度、主观规范、过往融资情况、农地产权属性、数字金融偏好等6个潜变量和20个可观测变量。其中，对行为态度、主观规范和数字金融偏好测量采用了李克特五分量表，将对应题目的满意度由低到高划分为5个等级。具体问卷题项及赋值情况见表6-3。

表 6-3 问卷测量题项及定义

潜变量	问题描述	测量赋值	文献出处
知觉行为控制（BC）	负责人的学历	小学及以下=1，初中=2，高中=3，大专及以上=4	林乐芬等（2015）；吕德宏等（2016）
	负责人能否熟练使用手机电脑？	否=0，是=1	
	组织土地经营面积为	50以下=1；50～100=2；100～200=3；200以上=4（单位：亩）	
	近三年经营收入大致为	50万以下=1；50～100=2；100～150=3；150以上=4（单位：万元）	
行为态度（AB）	您认为数字金融方式贷款资金到账速度更快吗？	非常不认同=1；不认同=2；一般=3；比较认同=4；非常认同=5	自主开发
	您认为数字金融贷款办理过程更安全吗？	非常不认同=1；不认同=2；一般=3；比较认同=4；非常认同=5	
	您认为数字金融方式贷款办理流程更高效便捷吗？	非常不认同=1；不认同=2；一般=3；比较认同=4；非常认同=5	
	您认为数字金融方式更容易获得或查询借贷信息吗？	非常不认同=1；不认同=2；一般=3；比较认同=4；非常认同=5	
主观规范（SN）	家庭成员是否支持数字金融行为？	非常不支持=1；不支持=2；一般=3；比较支持=4；非常支持=5	Daxini et al.（2019）
	组织成员是否支持数字金融行为？	非常不支持=1；不支持=2；一般=3；比较支持=4；非常支持=5	
	地方政府是否支持数字金融行为？	非常不支持=1；不支持=2；一般=3；比较支持=4；非常支持=5	
过往融资情况（FS）	组织以往是否有过借贷行为？	有=1，无=0	Balushi et al.（2018）；丁淑娟等，（2017）
	组织可以接受的最高利率为	4%～5%=1，5%～6%=2，6%～7%=3，7%以上=4	
	资金状况是否受生产周期影响？	没有影响=1，有一定影响=2，影响很大=3	

续表

潜变量	问题描述	测量赋值	文献出处
农地产权属性（FP）	农地经营权流转方式为	租赁＝0，入股＝1	罗兴等（2017）；
	农地经营权流转期限为	小于5年＝0，大于或等于5年＝1	
	农地经营权流转租金的方式为	按年分期支付＝0；一次性付清＝1	
数字金融偏好（FW）	您认为数字金融能否满足组织实际资金需求吗？	完全不满足＝1；比较不满足＝2；一般＝3；比较满足＝4；非常满足＝5	自主开发
	您认为数字金融方式能否满足组织生产周期性需求吗？	完全不满足＝1；比较不满足＝2；一般＝3；比较满足＝4；非常满足＝5	
	您认为数字金融方式贷款利率能否满足组织需求吗？	完全不满足＝1；比较不满足＝2；一般＝3；比较满足＝4；非常满足＝5	

6.3.3 模型构建

本文构建的扩展计划行为理论假说模型中，主要研究新型农业经营主体行为知觉控制、行为态度、主观规范及情景因素等潜变量之间的相互作用关系。潜变量多为无法直接测量的变量，而结构方程模型具有可以观测潜变量的优势，且同时处理多个变量之间的结构关系，有利于了解各潜变量之间以及潜变量与可观测变量之间的影响关系。基于此，本文将采用结构方程模型分析了新型农业经营主体数字金融偏好的影响因素。

采用 AMOS17.0 软件，勾勒出影响新型农业经营主体数字金融偏好的作用路径图，构建了知觉行为控制、行为态度、主观规范、产权权属、融资情况与数字金融偏好间关系的初始结构方程模型，建立可观测变量与潜变量之间因果关系。该模型由测量方程和结构方程两部分组成，具体模型可表述为：

$$x = \Lambda_x \xi + \boldsymbol{\delta} \tag{1}$$

$$y = \Lambda_y \eta + \boldsymbol{\varepsilon} \tag{2}$$

式（1）中，x 为外生观测变量向量，主要反映新型农业经营主体知觉行为控制、行为态度、主观规范、产权权属及融资情况的指标；式（2）中，y 为内生观测变量向量，主要反映新型农业经营主体数字金融偏好的指标；Λ_x、Λ_y 分别表示外生潜变量、内生潜变量分别与其可观测变量之间的关联系数矩阵；ξ 为外生潜变量，主要为知觉行为控制、行为态度、主观规范、产权权属及融资情况；η 为内生潜变量，代表的是新型农业经营主体的数字金融偏好；ε 和 δ 分别表示测量误差向量，且各自无相关。

构建外生潜变量（知觉行为控制、行为态度、主观规范、产权权属及融资情况）与内生潜变量（数字金融偏好）之间的结构方程模型：

$$\eta = B\eta + \Gamma\xi + \zeta \tag{3}$$

式(3)中，B 和 Γ 分别为内生（η）、外生（ξ）潜变量的系数矩阵；ζ 为随机误差项。

6.4 新型农业经营主体融资偏好的结果分析

6.4.1 问卷的信度和效度

(1)数据的信度检验。本文采用Cronbach's Alpha系数对调查问卷的信度进行了分析。通常，若Cronbach's Alpha系数小于0.5，则表明该调查问卷的信度不足；若Cronbach's Alpha系数介于0.5与0.7之间，则表明调查问卷可信；大于0.7，则表明调查问卷的可信度较高。利用SPSS 17.0软件对所有变量进行了检验。从检验结果来看，Cronbach's Alpha系数值为0.960，大于0.7，说明调查问卷因子信度良好，可靠性较高。此外，我们还对调查问卷中的每个因子的信度进行了检验。从表6-4的检验结果来看，Cronbach's Alpha系数值介于0.753—0.956之间，表明调查问卷达到信度要求，因此保留各个因子。

表6-4 各因子的信度分析结果

变量名称	问题数	Cronbach's Alpha系数
主观规范	3	0.836
融资情况	3	0.753
行为态度	4	0.956
知觉行为控制	4	0.789
产权权属	3	0.801
数字金融偏好	3	0.868

第六章 新型农业经营主体融资决策偏好影响因素分析

(2)数据的效度检验。采用因子分析法对结构效度进行了检验，并对初选指标进行二次筛选。首先，进行了 KMO(Kaiser-Meyer-Olkin)样本测度和 Bartlett's 球形检验。一般地，若 KMO 检验的取值在 0~1 之间，说明可以检验变量之间的偏相关性。从表 6-5 的检验结果来看，KMO 检验值为 0.964，Bartlett's 球形检验的近似卡方为 3929.069 且 p 值小于 0.01，表明初选的指标具有良好的效度，适宜做因子分析。平均变异萃取量(AVE)除文化程度与惠农贷款，其余皆大于 0.50，表明该测量模型聚合效度较好，其他结果详见表 6-5。

表 6-5 各因子 AVE 值结果

变量名称	问题编号	AVE	变量名称	问题编号	AVE
主观规范	SN1	0.716	融资情况	FS1	0.298
	SN2	0.704		FS2	0.692
	SN3	0.440		FS3	0.542
行为态度	AB1	0.776	知觉行为控制	BC1	0.534
	AB2	0.711		BC2	0.420
	AB3	0.780		BC3	0.778
	AB4	0.736		BC4	0.812
产权权属	PR1	0.534	数字金融偏好	FW1	0.848
	PR2	0.282		FW2	0.599
	PR3	0.511		FW3	0.731

6.4.2 模型的修正结果

通过对初始结构方程模型拟合指数的检验，发现近似误差均方根(RMSEA)大于 0.08，拟合优度指数(GFI)初始值为 0.857，小于 0.90，说明模型对数据的拟合还需要进一步修正。由于样本数据信度、效度检验结果良好，因此可通过增设各误差项之间的相关关系来修正模型，按照逐一释放参数原则，共增加了 3 个残差相关路径，最终得到了修正后模型(详见图 6-2)。

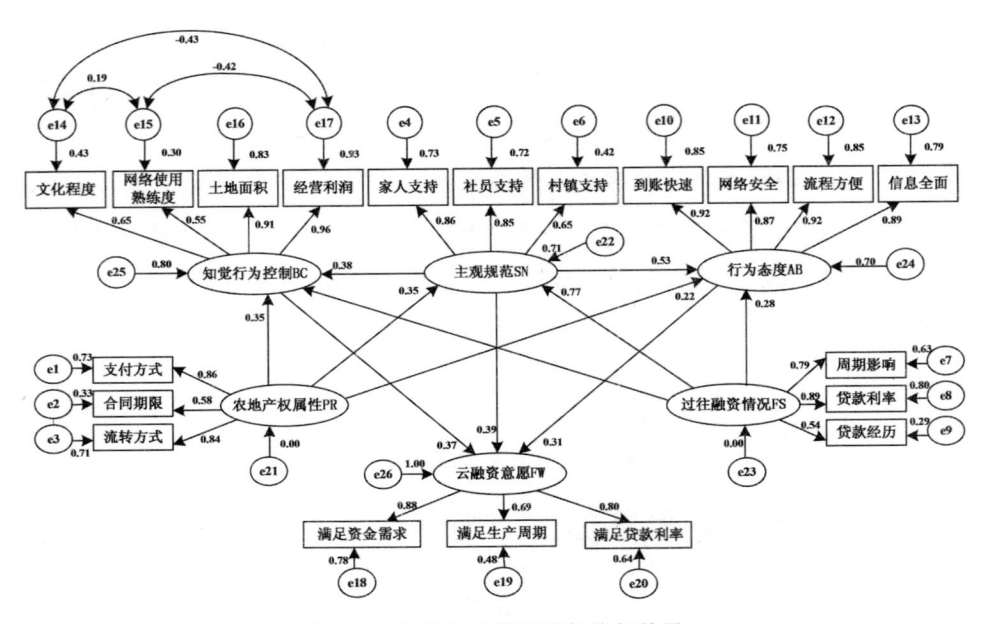

图 6-2 结构方程模型路径分析结果

适配指数情况表 6-6 显示,在修正后的模型中,除 GFI 之外各适配指数均在可接受范围内,未超过 0.90,均在可接受范围内,表明所构建的模型拟合情况较好。

表 6-6 整体适配度检验

适配指标	绝对适配指数			增值适配指数					简约适配指数		
	CMIN/DF	RMSEA	GFI	NFI	IFI	TLI	CFI		PGFI	PNFI	PCFI
初始模型	2.372	0.082	0.857	0.907	0.944	0.933	0.944		0.649	0.759	0.790
修正模型	2.217	0.077	0.874	0.915	0.952	0.941	0.951		0.649	0.751	0.781
适配标准	1.0~3.0	<0.08	>0.90	>0.90	>0.90	>0.90	>0.90		>0.50	>0.50	>0.50

6.4.3 实证结果分析

根据图 6-2 所示,本文提出的新型农业经营主体数字金融偏好理论模型得到了有效验证。从表 6-7 中结果可以发现,新型农业经营主体的知觉行为控制、行为态度和主观规范 3 个潜变量对其数字金融偏好存在显著的正向直接效应,其作用路径系数分别为 0.373、0.306、0.394,这个结果验证了假设

第六章 新型农业经营主体融资决策偏好影响因素分析

H1、H2、H3。具体来看，主观规范对数字金融偏好的影响最大，知觉行为控制的影响次之。同时结果显示，作为情景因素的农地产权属性、过往融资情况，通过影响新型农业经营主体的知觉行为控制、行为态度及主观规范，进而间接影响了其数字金融偏好，原假设 H4 得到验证。进一步，从影响路径的估计结果来看（详见表 6-7），分析如下：

(1)新型农业经营主体数字金融偏好知觉行为控制及其影响因素。知觉行为控制对新型农业经营主体数字金融偏好有显著的正向影响。在反映新型农业经营主体知觉行为控制的可观测变量中，负责人文化程度与网络使用熟练程度、土地面积与经营绩效均对新型农业经营主体数字金融偏好在 1% 的水平上有显著的正向影响，其影响路径系数分别为 0.648、0.551、0.910、0.965。这说明在新型农业经营主体数字金融偏好形成过程中，其知觉行为控制在客观上会受到负责人文化程度与网络使用熟练程度、土地面积与经营绩效等因素的共同作用，并且土地面积与经营绩效是促使新型农业经营主体形成知觉行为控制的最主要的 2 个因素。在影响新型农业经营主体知觉行为控制的潜变量中，过往融资情况的影响路径系数（0.429）大于主观规范（0.384）和农地产权属性（0.350）的路径系数，这表明过往融资情况是影响新型农业经营主体知觉行为控制的主要因素。

(2)新型农业经营主体数字金融偏好的行为态度及其影响因素。在反映新型农业经营主体行为态度的可观测变量中，到账快速、安全性高、操作便捷及信息全面的评价均在 1% 的显著性水平上正向显著影响新型农业经营主体数字金融偏好，且影响路径系数均超过了 0.85。这表明，新型农业经营主体行为态度会受到其对数字金融特征的上述四方面评价的共同作用，其中到账快速和操作便捷是形成其数字金融行为态度的关键因素。在影响新型农业经营主体行为态度潜变量中，在 1% 的水平上对其具有显著正向影响，路径系数为 0.529。说明主观行为规范是最主要影响因素，基于家人、组织成员及村镇基础组织的支持态度所形成的主观行为规范，会通过影响新型农业经营主体行为态度，间接影响其数字金融偏好。

(3)新型农业经营主体数字金融偏好的主观规范及其影响因素。新型农业经营主体主观规范的三个可观测变量的负载分别为 0.857、0.848 和 0.652，且均在1%的显著性水平上正向显著影响主观规范,说明家庭成员、组织成员及村集体或乡镇政府的支持态度会共同影响新型农业经营主体主观规范,其中家庭成员和组织成员的支持态度相对比较重要。在影响新型农业经营主体主观规范的潜变量中,过往融资情况的影响路径系数(0.769)要明显大于农地产权属性的影响路径系数(0.346),但两者均在1%的水平上显著,说明新型农业经营主体的过往融资情况和农地产权属性能显著作用其数字金融主观行为规范,并且过往融资情况通过主观行为规范间接影响其数字金融偏好的作用更突出。

(4)农地产权属性对新型农业经营主体数字金融偏好的影响。在反映农地产权权属的可观测变量中,新型农业经营主体农地经营权流转方式、合同期限及支付方式这三个变量均在1%的水平上具有显著的正向影响。其中,农地流转合同有效期限(0.578)的影响路径系数大于农地流转支付方式(0.856)和农地经营权流转方式(0.840)的影响路径系数,说明农地流转合同期限对农地产权属性解释程度相对较低,这个结果也与调查地区的实际情况十分吻合。根据新的《农村土地承包法》与《民法典物权法编草案》(二审稿)中的规定,流转合同期限为五年以上的土地经营权具有用益物权属性,而不足五年的土地经营权具有债权化属性。结合调查发现,样本地区农地经营权流转无论是采用入股还是租赁方式,新型农业经营主体农地转入方均倾向于获得长期稳定的农地使用权来实现适度规模化经营,而农地转出方农户也同样期望通过长期有效流转合同来获得稳定的农地产权收益,因此在签订了较长期限的农地流转合同情形下,合同期限变量对农地产权属性解释力相对较低。

(5)过往融资对新型农业经营主体数字金融偏好的影响。在过往融资情况的三个观测变量的负载均超过了0.5,并且贷款利率和贷款受周期影响这两个变量的负载还超过了0.75,这说明在可以满足贷款利率和周期性资金借贷需求的条件下,新型农业经营主体可以通过提高过往融资情况评价,来增强其对数字金融的偏好程度。与以往研究不同的是,尽管较高的贷款利率水平会抑制新型农业经营主体对传统融资需求,但可接受较高的贷款利率却有助于提高新型农业经营主体对数字金融的可能性与偏好程度。与此同时,由于新型农业经营主体资金需求与农业生产经营周期密切相关,因此数字金融产品

第六章 新型农业经营主体融资决策偏好影响因素分析

按照新型农业经营主体农业生产的实际周期设计专门的信贷供给方案，不仅有效解决了传统融资的信贷契约与农业生产经营周期不匹配的现实问题，也在一定程度化解了新型农业经营主体在因临时资金短缺而产生的违约风险，提高了其数字金融偏好程度。此外，新型农业经营主体数字金融偏好的三个观测变量：满足其资金需求、农产品生产周期需求和贷款利率需求，均在1%的水平显著，且路径系数均过高了0.65。这表明新型农业经营主体数字金融满足资金、周期及贷款利率需求的评价越高，其参与数字金融偏好就越强烈。

表6-7 影响路径的估计结果

影响路径	标准化路径系数	检验统计量（C.R.）	拒绝/接受
数字金融偏好或知觉行为控制	0.373***	4.757	接受
数字金融偏好或行为态度	0.306**	4.391	接受
数字金融偏好或主观规范	0.394***	3.654	接受
知觉行为控制或主观规范	0.384**	3.215	接受
知觉行为控制或农地产权属性	0.350***	4.765	接受
知觉行为控制或过往融资情况	0.429**	3.617	接受
行为态度或主观规范	0.529***	3.744	接受
行为态度或农地产权属性	0.201**	2.393	接受
行为态度或过往融资情况	0.280***	2.036	接受
主观规范或农地产权属性	0.346***	4.296	接受
主观规范或过往融资情况	0.769***	8.600	接受
文化程度或知觉行为控制	0.648***	12.833	接受
网络使用熟练度或知觉行为控制	0.551***	10.264	接受
土地面积或知觉行为控制	0.910***	-	接受
经营绩效或知觉行为控制	0.965***	29.973	接受
到账快速或行为态度	0.920***	-	接受
网络安全或行为态度	0.868***	22.308	接受
操作便捷或行为态度	0.919***	26.085	接受
信息全面或行为态度	0.886***	23.380	接受
家人支持或主观规范	0.857***	-	接受
成员支持或主观规范	0.848***	17.763	接受

续表

影响路径	标准化路径系数	检验统计量（C.R.）	拒绝/接受
村镇支持或主观规范	0.652***	11.945	接受
流转方式或农地产权属性	0.840***	12.046	接受
合同期限或农地产权属性	0.578***	8.089	接受
支付方式或农地产权属性	0.856***	-	接受
贷款经历或过往融资情况	0.542***	7.685	接受
贷款利率或过往融资情况	0.894***	13.853	接受
周期影响或过往融资情况	0.794**	-	接受
满足资金需求或数字金融偏好	0.882***	-	接受
满足生产周期或数字金融偏好	0.694***	14.331	接受
满足贷款利率或数字金融偏好	0.797***	18.100	接受

注：根据 AMOS 软件运行结果整理；＊＊＊、＊＊、＊分别表示在1％、5％、10％的水平上显著，接受假设。

6.5 研究结论与政策启示

6.5.1 研究结论

本文以苏南地区 207 个新型农业经营主体为样本，基于扩展计划行为理论，实证分析了乡村振兴背景下新型农业经营主体数字金融偏好及其影响因素。从调研结果来看，新型农业经营主体对数字金融的评价中，到账快速和操作便捷性是新型农业经营主体最为青睐的数字金融特征，满意度评分均超过 3.72（满分 5 分）；而对数字金融安全性依然存在顾虑，满意度评分相对较低为 3.23。

基于结构方程模型的实证检验，得到如下结论：第一，新型农业经营负责人的行为态度、主观行为规范和知觉行为控制对其数字金融行为均具有显著的正向影响，农地产权属性、过往融资经历间接影响新型农业经营主体数字金融偏好。第二，在行为态度方面，当新型农业经营主体对数字金融特征评价，特别是对到账快捷、操作便捷特征满意度越高，在此基础上构建的行为态度越有利于促进新型农业经营主体数字金融偏好形成；第三，在主观行

第六章　新型农业经营主体融资决策偏好影响因素分析

为规范方面，当新型农业经营主体受到周围人，尤其是来自家庭成员和组织成员的支持态度越强烈，在此基础上形成的主观行为规范越能够促进新型农业经营主体数字金融偏好提升；第四，在知觉行为控制方面，来自负责人自身文化程度、网络使用熟练度，与新型农业主体组织层面土地经营面积、经营绩效等两方面的控制因素会影响到其数字金融偏好形成，其中经营绩效状况影响最为突出。第五，在农地产权属性、过往融资经历方面，通过入股、合同期限五年以上且一次性支付租金等方式所获得的更具有物权属性农地经营权，以及可接受利率水平较高、融资受生产周期影响较大，这些情景因素通过影响新型农业经营主体行为态度、主观规范与知觉行为控制，因而对其数字金融偏好产生积极影响。

6.5.2　政策启示

基于上述结论，考虑从以下几个方面提升新型农业经营主体数字金融偏好。

第一，增强数字金融的安全性，以此提升新型农业经营主体数字金融的积极行为态度。针对新型农业经营主体数字金融网络安全性顾虑，从提升和强化用户主体满意度评价视角，加强数字金融网络安全体系建设，明确相关部门的权责关系，使数字金融服务平台服务规范有法可依，并对满足资质的数字金融服务平台提供支农惠农政策，发挥其对新型农业经营主体的普惠金融支持力度。同时，数字金融服务平台应通过优化算法加强内部管控，并主动申报审核资质，共同促进数字金融服务合法有序。

第二，提高新型农业经营主体规范信念的期望值来强化主观行为规范的正向影响。从提升新型农业经营主体主观规范信念视角，应通过宣传强化来自新型农业经营主体家人、组织成员及村镇基层政府的规范信念。首先，加强数字金融在农村地区推广宣传，提高新型农业经营主体家人、组织成员对数字金融的认识与理解程度；其次，加大对基层政府相关部门工作人员的数字金融相关金融业务培训，使基层政府组织更好地服务于新型农业经营主体融资需求，为其数字金融行为提供法律法规、基础设施、信息咨询等方面的政策支持。

第三，优化新型农业经营主体负责人及自身禀赋结构强化其知觉行为控制。根据新型农业经营主体负责人及其成员年龄结构、受教育情况、网络设备使用熟练度等禀赋特征，利用地方高等院校教学资源优势，研发设计专门针对新型农业经营主体在线数字金融知识培训与服务课程，帮助其全方位掌握数字化资金融通方式、业务操作流程、相关金融政策及产品信息介绍等。同时，建立新型农业经营主体在线数字金融业务培训的互动反馈机制，以便于根据其实际金融需求不断优化培训课程内容与数字金融服务与产品设计。

第四，增强新型农业经营主体流转农地经营权的物权化属性，以强化其知觉行为控制。通过农地流转获得清晰、稳定和完整的农地经营权，是新型农业经营主体适度规模化经营与农地抵押贷款的重要基础。强化新型农业经营主体对农地产权属性控制信念，政府首先应建立完善的农地产权交易市场和交易平台，引导农地经营权长期化、市场化流转；其次从完善《农村土地承包经营权》立法层面，明确农地经营权物权与债权属性及其划分边界，积极推进物权化农地经营权抵押数字普惠金融业务，拓展新型农业经营主体数字金融渠道。

第五，通过过往融资经历与数字金融比对，加深新型农业经营主体主观行为规范积极影响。在推广中，数字金融服务平台机构应加强对新型农业经营主体过往融资经历比对分析。一方面，将其过往融资贷款经历、可接受贷款利率和贷款需求受生产周期影响情况作为参考依据，创新数字金融产品服务内容设计，使其更大程度满足新型农业经营主体融资需求；另一方面，根据过往融资情况与数字金融平台对比数据分析，为新型农业经营主体获得来自家人、组织成员及基层政府支持提供具有说服力的科学依据。

6.6 本章小结

本章为探明新型农业经营主体对数字金融需求现状，纳入农地产权属性、过往融资情况等情景因素，构建扩展计划行为理论模型，利用数字金融较发达的苏南地区样本数据，采用结构方程模型对新型农业经营主体数字金融偏好进行了实证分析。研究发现：知觉行为控制、行为态度和主观规范对新型农业经营主体数字金融偏好有显著的积极影响，其中主要影响因子分别是经营绩效、家庭成员支持和数字金融到账快捷特征；新型农业经营主体农地经

第六章　新型农业经营主体融资决策偏好影响因素分析

营权属性、过往融资经历等情景因素,通过行为态度、主观规范与知觉行为控制间接影响其数字金融偏好;满足新型农业经营主体贷款资金需求,可显著提升其数字金融偏好。以上结论对推进农村数字金融服务平台建设、提升新型农业经营主体数字金融的可获得性和需求匹配性、促进乡村振兴战略目标实现具有重要政策启示。

第七章 农地经营权入股模式中多元主体利益联结机制研究

三权分置下建立在承包农户农地经营权流转与新型经营主体农地投融资行为基础之上，通过市场交易、合同契约及股份合作等方式，双方在农地产权与生产经营层面形成了多种利益联结机制。那么，不同农地经营权入股模式中主体间利益联结关系的形成动因、关系特征及主要利益矛盾存在哪些差异？不同利益联结机制各自的适用性如何，究竟哪种利益联结机制更加稳定、更有利于促进新型农业经营主体与农户之间形成利益共享？如何循序渐进推进农地经营权入股模式改革，不断优化农地主体间利益联结机制？对上述问题的探讨是建立健全新型农业经营主体与农户利益联结机制的重要基础，也是农地经营权入股改革能否在更大范围内推广、更深层次推进的关键。基于此，本章将通过对全国农地经营权入股改革试点地区黑龙江省佳木斯市桦南县、江苏省常州市武进区以及非试点区常熟市支塘镇等典型农地经营权入股模式进行案例剖析，重点探明不同农地经营权入股模式基本构成、运作特点及试点案例发展中潜在问题，揭示影响农地经营权入股模式可持续发展的核心因素，在此基础上分层比较研究不同模式的利益共享、风险共担机制与利益联结关系，基于案例分析与综合比较，探寻农地经营权入股模式推广与利益联结机制优化的具体实现路径。

7.1 农地经营权入股模式与特征

自 20 世纪 80 年代以来，中国广东省佛山市南海区、梅州市等地纷纷开始了农地股份合作制改革试点。农地股份合作社作为农地流转中介性质的公共服务平台,既可以为农户农地经营权入股提供权益保障,又可以实现农地集中规模化经营,成为农地经营权入股改革的重要基础。自《农民专业合作社法》(2007年)施行以来,全国各地农民专业合作社如雨后春笋般蓬勃发展,并逐渐成为农业适度规模经营的重要形式。在农地股份合作社基础上,通过村里能人精英牵头组建以农地经营权入股为基础的农民专业合作社模式,同时与工商资本联合,形成了"农户+合作社+公司"模式,或者在发展成熟阶段直接转制为完全股份制性质的有限责任公司模式。总体上,农地股份制改革发展至今,形成了农地股份合作社、农民专业合作社以及有限责任公司等模式,具体如表7-1所示。为探明不同农地经营权入股模式的运作机理,还须结合试点案例对其基本构成、运作特点及实践形式、效果等进行深入剖析。

表7-1 农地经营权入股基本模式特征

入股模式	最早推行	运行模式	股权形式	利弊分析
农地股份合作社	1992年广东省佛山市南海区	以集体土地股份制替代农户承包制	基本股、承包经营股、劳动股等	利:集中规模化;产权清晰量化; 弊:运作封闭性;退社不自由
农民专业合作社	2007年法律颁布普遍推行	承包地入股合作社,统一经营	入社自愿,退社自由	利:集中规模化;可与工商资本联合,形成"合作社+公司" 弊:长期稳定性差;名为入股实为租赁
有限责任公司	2007年重庆市	土地承包经营权入股涉农有限责任公司	同股同权同股同利	利:促进土地资本化、规模化 弊:农民存在失地风险;影响农村稳定

7.2 农地经营权入股模式利益联结关系形成机理

农地经营权入股模式是实现新型经营主体与小农户有机衔接与合作共赢的重要途径。稳定长久的合作关系离不开有效的激励与约束机制,即以利益促进合作,以约束维护合作(何安华,2015)。农地经营权入股模式利益联结关系形成机理,实质上是农地经营权入股参与激励和内外环境约束条件作用于农地经营权入股参与双方主体行为互动的结果。农地经营权入股的预期收益、利益分配是参与者建立并维持入股合作关系的参与激励条件，自然与社会风险规避、生产经营风险分担是农地经营权入股参与者形成合作关系的环境约束条件。在参与激励与环境约束机制共同作用下构成了农地股份合作制的利益联结机制，从而形成了多元参与主体间保持合作关系的内源动力。基于此，本文结合农地经营权入股理论与实践，构架了"参与激励—环境约束—机制优化—有效模式"的理论分析框架（图7-1）。农地经营权入股模式和内外监督约束差异，既影响参与者的行为选择，同时也影响着参与主体间的利益联结机制的可持续性与稳定性。

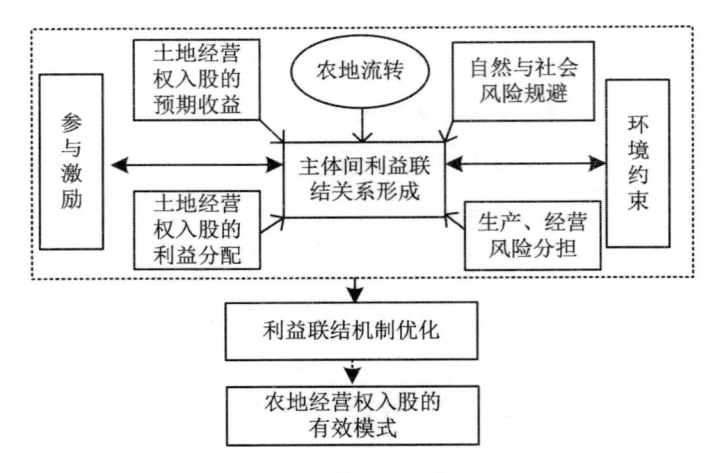

图7-1 农地经营权入股模式利益联结关系形成机理

1. 参与激励机制

入股的内在激励是入股农户和公司实现互利共赢的一种预期。预期收益主要来源于两个方面，一是实现在土地股份制合作中的双方利润最大化。农户入股后产生的收益必然要大于没有入股时的租金收益，否则农户不会有意愿入股，这意味着公司的经营效率要提高。二是公司的剩余利润在入股股东和债权人之间分配时，双方之间分配中得到的剩余利润应保持合理比例，同时剩余利润高出单独经营时的收益分配，否则入股模式不会持久，这反映了入股剩余分配的合理性。

2. 利益联结机制

农地股份合作制中的利益联结是指包括社员农户、农民职业经理人及农地股份合作社等主体，通过规模化农业生产经营活动，形成稳定的合作利益关系，并成为利益共同体（申云，2016）。利益机制主要包括：利益的创造和利益的分配两个环节。不同的农地经营权入股模式下，合作组织的自我积累、风险的规避和利益分配等运行机制存在差异，与农业生产实际及相关利益主体诉求越是可以匹配，那么也就越有利于创造更高的利益价值，其稳定性也随着利益的扩大而越加良好。按照"风险共担，利益共享"的合作原则，通常依据参与各方承担风险大小进行盈余分配。然而在实践中，新型农业经营主体与农户因不同的资源禀赋在承担风险能力上存在较大差异，因而对农业生产经营持不同风险偏好。因此，为平衡各主体间的利益关系，促进农地多元主体间建立持续稳定合作关系，在风险分担与利益分配机制选择上须根据实际情况适时调整。

3. 环境约束机制

农地经营权入股模式形成的主体间利益联结关系同样受到内、外环境约束，其中既包括如农地经营权入股合约约束、专用性资产投资及组织运营管理规章等内部环境约束，也包括了如农业生产环境质量监测、法律制度约束等外部环境约束。内部约束机制是农地股份合作组织自我运营和管理的内在必要，也是实现组织正常运转的契约、规章等制度化保障。农地股份合作制下参与主体间形成的长期稳定合作契约，是确保组织持续稳定经营的内在环境约束。新型农业经营主体与农户的合作经营中，同样面临实物专用性资产投资，如厂房、机械设备、工具等，这类投资一定程度上加固了主体间利益联结关系，因为专用性资产在变现或转为它用时都面临贬值或不易出售的风险（何安华，2015）。因此，需要事先约定对专用资产的使用范围，外部监督则从法律和股东保障自身权益的监督方面进行，加强对龙头企业资产负债表、现金流量表的监督和审查，有利于入股模式的稳定。

7.3 典型农地经营权入股模式试点案例分析

7.3.1 "内股外租型"农地股份合作社模式

（1）农地股份合作社模式基本构成。农地股份合作社一般由村集体发起成立，农户以土地承包经营权折价入股，组建农地股份合作制经济组织，村集体充当中介性公共服务平台，将整合集中的土地统一对外公开出租、转包给有较强生产经营能力的新型农业经营主体。对内农户以合作社股东成员身份按农地入股份额获得土地流转保底分红，对外根据土地租金价格涨幅，农户按土地股份获取浮动分红收益，将其称为"内股外租型"农地股份合作社（图7-2）。

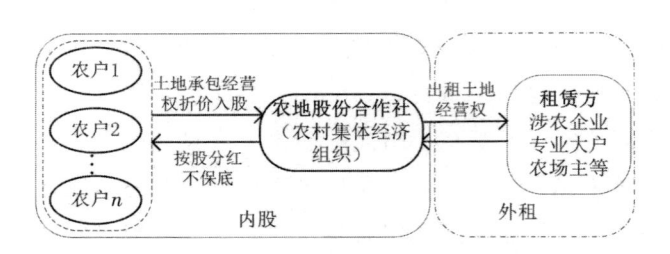

图7-2 "内股外租型"农地股份合作社模式

（2）农地股份合作社模式运作特点。运行方式上，采取先股后租，操作较为简便；以村集体经济组织为中介平台和后盾，有助于农户农地经营权流转价格谈判话语权，同时相比单个农户农地经营权流转风险大大降低，统一出租方式还有助于农户获得长期、稳定土地收益，释放农村剩余劳动力。利益分配方式上，农地股份合作社通常采取"分红不保底"，农民股东收益主要依赖于对外租金收益。

（3）农地股份合作社模式案例描述。以常熟市支塘镇窑镇村农地股份合作社为例，2006年由村委会发起组建，入股土地面积达2 021.59亩。该农地股份合作社起初通过整合土地进行对外招租，将土地经营权再次流转给种植大户，以获取租金收益。2009年以前，该合作社对入股成员采用"分红但不保底"利益分配方式，75%的收益用于发放农民股东，这其中包括每年所收租金和县乡两级土地流转补助收入，剩余部分作为合作社的再生产发展基金。但这种缺乏基本收益保障的分配方式，遭到了多数社员农户的反对，甚至部分农户考虑退社。自2009年以后，该合作社为满足社员农户土地基本保障需求，确定了入股土地的分红保底数额为500元/亩。迫于保底收益分红压力，当年该合作社将入股农地中一小部分进行水稻、小麦等粮食作为的探索，通

第七章 农地经营权入股模式中多元主体利益联结机制研究

过农民专业合作模式经营运作,获得了可喜的净利润收益。但好景不长,随着安徽、江浙一带外来种植规模户纷纷涌入窑镇村,土地租赁价格被不断抬高,在利益驱动下窑镇村农地股份合作社又一次面临社员农户纷纷要求退社的危机,甚至有些社员在利益诱惑下已私下与种植大户签订了流转协议。

上述关于"内股外租型"农地股份合作社模式运行案例中有两方面问题值得思考:一是窑镇村农地股份合作社起初"保底不分红"利益分配方式为何留不住股东成员农户?二是一旦出现大量农户中途退出情况,农地股份合作社模式将如何得以延续?

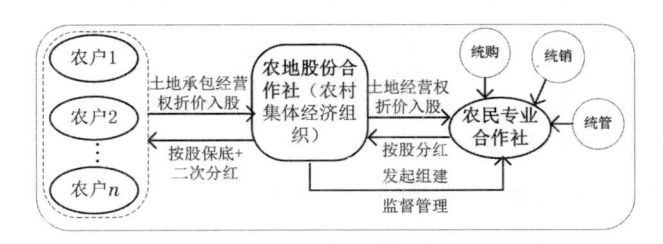

7.3.2 "自主经营型"农民专业合作社模式

(1)农民专业合作社模式基本构成。"自主经营型"农民专业合作模式(图7-3),是建立在农地承包经营权入股基础上,农地股份合作社将集中的承包地经营权二次入股到由村集体或部分集体成员自发组建的农民专业合作社。实践中,该模式通常由村集体经济组织发起成立,除了土地经营权二次入股外,社员还可以采取劳动力、农业机械等生产资料或资金自愿入股(文龙娇、顾天竹,2019)。以农地经营权入股组建的农民专业合作社需到工商行政管理部门办理登记手续以获取法人资格,从事农产品生产、加工、销售。

图 7-3 "自主经营型"农民专业合作社模式

(2)农民专业合作社模式运作特点。在经营管理方面,农民专业合作社坚持股份合作,实行企业化管理,自主经营,自负盈亏。在运行机制方面,由理事会享有合作社经营决策权,并代表股东进行农业生产经营管理活动,包括制定生产标准、业务流程及经营范围等;监事会则作为第三方履行日常经营及财务监督职能。在利益分配上,通常采取"保底+分红"方式,农户按承包地折价股份首先获得村集体农地股份合作社的保底收入,农民专业合作社按每年收益提取一定比例的公积金和风险金,再根据其自主经营收益盈余分享红利。

(3)农民专业合作社模式案例描述。嘉泽镇跃进村西太湖花木专业合作社,是全国第二批农村改革试验区江苏省常州市武进区农地经营权入股发展农业产业化经营试验试点的典型案例。跃进村为加快农村土地资源要素自由流动,2009年5月成立了跃进村农地股份合作社,全村64%的农地承包经营权入股该合作社,共计1 183亩。在村集体农地股份合作社基础上,2012年6月,该村增资重组成立了常州市西太湖花木合作社,通过股份合作制方式形成了多元主体的利益联结体。其中,该村农地股份合作社土地经营权折价入股,占股比例26%;常州一家农事科技研究院注资占股52%;以村内花木经纪人为代表共注资占股22%。该模式下,社员股东农户收入水平显著提升,形成了"保底+分红"多重收益。合作社社员每年可以获得每亩1 500元的土地保底收益,是农户获得稳定土地基本收益的重要保证。此外,西太湖花木合作社借助当地夏溪花卉市场区位优势和现代花卉产业园区平台优势,积极拓展销售市场,2016年全村实现花木交易销售收入1.17亿元,当前入股社员农户按股分享每亩300多元的分红收益。

跃进村西太湖花木合作社是"自主经营型"模式较为成功的典型案例,该模式存在的潜在问题:一是如何确保以农地经营权入股的农民专业合作社能够持续有效自主经营?二是农民专业合作社一旦出现经营风险或失败,如何确保农民股东保底收益实现?

7.3.3 "合股共赢型"有限责任公司模式

(1)有限责任公司模式基本构成。有限公司是独立法人,非村集体经济组织,主体地位清晰明确,"合股共赢型"有限责任公司模式如图7-4所示。该模式下,依托现代企业制度,建立以农业经营为主的有限责任公司人员管理结构,进行农业生产经营专业化运作,可吸纳土地、资本、劳动力、技术等多种生产要素,聚集农业生产优势资源要素,进行农业产品生产、加工、销售等一体化经营。

第七章 农地经营权入股模式中多元主体利益联结机制研究

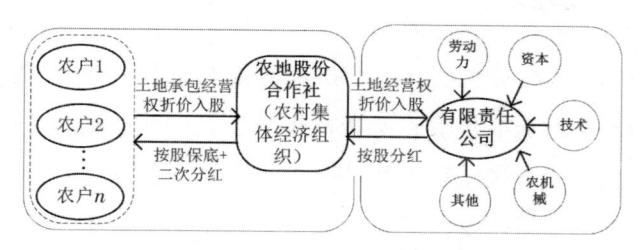

图 7-4 "合股共赢型"有限责任公司模式

(2) 有限责任公司模式运作特点。在组织管理方面，有限责任公司成立股东代表大会，由股东选举产生董事会、监事会，负责生产经营管理与监督，聘请职业经理人参与经营管理，并根据经营业绩进行绩效考核。在生产经营方面，按照现代企业经营管理模式，统一农产品生产技术规程、质量标准进行专业化生产。在利益分配与风险保障方面，有限责任公司通常会在每年经营利润中提取一定比例留作再生产资金和风险基金，再扣除公司运营及管理费用，将剩余全部利润按成员持股比例进行分红。

(3) 有限责任公司模式案例描述。同样作为全国第二批农地经营权入股改革试点地区，黑龙江省以桦南圣田农业科技发展有限公司为试点对象，开展了土地经营权入股有限责任公司模式探索。2017年3月，由桦南圣田农业发展有限公司和15户以农地经营权折价入股农户，共同成立了桦南圣田农业科技发展有限公司，以有机水稻种植经营为主。其中，农民股东以土地二轮承包截止期限为期，共同将1 200亩土地经营权作价入股到该公司，实现了农民变股东、资源变资产的转变。每公顷土地作价人民币1.09万元/年，11年作价人民币11.99万元，总计人民币960万元作为股本金，所占共同投资比例为49%。该公司投资人按知识产权、现金、营销平台等与土地经营权无关的投入计为股本金，公司投入资金1 000万元，所占共同投资的51%。圣田农业科技发展有限公司通过建立"利益共享，风险共担"机制，实现多元主体"合股共赢"。该公司完全采取"按股分红"方式，不设置"保底收益"，在分别扣除10%的公积金和风险基金后，将税后利润的80%按股东成员占股比例进行股东分红。

从圣田农业科技发展有限公司案例中折射出"合股共赢型"有限责任公司

模式发展中的潜在问题：一是农地经营权入股中，若有限责任公司股份占主导地位，如何体现农民股东权益？二是该模式下采取完全"按股分红"，一旦出现经营风险或失败，农民股东是否能够真正做到风险共担？三是，如何提升"合股共赢型"模式中多元利益主体间的共担风险能力以实现其可持续发展？

从上述典型农地经营权入股模式及其试点案例分析中发现，影响农地经营权入股模式可持续的核心问题，主要涉及三方面：第一，农地股份合作制经营中，如何实现多元参与主体收益合理分配与利益共享？第二，如何兼顾农民股东权益保护与农地股份合作制或股份制经营中的风险共担原则实现？第三，如何维系和加强新型农业经营主体与农民股东的利益联结关系？三种农地经营权入股模式探索对以上问题进行了不同程度、效果诠释，主要涉及收益共享、风险共担机制及主体间的利益联结关系，因此有必要就这些方面做进一步比较分析。

7.4 典型农地经营权入股模式利益联结机制比较

总体上，三种典型农地经营权入股模式的形成与发展有着相同的外部政策环境，但因其利益共享、风险分担方式的不同而在利益联结机制方面存在差异（见表7-2）。

表7-2 典型农地经营权入股模式利益联结机制比较

模式		农地股份合作社	农民专业合作社	有限责任公司
类型		内股外租型	自主经营型	合股共赢型
利益共享	利益获取方式	土地对外招租	土地自主经营	市场化运作
	利益分配方式	分红不保底	保底租金＋二次分红	按股分红
	利益共享方式	租赁合约式	合作分享式	股份共享式
风险共担	主要风险来源	合约风险	生产、经营市场风险	生产、经营市场风险
	风险分担方式	农户承担经营风险	合作社分担风险	公司与股东共同分担
	风险规避方式	先租后用	统一加工、销售	产、供、销一体化
利益联结关系		弱	较强	强

（1）农地经营权入股利益共享机制差异。三种农地经营权入股模式分别建

第七章 农地经营权入股模式中多元主体利益联结机制研究

立了"分红不保底"的租赁合约式、"保底＋分红"的合作分享式与"按股分红"的股份共享式的利益分配机制。"内股外租型"模式下,农地股份合作社对内入股对外招租,其利益获取依赖于对外统一租赁合约。窑镇村农地股份合作社案例中可以发现,这种租赁合约化利益共享方式难以留住股东成员农户,其中主要原因是入股农户仅获得单一出租收益而无法分享土地经营的增值收益与利润,其土地财产价值难以体现。"自主经营型"模式通过入股农户自行组建农民专业合作,并依据农地自主经营收益进行"保底＋分红"的合作利益分享。结合案例发现,这种利益共享模式相较于"分红不保底"的租赁合约式,入股农户可以获得稳定的保底收入,利益分享的保障性得到了增强,短期内有助于吸引农户参与,但从长期来看合作社若将利益分配与实际经营绩效脱离,势必难以持续经营。"合股共赢型"模式则通过市场化运作方式与产、供、销一体化生产经营获取利益分配来源,如案例中的圣田农业科技发展有限公司,其利益分配采取完全"按股分红"(文龙娇、马昊天,2020)。相比前两种模式,"合股共赢型"模式建立在较为健全的公司化生产管理运作机制基础之上,属于完全意义上的股份制利益分配,而这种利益共享机制和运作方式真正与市场机制相适应,实践中无数股份制企业运营成功案例可以得到验证。此外,与"内股外租型"模式同样没有保底收益,但入股农户通过按股份分红可以分享有限责任公司的全部经营利润,这就包括土地经营基本收益、农产品附加值利润以及投资经营中的其他各项收益,相比租赁契约式的租金分红其土地财产价值与收益明显大大提升。

(2)农地经营权入股风险分担机制差异。从农地经营权入股风险来源与风险分担方式来看,"内股外租型"明显区别于后两种模式,其风险主要来源于对外租赁中的合约风险,包括合约不规范、毁约或合约无法达成等,都将导致入股成员入股收益无法实现,并由社员承担全部风险,这也是案例一中窑镇村农地股份合作社农民纷纷退租毁约的重要原因。"自主经营型"与"合股共赢型"模式主要面临农业生产经营风险,即生产过程中不可预料的自然灾害、交易过程中市场供求关系变化导致的价格波动、规模经营中农户退股退地等,通常风险由合作社与社员分担或有限责任公司与股东成员共担。在风险规避方面,"内股外租型"模式采取先租后用,但租赁中的退租或短期化租赁带来的不确定风险难以避免；相较而言，后两种模式应对风险的主动性更强。"自主经营型"模式主要通过统一标准加工、销售以提升产品价值，以抵御市场风险。"合股共赢型"模式抗风险能力相对更强，首先公司以其全部财产对其债务承担责任，其次充分吸纳资金、技术、人才、土地等多元要素可以有效满足生产需求，最后专业化生产、加工、销售抵御市场风险。

综合比较发现，三种农地经营权入股模式建立在利益共享、风险共担机制比较基础上的利益联结关系，呈现出由弱到强的变化；相较于前两种，"合股共赢型"模式建立了真正的股份制利益共享机制和较为完善的风险保障机制，并通过服务联结拓展农户视野，使多元主体间的利益联结向产业链、价值链层面拓展，增强农民参与发展的能力，因而形成了紧密型的利益联结机制。

7.5 农地经营权入股模式利益联结机制优化发展路径

农地经营权入股发展农业产业化经营试验改革从试点到推广是一个循序渐进过程，农地经营权入股实践探索具有鲜明的地域差异性和阶段性特征，农地经营权入股模式发展须遵循因地制宜原则。基于前文比较研究，认为农地经营权入股改革应沿着"内股外租型"→"自主经营型"→"合股共赢型"模式逐步发展演进，而这三种模式的递进发展关系又代表着从起步到成长再到成熟发展阶段的变化（如图7-5所示）。实践中不同模式和发展阶段农地经营权入股经营的核心要素和利益联结机制存在差异，须找准侧重点进行着力培育优化。

（1）起步阶段："内股外租"，租金动态增长是关键。农户承包地入股农地股份合作社为农地经营权入股模式改革与创新奠定基础。"内股外租型"农地股份合作社要实现可持续发展，需要解决的关键问题是：如何实现社员农户农地入股收益与土地租金市场价格相匹配的动态增长？这就需要构建农地经营权入股租金价格动态增长机制，即在兼顾多方参与主体利益与合作社长远发展目标的基础上，建立多种形式、多环节的农地经营利润再分配方式与租金价格动态调整机制，使入股农户土地财产性价值与收益得到最大化体现。

（2）成长阶段："自主经营"，特色产业驱动是核心。农民专业合作社当前

第七章 农地经营权入股模式中多元主体利益联结机制研究

已成为农地经营权入股发展农业产业化经营的重要载体。"自主经营型"农民专业合作社得以形成和发展的关键是需要找准适宜地区经济发展与本地特色鲜明的农业产业，这是农民专业合作社在激烈市场竞争与社员"保底＋分红"利益分配压力下得以生存和立足的基础。特色农业产业驱动"自主经营型"农民专业合作社发展，需要以当地规模化、标准化的农产品生产基地或现代农业园区等为依托，打造自主品牌，拓宽农产品线上线下销售网络渠道，不断提升农产品市场价值与份额，在不断增强自主经营能力和确保社员农户持续增收的基础上，应考虑建立农户与农民专业合作社风险适度分担与保障机制。

（3）发展阶段："合股共赢"，农民权益保障是根本。从长远来看，股份制有限公司运作是真正适应市场经济的农地经营权入股改革方向所在。"合股共赢型"有限责任公司模式具备较为成熟的股份制管理运作机制，但涉及利益主体众多，利益关系复杂，尤其是关系农民股东农地权益和生计，因此如何确保农民股东权益是有限责任公司模式能否实现合股共赢的关键。当前实践探索中，该模式农户多以优先股形式入股，对公司经营收益、利润分配等享有优先权，其风险相对较小，但缺乏公司经营决策权且不能退股，为保障农民股东权益，应建立完善内部管理与监督管理机制。随着有限责任公司市场运行平稳阶段，以及农民股权意识和抗风险能力不断增强，应考虑将部分具有新型职业农民发展诉求与素养的优先股农民发展为普通股，以提升其参与农地经营管理的决策权与维权能力。

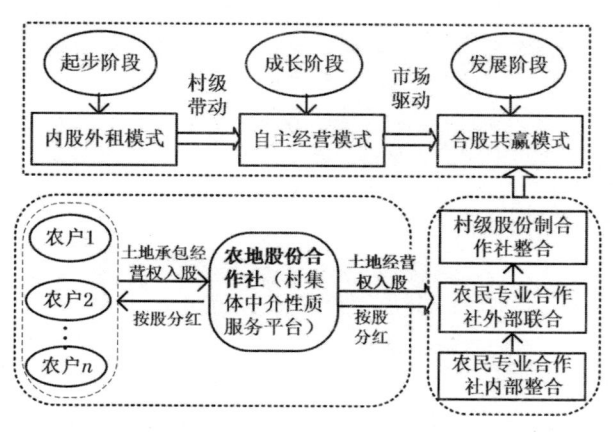

图7-5 农地经营权入股模式利益联结机制优化发展路径

7.6 本章小结

创新和优化农地经营权入股模式是实现农户与新型农业经营主体有机衔接、农民土地财产性收益增加的重要途径。本章重点分析了典型农地经营权入股模式的基本构成、运作特点及试点案例,并对影响农地经营权入股模式发展的利益共享、风险共担机制与利益联结关系等核心因素进行分层比较研究,发现"内股外租型""自主经营型"与"合股共赢型"农地经营权入股模式中的主体利益联结关系呈现出由弱至强的变化,其中"合股共赢型"模式利益联结机制更为紧密。根据农地经营权入股模式在不同发展阶段的核心要素和利益联结机制差异,提出从起步、成长到发展三阶段分别以租金动态增长机制构建、特色产业驱动、农民股东权益保障为不同侧重点进行着力培育的优化路径。

第八章 农地多元主体利益共享联盟绩效激励机制研究

为激发农地经营主体间自主性联盟的内生源动力,实现利益分配的优化共享,采用委托代理理论研究了由一个新型农业经营主体和多个农户构成的农业产业化联盟绩效激励问题。本章着眼于农户间的横向协作效应,采用委托代理理论来设计农业产业化联合体(联盟)绩效激励机制,给出激励机制的主要流程,探讨农户间协作型努力产生的条件,并定量分析努力绩效转化率、参与农户数量以及农户风险规避因子等内外部因素对激励机制效果的影响,以期为优化新型农业经营主体与农户之间的利益分配,提升农业产业化联盟绩效提供一定的理论支持。

8.1 农业产业化联盟形成背景与文献分析

8.1.1 农地相关利益主体形成农业产业化联盟的背景

面对经济加速转型和后疫情的新形势,农业领域竞争日趋激烈,各类新型农业经营主体纷纷与普通农户以契约为纽带开展多种形式合作,实现农业绩效最大化目标,形成了符合现代农业生产、经营、产业体系目标的农业产业化联合体(又称农业产业化联盟)(王志刚,2019)。然而,在农业产业化联盟实践中异化现象频现,如组织成员"俱乐部化"、主体经营"去家庭化"与"过规模化"等,使得小农户被"拒之门外",与农业产业化联盟脱钩,严重背离了中央关于构建现代农业经营体系的政策愿景与十九大报告"实现小农户和现代农业发展有机衔接"并走向共同富裕的终极目标(尚旭东、吴蓓蓓,2020;尚旭东、叶云，2020）。究其原因，农业产业化联盟内部相关主体间尚未形成促进农业绩效持续提升的利益共享机制。为解决小农户与大市场、现代农业发展相脱节的现实困境，当务之急是要以农业产业化联盟为载体，建立新型农业经营主体与农户合作共享、互利共赢的绩效激励机制，通过满足微观主体利益诉求，真正激发农地多元利益主体间自主性联盟的内生源动力。

三权分置下农户作为"承包经营权人"是农地流转收益分配主体，新型农业主体则是农地"经营权人"与农业绩效的创造者。二者在农业产业化联盟中建立了稳定的农地契约与服务交易契约关系，可将其视为典型的委托代理关系（Holmstrom，1991）。新型农业经营主体通过一定的物质或非物质手段激发农户付出劳动努力以创造更高的农业产出绩效，实现农业经营收益最大化并主导双方利益的分配。在理性假设前提下，通过设计合适的激励机制以实现委托代理双方利益的帕累托改进（Radner，1981）。与此同时，农业产业化联盟是由一个由多元利益主体交互作用构成的复杂系统，冲突与协作共存是其特征之一。尤其是联盟内部价值创造微观主体——农户之间的密切生产协作更是实现"多体交融"，扩大规模经济效应，降低交易成本与生产不确定性，实现由普通农业联合体向更高级"协作型"农业联盟跨越的重要基础（Zhu al et.，2010）。那么，在农业产业化联盟运作过程中，如何设计有效的绩效激励机制以驱动农户间协作型行为的产生？该机制下，联盟总绩效产出以及参与主体之间的利益分配受到哪些内外部因素影响？作为委托方新型农业主体是否有足够经济动机实施该激励机制？对上述问题的探讨将有助于从利益共享视角促进乡村振兴战略与共同富裕目标实现。

8.1.2 农业产业化联盟形成动因与主要形式

从理论层面来看，新型农业经营主体与农户形成联盟的动因包括中间动因与最终动因，中间动因是主体间出于实现资源的共享与成本风险共担动机而形成联盟，最终动因则是为获得高于个体收益的预期经济绩效（罗必良，2004）。此外，交易成本规避需求（Coase，1937）、劳动分工细化（Smith，1776）与规模经济诉求（Marshall，1890）均成为农业多元经营主体间形成联合体或联盟的重要基础。这种联盟关系也被视为再组织、再创新过程，主体间通过"契约联结"形成稳定持续的利益关系，以实现组织资源配置效率优化与

第八章 农地多元主体利益共享联盟绩效激励机制研究

市场地位提升(尚旭东和吴蓓蓓，2020)。从实践层面来看，单一主体在独立的农业生产经营中面临资金、技术、社会化服务匮乏，原材料供应及销售渠道不稳定、初级农产品质量安全无保障等诸多困境，出于交易成本、风险规避、要素需求等内生因素与市场、政策环境等外生因素的作用下，多元主体间的联盟成为一种更优的选择(王志刚和于滨铜，2019)。

不同视角和划分方式下，新型农业主体与农户形成了多元化的农业产业化联盟。按照联盟组建方式，可划分为契约式与股权式，前者签订合作契约且保留原来组织架构，后者则通过参股、股权交换、创建实体或兼并收购等方式，建立以资本为纽带的利益联结关系(揭筱纹、里昕，2007)。按照生产要素聚集方式，可分为土地密集型种植业(粮食生产)、资本密集型养殖业和劳动密集型农业特色产业等形式(何宇鹏、武舜臣，2019)。按照合作关系的密切程度划分，主要有松散自主型联合，即农户自主生产并随机向新型农业经营主体出售农产品(黄祖辉，2019)；订单合同型合作，以交易服务契约结盟，最常见的模式如"公司+农户"(叶敬忠，2018)；关系紧密型联结，如股份合作、农业产业化联合体等(王乐君等，2019；罗必良，21)。根据生产经营与政策引导实践，可划为主体集合型、园区集聚型与产业集群型(钟真，2021)。此外，在实践探索中各地区形成了如湖北"按户连片"耕种模式、江苏"联耕联种"模式、山东"土地托管"模式等(孙新华，2017；苑鹏、丁忠兵，2018)。

8.1.3 农业产业化联盟的绩效激励与利益分配

由于不同的契约安排会对委托人和代理人的努力行为与绩效产生差异化影响(Roles，2010)，因此如何设计利益分配契约来激励合作双方共同努力以提升绩效成为委托代理关系中的核心问题。委托代理理论最显著的价值体现在解决信息不对称及委托代理人双方利益冲突下激励设计问题(Sappington，1991)。回顾历史，中国农村经济组织从合作化运动、人民公社时期到家庭联产承包制的变革过程，亦是农村经济组织中委托—代理关系不断完善的过程，而基于代理关系的激励机制成为决定农业生产绩效的重要因素(肖卫和朱有志，2010)。改革开放以来，农村土地制度从"两权分离"到"三权分置"的变迁中，以核心要素土地为基础建立的农业产业化联盟，在利益分配方式上也实现了从国家、集体与农户间缺乏公平性的分享(姚松,2020)到承包农户与新型农业经营主体之间利益共享(孙德超、曹志立,2018)的转变。当前针对新型农业经营主体与农户基于委托代理关系形成的联盟中,"公司(涉农企业)+农户"模式备受关注。由于资金、技术、市场地位及信息掌控方面实力的悬殊,公司与专业化生产农户在联盟中形成了"狼羊"关系,引入代理人机制有助于改变农户处境(蒋天虹,2019)。"公司+农户"模式下的农业产业化联盟绩效受到公司的参与投入程度、农户的努力程度、生产能力(潘旭等,2018),以及合同分成比例、租金、激励系数(余建军,2018)等因素影响。也有学者认为合作社与龙头企业之间采取的股份制联盟是实现小农户与现代农业衔接的有效途径(郭斐然和孔凡丕,2018)。

现有研究在农地多元利益主体联盟动因、主要形式及绩效激励与利益分配机制等方面取得了较为丰硕的成果,但基于农户间横向协作效应的农业产业化联盟绩效激励机制研究尚有待拓展。本研究的价值主要体现在以下方面:一是研究视角方面,已有关于农业产业化联合体的研究多基于产业融合的视角,强调异质性主体之间的纵向融合与协同(谢地、李梓旗,2021;余建军等,2018),本文聚焦农业产业化联盟内部价值创造微观主体视角,采用委托代理理论设计联盟绩效激励机制,探讨农户间横向协作型努力产生的条件,为建立新型农业经营主体与农户合作共赢的自主性联盟绩效激励机制提供理论参考;二是研究方法方面,关于农地主体利益分配机制的已有研究多采用质性、案例分析等定性方法,阐述分配机制的历史演进、意义原则及存在问题等(Zhu et al.,2010),本文采取博弈分析与数值仿真,通过定性与定量相结合的分析方法,揭示农业产业化联盟绩效激励模型中努力绩效转化率、参与农户数量以及农户风险规避因子等内外部因素对激励机制效果的影响,为优化农业产业联盟绩效激励机制设计,促进新型农业经营主体与农户利益共享、协作互利发展提供一定的经验依据。三是研究理论价值方面,本文通过对激励模型求解发现,政府(农业监管部门)设定的保留绩效量(如耕地数量与质量监测标准、农产品有机认证等)对农业产业化联盟绩效激励机制效果具有调节作用,这一结论将为相关政府部门利用"目标激励"指挥棒引导农业产业化联盟向绿色高质量现代农业发展提供了理论支持。

8.2 基于委托代理关系的农业产业化联盟绩效激励模型构建

8.2.1 农业产业化联盟绩效激励模型描述

考虑一个新型农业经营主体(如涉农企业、合作社、家庭农场、种植大户)和 n($n \geqslant 2$)个存在相互协作潜在动机的农户构成的农业产业化联盟(下面简称农业联盟)生产经营系统。普通农户通常不具备从事规模经营的资金、技术等生产要素条件,作为土地的承包经营权拥有者,为实现土地财产功能与土地生产劳动报酬双重收益,同时提高土地产出效率、劳动生产率与资源利用率,可以通过土地流转中介——村集体,将土地经营权流转给新型农业经营主体。新型农业经营主体拥有开展农业生产的相对稀缺要素禀赋(资金、经营管理、技术装备、人才等)。而对于农户而言,从土地经营权流转中解放出来的劳动力,又可以被新型农业经营主体雇佣,且有能力通过生产劳动努力把农业生产要素转化为绩效产出(如农产品丰收),可以成为领取农业生产劳动报酬的农业工人。在此基础上,新型农业经营主体实施绩效激励机制以促使农户投入更高的生产劳动努力,从而实现绩效产出最大化,并积极转化为经营利润。假设联盟中的农户之间存在横向协作关系。分别用 e_i 和 E_{ij} 来表示农户 i 的两种类型生产劳动努力。其中,e_i 为该农户为提高自身绩效产出付出的努力,称为利己型努力;E_{ij} 表示农户 i 为帮助农户 j 提高绩效而付出的努力,称为协作型努力或利他型努力。显然,e_i 和 E_{ij} 相互独立。考虑到联盟中农户之间协作的普遍性,有 $i=1, 2, \cdots, n$;$j=1, 2, \cdots, n$ 且 $j \neq i$。于是,农户 i 的生产绩效 y_i 由其自身努力以及联盟中其他农户对其的协作型努力共同决定,可以表示为:

$$y_i = k_i \left(e_i + \sum_{j=1, j \neq i}^{n} E_{ij} \right) + \varepsilon_i \tag{1}$$

式中,k_i 表示作用在农户 i 上的单位生产劳动努力转化为农业绩效的效率,本文称为努力-绩效系数,该系数一般由新型农业经营主体投入的技术、装备、管理土地质量等要素禀赋所决定。$\varepsilon_i \sim N(0, \sigma^2)$,表示农户绩效产出的不确定性(即风险),为随机扰动项,并且 ε_i 和 ε_j($i=1, 2, \cdots, n$;$j=1, 2, \cdots, n$ 且 $j \neq i$)相互独立。于是,由 n 个农户构成的联盟总绩效产出可以表示为：

$$Y = \sum_{i=1}^{n} y_i = \sum_{i=1}^{n} \left[k_i \left(e_i + \sum_{j=1, j \neq i}^{n} E_{ji} \right) + \varepsilon_i \right] \quad (2)$$

本文假设新型农业经营主体雇佣农户的报酬采取固定收益＋绩效奖励相结合的激励机制，类似于农地股份合作制实践运行中较为普遍采取的"固定收益＋浮动分红"方式（马彦丽，2019），其中"固定收益"主要源于农户农地经营权流转，获得的地租或入股保底收益或分红，这部分收益无论农户是否投入生产劳动均可获得；"绩效奖励"则主要取决于农户参与农业产业化联盟的生产绩效与总绩效产出水平，由于产出绩效存在不确定性，因此这部分农户收益属于"浮动"绩效奖励。其中，绩效奖励又分为以下两种模式：一种为仅基于单个农户绩效产出的模式（称为 NA 模式）；另一种为基于单个农户＋联盟总绩效产出的模式（称为 UA 模式）。在 UA 模式下，农户 i 得到的总收益 w_i 为：

$$w_i = \alpha_i + \beta_i y_i + \gamma_i Y \quad (3)$$

其中，α_i 为农户 i 获得的固定收益；β_i 为新型农业经营主体给予农户 i 基于其自身生产绩效的单位奖励，称为个人绩效激励系数；γ_i 为新型农业经营主体给予农户 i 基于联盟总绩效的单位奖励，称为联盟绩效激励系数。需要指出的是，此处的绩效奖励不一定为纯物质奖励，也包括权力地位提升、优先参加农技培训等精神层面的激励。NA 模式下，农户 i 仅能获得个人绩效收益而无联盟绩效收益，即 $\gamma_i = 0$。显然，新型农业经营主体支出的绩效激励总成本即为各农户获得的总收益之和 $\sum_{i=1}^{n} w_i$。本文的其他重要假设包括：

（1）政府相关部门实施耕地数量和质量监测监管机制，对农地资源的流转、农田地块肥力指标、农业生产过程等进行监管，其目的是保护耕地资源、保证农业生产最低绩效产出与农产品质量安全。例如，国务院印发的《基本农田保护条例》（2011 年修订）中第九条中规定：省、自治区、直辖市划定的基本农田应当占本行政区域内耕地总面积的 80% 以上。本文所设计的激励机制只有在符合这一监管条件下才成立，即农业联盟的期望总绩效产出必须高于一阈值。该约束条件用（4）式表示

第八章 农地多元主体利益共享联盟绩效激励机制研究

$$E(Y) = \sum_{i=1}^{n} k_i \left(e_i + \sum_{j=1, j \neq 1}^{n} E_{ji} \right) > \overline{A} \qquad (4)$$

上式中 $\overline{A}$ 为监管规定的农业绩效最低量,本文称为保留绩效量。可以用 $\overline{A}$ 来代表农业监管的严格程度,$\overline{A}$ 越大,农业监管越严格;

(2)所有农户对绩效产出的不确定性存在风险偏好,风险偏好系数为 ρ_i。其中 $\rho_i > 0$ 表示为风险规避;$\rho_i = 0$ 表示风险中性;$\rho_i < 0$ 则表示风险喜好。已有研究表明,风险规避对农户农业生产行为具有显著影响(郐建功、颜廷武,2021;吕杰等,2021),考虑单个普通农户自身抗风险能力较低,面对农业绩效产出预期不确定,往往表现为比较保守的行为态度。因此,本文假设代理方农户为风险规避者,即 $\rho_i > 0$;

(3)农业产业化联盟生产经营活动类似于众包项目,需要多个参与主体协作完成既定目标,委托方新型农业经营主体既是农业联盟发起者,同时也是实现产出绩效目标的激励主导者。既有关于众包激励机制研究(朱宾欣等,2019;Toshima and Takahashi,2018;陆玉梅等,2016),通常假设发包方(企业)为风险中性,即只关注自身的收益状况,风险态度表现为既不冒险也不保守。同时,从实际出发,考虑相较于普通农户,新型农业经营主体具备资金、技术、管理等要素禀赋方面优势,具有一定的抗风险能力。因此,本文假设委托方新型农业经营主体为风险中性型。

(4)本文仅考虑所有农户同质性的情景。即有 $k_1 = k_2 = \cdots = k_n = k$,$\rho_1 = \rho_2 = \cdots = \rho_n = \rho$。由对称性可知,所有农户的固定薪酬、个人绩效激励系数、联盟绩效激励系数均相同,即有 $\alpha_1 = \alpha_2 = \cdots = \alpha_n = \alpha$,$\beta_1 = \beta_2 = \cdots = \beta_n = \beta$,$\gamma_1 = \gamma_2 = \cdots = \gamma_n = \gamma$;

(5)农户产出绩效需要投入一定的努力成本。根据委托代理模型中代理人努力成本函数的常用形式,假设农户 i 的利己型努力成本 c_i 和利他型努力成本 c_{ij} 分别与努力水平 e_i 和 E_{ij} 正相关,同时满足边际努力成本递增规律,即 $\frac{\partial c_i}{\partial e_i} > 0$,$\frac{\partial c_i^2}{\partial^2 e_i} > 0$,$\frac{\partial c_{ij}}{\partial E_{ij}} > 0$,$\frac{\partial c_{ij}^2}{\partial^2 E_{ij}} > 0$。不失一般性,设 $c_i = \frac{1}{2} c e_i^2$,$c_{ij} = \frac{1}{2} c E_{ij}^2$。其中,$c$ 称为农户的努力成本系数。于是,农户 i 的努力总成本可以

表示为 $C_i = \frac{1}{2}c\left(e_i^2 + \sum_{j=1, j \neq i}^{n} E_{ij}^2\right)$。

（6）农户绩效产出的收益转换率为1。即参与主体的期望收益与绩效产出等价。

（7）在激励博弈模型中，新型农业经营主体为决策的领导者，农户为追随者。由同质性假设，农户之间不存在竞争关系，且均保持统一行动。

（8）新型农业经营主体和农户之间存在信息不对称。即新型农业经营主体无法观察农户投入的努力程度，只能通过其绩效产出来推算。其他信息均为共同知识（朱宾欣等，2019；Toshima and Takahashi，2018）。

综上，本文所设计的农业联盟绩效激励机制流程图如图8-1所示。

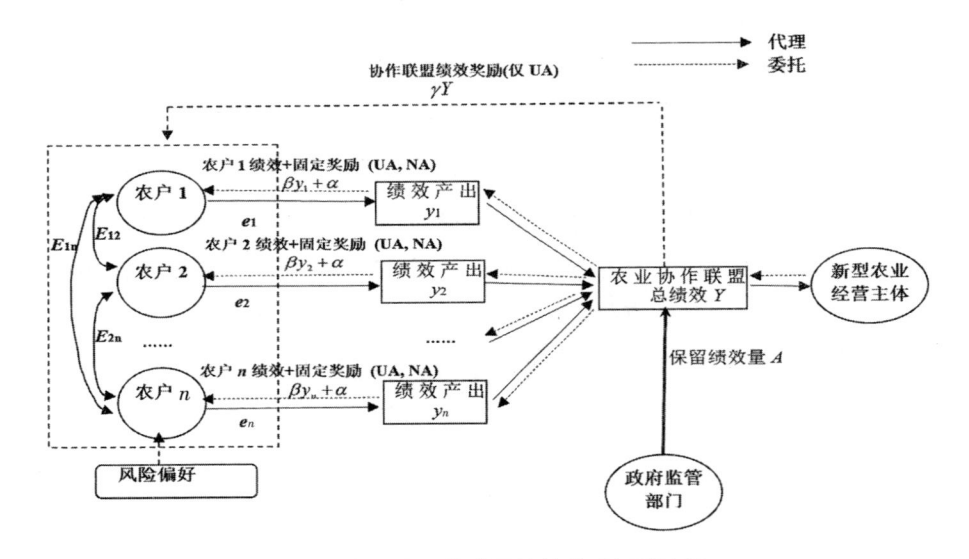

图 8-1 农业产业化联盟绩效激励机制流程

8.2.2 基于联盟总绩效产出的激励机制模型(UA)

根据上节描述，UA激励机制下农户的总收益包括固定收益、个人绩效奖励和联盟绩效奖励三个部分。农户 i 的净收益 π_i 为总收益减去两类努力成本之差，表示如下：

第八章 农地多元主体利益共享联盟绩效激励机制研究

$$\pi_i = w_i - C_i = \alpha + \beta \left(k \left(e_i + \sum_{j=1, j\neq i}^{n} E_{ji} \right) + \varepsilon_i \right)$$
$$+ \gamma \sum_{j=1, j\neq i}^{n} \left(k \left(e_i + \sum_{j=1, j\neq i}^{n} E_{ji} \right) + \varepsilon_i \right) - \frac{1}{2} c \left(e_i^2 + \sum_{j=1, j\neq i}^{n} E_{ji}^2 \right) \tag{5}$$

当决策主体具有风险规避特征时,其决策目标为效用最大化而非净收益最大化。参照文献(朱宾欣等,2019;陆玉梅等,2016),采用均值-方差法衡量风险规避下决策主体的效用。于是,风险规避系数为 ρ 的代理方农户 i 确定性等价收益(即效用)UA_i 为:

$$\mathrm{UA}_i = E(\pi_i) - \frac{1}{2}\rho \mathrm{Var}(\pi_i) = \alpha + \beta \left(k \left(e_i + \sum_{j=1, j\neq i}^{n} E_{ji} \right) \right)$$
$$+ \gamma \sum_{i=1}^{n} \left(k \left(e_i + \sum_{j=1, j\neq i}^{n} E_{ji} \right) \right) - \frac{1}{2} c \left(e_i^2 + \sum_{j=1, j\neq i}^{n} E_{ji}^2 \right) - \frac{1}{2}\rho\sigma^2(\beta^2 + n\gamma^2) \tag{6}$$

委托方新型农业经营主体为风险中性时,即风险规避系数为 $\rho=0$,意味着其风险成本为 0,此时新型农业经营主体的确定性等价收益为其期望净收益,因此委托方的决策目标是期望净收益最大化。新型农业经营主体的总收益为农业联盟创造的总绩效转化收益,总成本为支出的固定和绩效激励成本。因而,其期望净收益 NCA 可表示为

$$\mathrm{NCA} = E\left(Y - \sum_{i=1}^{n} w_i\right) - (1 - n\gamma - \beta) \sum_{i=1}^{n} \left(k \left(e_i + \sum_{j=1, j\neq i}^{n} E_{ji} \right) \right) - na \tag{7}$$

由委托代理理论的基本假设,代理方农户 i 的确定性等价收益必须同时满足参与约束 IR 和激励约束 IC。设农户的最低期望效用为 $\overline{S}$。另外考虑到保留绩效约束(假设 1),UA 机制下的农业联盟激励模型可以表示为:

$$\max_{\beta, \gamma, e_i, E_{ij}} \mathrm{NCA}$$
$$\mathrm{s.t.} \begin{cases} \sum_{i=1}^{n} k \left(e_i + \sum_{j=1, j\neq i}^{n} E_{ji} \right) > \overline{A} \\ (\mathrm{IR}) \mathrm{UA}_i \geqslant \overline{S} \\ (\mathrm{IC}) (e_i, E_{ji}) \in \max_{e_i, E_{ij}} \mathrm{UA}_i \end{cases} \tag{8}$$

根据假设 6,双方决策顺序为:(1)新型农业经营主体决定个人绩效激励系数 β 和联盟绩效激励系数 γ;(2)农户 i 决定利己型努力强度 e_i 及利他型努

力强度 E_{ij}。用逆向回溯法进行模型求解。

首先求解激励性约束（IC）。UA_i 关于 e_i 和 E_{ij} 的海塞矩阵 $HUA_i = \begin{bmatrix} -c & 0 & 0 & \cdots & 0 \\ 0 & -c & 0 & \cdots & 0 \\ \cdots & \cdots & \cdots & \cdots & \cdots \\ 0 & 0 & 0 & \cdots & -c \end{bmatrix}$ 负定，故 UA_i 存在关于 e_i 和 E_{ij} 的极大值。联立 $\frac{\partial UA_i}{\partial e_i}=0$，$\frac{\partial UA_i}{\partial E_{ij}}=0 (j=1, 2, \cdots, n 且 j \neq 1)$ 共 n 个方程，求解得到：

$$e_i = \frac{k(\beta+\gamma)}{c}, \quad E_{ij} = \frac{k\gamma}{c} \tag{9}$$

由（9）式可得以下结论：

结论1：农户的利己型努力投入 β 由个人绩效激励系数 β 和联盟绩效激励系数 γ 同时决定，而利他型努力投入仅由联盟绩效激励系数 γ 决定。这说明，"协作型"农业联盟成立的基本条件是新型农业经营主体必须实施基于联盟总绩效的激励机制。该结论表明，农业联盟中如果只针对单个农户进行绩效奖励将形成农户"各自为政"的局面，失去相互协作的动力；而若委托方新型农业经营主体依据总产出水平进行绩效激励，则能够有效激发代理方协作互利行为。因此，该结论的现实意义是，在实践中应积极引导新型农业经营主体建立基于"协作型"农业联盟的总绩效激励机制，以激发参与农户的协作互利行为。

然后求解参与约束（IR）。理性的委托方不可能使代理方获得高于最低期望效用的确定性收益（Toshima and Takahashi，2018），故最优条件下 IR 约束取等号，代入（7）式，再把（9）式代入并整理，得到委托方新型农业经营主体的决策问题为

$$\max_{\beta,\gamma} NCA = \frac{nk^2[2\beta+2\gamma-(\beta+\gamma)^2+(n-1)(2\gamma+\gamma^2)]}{2c} - \frac{\rho\sigma^2 n(\beta^2+n\gamma^2)}{2} - n\bar{S}$$

$$\text{s.t.} \quad \frac{nk^2(\beta+n\gamma)}{c} > \bar{A} \tag{10}$$

NCA 关于 β 和 γ 的海塞矩阵为

第八章　农地多元主体利益共享联盟绩效激励机制研究

$$H_{\text{NCA}} = \begin{bmatrix} -\left(\dfrac{nk^2}{c} + n\rho\sigma^2\right) & -\dfrac{nk^2}{c} \\ -\dfrac{nk^2}{c} & -\left(\dfrac{n^2k^2}{c} + n\rho\sigma^2\right) \end{bmatrix}$$

该矩阵负定，存在最优解。考虑约束条件的拉格朗日函数为：

$$L(\beta, \gamma) = \frac{nk^2[2\beta + 2\gamma - (\beta+\gamma)^2 - (n-1)(2\gamma-\gamma^2)]}{2c}$$

$$-\frac{1}{2}\rho\sigma^2 n(\beta^2 + n\gamma^2) - n\overline{A} - \lambda\left(\overline{A} - \frac{nk^2(\beta+n\gamma)}{c}\right) \tag{11}$$

其中 λ 为拉格朗日系数。由(11)式，K-T 条件满足

$$\begin{cases} \dfrac{\partial L(\beta, \gamma)}{\partial \beta} = \dfrac{nk^2(1-\gamma+\lambda)}{c} - \left(\dfrac{nk^2}{c} + n\rho\sigma^2\right)\beta = 0 \\ \dfrac{\partial CM}{\partial \gamma} = \dfrac{nk^2(n-\beta+n\lambda)}{c} - \left(\dfrac{n^2k^2}{c} + n^2\rho\sigma^2\right)\gamma = 0 \\ \lambda\left(\dfrac{nk^2(\beta+n\gamma)}{c} - \overline{A}\right) = 0, \lambda \geqslant 0 \end{cases} \tag{12}$$

需要分以下两种情况继续求解：

(1) $\lambda = 0$。

该情况表示约束条件 $\sum\limits_{i=1}^{n} k(e_i + \sum\limits_{j=1, j\neq i}^{n} E_{ji}) > \overline{A}$ 不起作用，即农业监管部门设置的保留绩效量比较低。把 $\lambda = 0$ 代入(12)式的前两个式子，联立求解得到：

$$\beta^{\text{TR}*} = \frac{nbk^2}{n(k^2+b)^2 - k^4}, \quad \gamma^{\text{TR}*} = \frac{k^2[n(k^2+b)-k^2]}{n(k^2+b)^2 - k^4} \tag{13}$$

(13)式代回(9)式得到农户的利己型和利他型努力为：

$$e_i^{\text{TR}*} = \frac{k^3[n(k^2+2b)-k^2]}{[n(k^2+b)^2 - k^4]c}, \quad E_{ij}^{\text{TR}*} = \frac{k^2[n(k^2+b)-k^2]}{[n(k^2+b)^2 - k^4]c} \tag{14}$$

此时，农业联盟的期望总绩效 $E(Y^{\text{TR}}) = \dfrac{n^2k^4[(n+1)b+(n-1)k^2]}{(n(k^2+b)^2-k^4)c} > \overline{A}$。

其中 $b = c\rho\sigma^2$，称为农户的风险因子，体现了农户所感知的参与风险大小。下同。进一步得到新型农业经营主体的确定性收益以及各农户的期望收益分别为：

$$\mathrm{NCA}^{\mathrm{TR}*} = \frac{n^2 k^4 [(n+1)b + (n-1)k^2]}{2c[n(k^2+b)^2 - k^4]} - n\overline{S} \tag{15}$$

$$\mathrm{E}(\pi_i^{\mathrm{TR}}) = \overline{S} + \frac{b}{2c}(\beta^{\mathrm{TR}*2} + n\gamma^{\mathrm{TR}*2}) \tag{16}$$

(2) $\lambda > 0$。

由(12)式的第三个式子可知，当 $\lambda>0$ 时必有 $\dfrac{nk^2(\beta+n\gamma)}{c} = \overline{A} = \mathrm{E}(Y^{\mathrm{TR}})$。也就是说，该情景表示农业监管部门设置的保留绩效量会对农业联盟的总绩效产出起到一定的约束作用。为区别于 $\lambda=0$，用 TR1 标记该情景。把 $\dfrac{nk^2(\beta+n\gamma)}{c} = \overline{A}$ 联立(12)式的前两个式子，求解得到：

$$\beta^{\mathrm{TR}1*} = \frac{bc\overline{A}}{nk^2[(n+1)b + (n-1)k^2]}, \quad \gamma^{\mathrm{TR}1*} = \frac{c\overline{A}[n(k^2+b) - k^2]}{n^2 k^2[(n+1)b + (n-1)k^2]}$$

$$\lambda = \frac{\overline{A}c[n(k^2+b)^2 - k^4] - n^2 k^4[(n+1)b + (n-1)k^2]}{n^2 k^4[(n+1)b + (n-1)k^2]} \tag{17}$$

由 $\lambda > 0$ 得到该情景下保留绩效量需满足的条件为：

$$\overline{A} = \mathrm{E}(Y^{\mathrm{TR}1*}) > \frac{n^2 k^4[(n+1)b + (n-1)k^2]}{c[n(k^2+b)^2 - k^4]} \tag{18}$$

进一步由(9)式得到 TR1 情景下农户的利己型、利他型努力表达式为：

$$e_i^{\mathrm{TR}1*} = \frac{\overline{A}[n(k^2+2b) - k^2]}{n^2 k[(n+1)b + (n-1)k^2]}, \quad E_{ij}^{\mathrm{TR}1*} = \frac{\overline{A}[n(k^2+b) - k^2]}{n^2 k[(n+1)b + (n-1)k^2]}$$

$$\tag{19}$$

该情景下新型农业经营主体的确定性收益以及各农户的期望收益分别为：

$$\mathrm{NCA}^{\mathrm{TR}1*} = \overline{A}\left\{1 - \frac{\overline{A}c[n(k^2+b)^2 - k^4]}{2n^2 k^4[(n+1)b + (n-1)k^2]}\right\} - n\overline{S} \tag{20}$$

$$\mathrm{E}(\pi_i^{\mathrm{TR}1*}) = \overline{S} + \frac{b}{2c}(\beta^{\mathrm{TR}1*2} + n\gamma^{\mathrm{TR}1*2}) \tag{21}$$

8.2.3 基于单个农户绩效的激励机制模型(NA)

NA 激励机制下农户的总收益仅包含固定收益和个人绩效奖励两个部分。农户 i 的净收益 π_i 可表示如下：

$$\pi_i = w_i - C_i = \alpha + \beta[k(e_i + \sum_{j=1, j \neq i}^{n} E_{ji}) + \varepsilon_i)] - \frac{1}{2}c(e_i^2 + \sum_{j=1, j \neq i}^{n} E_{ij}^2)$$

$$\tag{22}$$

第八章 农地多元主体利益共享联盟绩效激励机制研究

类似于 UA 模型，其确定性等价收益 UA_i 为：

$$UA_i = E(\pi_i) - \frac{1}{2}\rho \text{Var}(\pi_i)$$

$$= \alpha + \beta[k(e_i + \sum_{j=1, j\neq i}^n E_{ji})] - \frac{1}{2}c(e_i^2 + \sum_{j=1, j\neq i}^n E_{ij}^2) - \frac{1}{2}\rho\sigma^2\beta^2 \quad (23)$$

NA 激励模型可以表示为：

$$\max_{\beta, e_i, E_{ij}} \text{NCA} = (1-\beta)\sum_{i=1}^n [k(e_i + \sum_{j=1, j\neq i}^n E_{ij})] - na$$

$$\text{s.t.} \begin{cases} \sum_{i=1}^n k(e_i + \sum_{j=1, j\neq i}^n E_{ji}) > \overline{A} \\ (\text{IR}) UA_i \geqslant \overline{S} \\ (\text{IC})(e_i, E_{ij}) \in \max_{e_i, E_{ij}} UA_i \end{cases} \quad (24)$$

类似于 UA 模型的求解思路，得到：

$$e_i = \frac{k\beta}{c}, \ E_{ij} = 0 \quad (25)$$

可见，在 NA 机制（仅针对单独农户绩效的激励）下，农户间不可能产生相互协作的利他型努力，"协作"联盟将不复存在而退化为普通农业联合体。这进一步印证了结论 1，即 UA 机制是形成"协作"联盟的必要条件。此时，(IR)约束下新型农业经营主体的决策问题变为：

$$\max_\beta \text{UCA} = \frac{nk^2(2\beta-\beta^2)}{2c} - \frac{1}{2}\rho\sigma^2 n\beta^2 - n\overline{S}$$

$$\text{s.t.} \ \frac{nk^2\beta}{c} > \overline{A} \quad (26)$$

类似上节，利用约束条件构造拉格朗日函数进行求解。拉格朗日函数为：

$$L(\beta, \lambda) = \frac{nk^2(2\beta-\beta^2)}{2c} - \frac{1}{2}\rho\sigma^2 n\beta^2 - n\overline{S} = \lambda\left(\overline{A} - \frac{nk^2\beta}{c}\right) \quad (27)$$

分为以下两种情况：

（1）$\lambda = 0$。表示激励模型不受监管部门设置的保留绩效量约束。均衡解的表达式为

$$\beta^{\text{NA}*} = \frac{k^2}{k^2+b}, \ e_i^{\text{NA}*} = \frac{k^3}{(k^2+b)c}, \ E(Y^{\text{NA}*}) = \frac{nk^4}{(k^2+b)c},$$

$$UCA^{TR*} = \frac{nk^4}{2c(k^2+b)} - n\overline{S}$$

$$E(\pi_i^{NA*}) = \overline{S} + \frac{b}{2c}\beta^{NA*2} \tag{28}$$

此情景满足的条件为 $\overline{A} < E(Y^{NA*}) = \dfrac{nk^4}{(k^2+b)c}$。

(2)$\lambda > 0$。表示激励模型受监管部门设置的保留绩效量约束。用 NA1 标识。均衡解为：

$$\beta^{NA1*} = \frac{c\overline{A}}{nk^2}, \quad e_i^{NA1*} = \frac{\overline{A}}{nk}, \quad \lambda = \frac{c\overline{A}(k^2+b) - nk^4}{nk^4}, \quad E(Y^{NA*}) = \overline{A},$$

$$NCA^{NA1*} = \overline{A}\left(1 - \frac{c(k^2+b)\overline{A}}{2nk^4}\right) - n\overline{S}, \quad E(\pi_i^{NA1-}) = \overline{S} + \frac{b}{2c}\beta^{NA1*2} \tag{29}$$

此情景满足的条件为 $\overline{A} > \dfrac{nk^4}{(k^2+b)c}$。

8.3 农业产业化联盟绩效激励模型结果分析

用表 8-1 和表 8-2 总结 UA 和 NA 两种激励机制的模型结果如下。

表 8-1 UA 激励机制的模型均衡解

	TR	
	$\overline{A} < \dfrac{n^2k^4[(n+1)b+(n-1)k^2]}{[n(k^2+b)-k^4]c}$ ($\lambda=0$，UA)	$\overline{A} > \dfrac{n^2k^4[(n+1)b+(n-1)k^2]}{[n(k^2+b)-k^4]c}$ ($\lambda>0$，UA1)
e_i^*	$\dfrac{k^3[n(k^2+2b)-k^2]}{[n(k^2+b)^2-k^4]c}$	$\dfrac{\overline{A}[n(k^2+2b)-k^2]}{n^2k[(n+1)b+(n-1)k^2]}$
E_{ij}^*	$\dfrac{k^3[n(k^2+b)-k^2]}{[n(k^2+b)^2-k^2]c}$	$\dfrac{\overline{A}[n(k^2+b)-k^2]}{n^2k[(n+1)b]+(n-1)k^2}$
β^*	$\dfrac{nbk^2}{n(k^2+b)^2-k^4}$	$\dfrac{bc\overline{A}}{nk^2[(n+1)b+(n-1)k^2]}$
γ^*	$\dfrac{k^2[n(k^2+b)-k^2]}{n(k^2+b)^2-k^4}$	$\dfrac{c\overline{A}[n(k^2+b)-k^2]}{n^2k^2(n+b)b+(n-1)k^2}$

第八章 农地多元主体利益共享联盟绩效激励机制研究

续表

	TR	
	$\overline{A}<\dfrac{n^2k^4[(n+1)b+(n-1)k^2]}{[n(k^2+b)^2-k^4]c}$ ($\lambda=0$,UA)	$\overline{A}>\dfrac{n^2k^4[(n+1)b+(n-1)k^2]}{[n(k^2+b)^2-k^4]c}$ ($\lambda>0$,UA1)
$E(Y^*)$	$\dfrac{n^2k^4[(n+1)b+(n-1)k^2]}{[n(k^2+b)^2-k^4]c}$	$\overline{A}$
NCA^*	$\dfrac{n^2k^4[(n+1)b+(n-1)k^2]}{2c[n(k^2+b)^2-k^4]}$	$\overline{A}\left(1-\dfrac{\overline{A}c[n(k^2+b)^2-k^4]}{2n^2k^4[(n+1)b+(n-1)k^2]}\right)-n\overline{S}$
$E(\pi_i^*)$	$\overline{S}+\dfrac{b}{2c}(\beta^{TR*2}+n\gamma^{TR*2})$	$\overline{S}+\dfrac{b}{2c}(\beta^{TR1*2}+n\gamma^{TR1*2})$

表 8-2 NA 激励机制的模型均衡解

	NA	
	$\overline{A}<\dfrac{nk^4}{(k^2+b)c}$ ($\lambda=0$,NA)	$\overline{A}>\dfrac{nk^4}{(k^2+b)c}$ ($\lambda>0$,NA1)
e_i^*	$\dfrac{k^3}{(k^2+b)c}$	$\dfrac{\overline{A}}{nk}$
E_{ij}^*	0	0
β^*	$\dfrac{k^2}{k^2+b}$	$\dfrac{c\overline{A}}{nk^2}$
$E(Y^*)$	$\dfrac{nk^4}{(k^2+b)c}$	$\overline{A}$
NCA^*	$\dfrac{nk^4}{2c(k^2+b)}-n\overline{S}$	$\overline{A}\left(1-\dfrac{c(k^2+b)\overline{A}}{2nk^4}\right)-n\overline{S}$
$E(\pi_i^*)$	$\overline{S}+\dfrac{b}{2c}\beta^{NA*2}$	$\overline{S}+\dfrac{b}{2c}\beta^{NA1*2}$

根据表 1 和表 2 的结果,探讨 UA 和 NA 激励机制下各参数对农业联盟绩效的不同影响,并进行对比研究。得到如下结论。

结论 2 (1) 当 $\overline{A}<\dfrac{n^2k^4[(n+1)b+(n-1)k^2]}{[n(k^2+b)^2-k^4]c}$ 时,$\overline{A}$ 不会影响 UA 激励

机制的效果，此时 $E(Y^{UA*} > \overline{A})$；当 $\overline{A} \geqslant \overline{A}_{UA}$ 时，UA 激励机制（标记为 UA1）的所有指标均受到 $\overline{A}$ 的正向影响，且 $E(Y^{UA1*} = \overline{A})$。(2) 当 $\overline{A} < \dfrac{nk^4}{(k^2+b)c} = \overline{A}_{NA}$ 时，$\overline{A}$ 不会影响 NA 激励机制的效果，此时 $E(Y^{NA*} > \overline{A})$；当 $\overline{A} \geqslant \overline{A}_{NA}$ 时，NA 激励机制（标记为 NA1）的效果受到 $\overline{A}$ 的正向影响，且 $E(Y^{NA1*}) = \overline{A}$。(3) 比较 UA 和 NA 机制下的保留绩效量阈值，有 $\overline{A}_{UA} > \overline{A}_{NA}$。

证明：(1)和(2)可由 UA、UA1、NA、NA1 四种模型的形成条件以及均衡解中是否包含 $\overline{A}$ 直接可得。(3)的证明如下：

$$\overline{A}_{UA} - \overline{A}_{NA} = \dfrac{n^2 k^4 [(n+1)b + (n-1)k^2]}{[n(k^2+b)^2 - k^4]c} - \dfrac{nk^4}{(k^2+b)c} =$$

$$\dfrac{nk^4 \{n(k^2+b)[(n-2)(k^2+b) + 2b] + k^4\}}{(k^2+b)[n(k^2+b)^2 - k^4]c} > 0$$

证毕。

该结论表明，无论 UA 激励机制还是 NA 激励机制下，监督部门设置的保留绩效量约束均只有在大于某一阈值时才能对激励机制的效果产生作用。此时，随着保留绩效量的增大，新型农业经营主体的首要任务是通过提高绩效奖励程度，促进农户投入更大的利己型努力和协作型努力，从而完成保留绩效量，利润最大化不再是首要目标。若保留绩效量低于该阈值，则不会对激励机制各指标产生任何影响。因为农业联盟能轻松完成这一任务，该约束完全无效，联盟的行为目标为追求经济利益最大化，而均衡绩效产出无疑会高于这一保留绩效量。此外，UA 机制下保留绩效约束的阈值要高于 NA 机制。这说明，UA 机制下农户之间的协作效应将在联盟内部形成较强的凝聚力，有利于实现更高的均衡绩效产出，相较于 NA 机制应对保留绩效量约束的能力更强。换而言之，政府部门"目标激励"指挥棒在 NA 机制下更难以发生作用。

该结论的现实意义为，政府应合理利用"目标激励"的指挥棒引导农业联盟主体行为，如当政府实施的农业监管机制（如耕地数量与质量监测标准、农业生产绿色有机认证等）形成的保留绩效量高于阈值时，新型农业经营主体会通过提高绩效奖励，激励农户进行互利协作，从而共同达成这一目标要求，

第八章 农地多元主体利益共享联盟绩效激励机制研究

促进农业绿色高质量发展；而当农业监管部门设置的保留绩效低于阈值时，由于缺乏有效约束力，容易导致农业产业化联盟参与主体为片面追求经济利益最大化，而在农业生产中采取如过度使用化肥、农药等短期行为，直接影响农业生态可持续性。

结论 3 （1）当 $\overline{A} < \overline{\overline{A_{UA}}}$ 时，UA 激励机制成立的条件为：$k^2 < \dfrac{(\sqrt{n^2+4n}-n)b}{2(n-1)}$；（2）当 $\overline{A} > \overline{\overline{A_{UA}}}$ 时，UA 激励机制成立的条件为：$\overline{A} < \dfrac{nk^2}{c}$。

证明：由(7)式可知，新型农业经营主体愿意实施 UA 激励机制，必须满足 $\beta + n\gamma < 1$。由表 1 中 β^{UA*} 和 γ^{UA*} 的表达式，得到：$\beta^{UA*} + n\gamma^{UA*} = \dfrac{nk^2[(n-1)k^2+(n+1)b]}{n(k^2+b)^2-k^4} < 1$。求解该不等式，得到：$k^2 < \dfrac{(\sqrt{n^2+4n}-n)b}{2(n-1)}$。

类似的，由表 1 中 β^{UA1*} 和 γ^{UA1*} 的表达式结合 $\beta + n\gamma < 1$ 可求解得到 $\overline{A} < \dfrac{nk^2}{c}$。证毕。

该结论表明，要保证"协作型"农业联盟的顺利运行，努力绩效转化率不宜过高。这是因为对于委托者新型农业经营主体而言，UA 机制下不仅要支出农户个人绩效奖励，更要承担基于联盟总绩效产出的激励成本。过高的努力绩效转化率势必激发农户投入超出想象的生产努力，这会导致双重激励成本支出的激增，甚至超出绩效提升带来的收益范畴。因而新型农业经营主体将失去实施 UA 激励机制的动机，"协作"联盟将失去维系的基础。其现实指导意义体现在两方面，一是应根据农业生产实际，确定相对合理的努力绩效转化率，而不是一味追求过高的努力绩效转化率；二是在政府保留绩效量起作用的情景下，应确定合理的耕地数量与质量监测监管标准，过于严苛的监管机制（保留绩效量目标超过上限）也会导致新型农业经营主体"疲于奔命"或"难以企及"而丧失激励动机。因此，保留绩效量也应控制在一定范围内。

结论 4 （1）当 $\overline{A} < \overline{\overline{A_{UA}}}$ 时，在激励机制成立的条件下，γ^{UA*}、β^{UA*}、e_i^{UA*}、E_{ij}^{UA*}、$E(Y^{UA*})$ 均与 k 正相关；（2）当 $\overline{A} < \overline{\overline{A_{UA}}}$ 时，在激励机制成立的条件下，γ^{UA1*}、e_i^{TR1*}、E_{ij}^{UA1*}、β^{UA1*} 均与 k 负相关，$E(Y^{UA1*})$ 与 k 不相关。

证明：由 e_i^{UA*}、E_{ij}^{UA*}、β^{UA*}、γ^{UA*}、$E(Y^{UA*})$ 以及 e_i^{UA1*}、E_{ij}^{UA1*}、β^{UA1*}、γ^{UA1*}、$E(Y^{UA1*})$ 的表达式分别对 k 求一阶偏导，并把结论 3 中激励机制成立的条件代入，得到：

$$\frac{\partial \beta^{UA*}}{\partial k} = \frac{2nbk[nb^2-(n-1)k^4]}{[n(k^2+b)^2-k^4]} > \frac{2nb^3k[n-n/(n-1)]}{[n(k^2+b)^2-k^4]} > 0,$$

$$\frac{\partial \gamma^{UA*}}{\partial k} = \frac{2nbk[(n-1)k^4+2b(n-1)k^2+nb^2]}{[n(k^2+b)^2-k^4]} > 0$$

$$\frac{\partial e_i^{UA*}}{\partial k} = \frac{\partial[k(\beta^{UA*}+\gamma^{UA*})/c]}{\partial k} > 0,$$

$$\frac{\partial E_{ij}^{UA*}}{\partial k} = \frac{\partial(k\gamma^{UA*}/c)}{\partial k} > 0,$$

$$\frac{\partial E(Y^{UA*})}{\partial k} = \frac{\partial[nk(e_i^{UA*}+(n-1)E_{ij}^{UA*})]}{\partial k} > 0$$

$$\frac{\partial \beta^{UA1*}}{\partial k} = \frac{-2bc\overline{A}[2(n-1)k^2+(n+1)b]}{n[(n+1)b+(n-1)k^2]^2 k^3} < 0,$$

$$\frac{\partial \gamma^{UA1*}}{\partial k} = \frac{-2c\overline{A}[(n-1)^2 k^4+2n(n-1)bk^2+n(n+1)b^2]}{n^2[(n+1)b+(n-1)k^2]^2 k^3} < 0$$

$$\frac{\partial e_i^{UA1*}}{\partial k} = \frac{-\overline{A}\{[n(5n-6)+1]bk^2+[n(n-1)+1]k^4+2n(n+1)b\}}{n^2[(n+1)b+(n-1)k^2]^2 k^2} < 0,$$

$$\frac{\partial E_{ij}^{UA1*}}{\partial k} = \frac{-\overline{A}\{(n-1)^2 k^4+[n(2n-3)+1]bk^2+n(n+1)b\}}{n^2[(n+1)b+(n-1)k^2]^2 k^2} < 0$$

证毕。

该结论表明，对于"协作型"农业联盟而言，由农业技术、资源禀赋等因素决定的农户努力绩效转化率对激励机制的效果产生的影响，取决于监管部门设定的保留绩效量约束程度。当保留绩效量较低时，联盟的目标为经济利益最大化。绩效转化率的提升意味着单位努力的边际收益增加，故而每个农户将同时付出更高的利己型努力和利他型努力以提高农业绩效产出。作为回报，新型农业经营主体也将相应增大个人绩效奖励系数以及联盟绩效奖励系数，真正把农户创造的绩效转化为他们的实际利益，提升其努力动机。然而，当保留绩效量较高时，努力绩效转化率的提高会对激励效果起反作用。因为此时对于联盟而言，完成保留绩效量是最重要目标。农户会在完成这一目标

第八章　农地多元主体利益共享联盟绩效激励机制研究

的前提下尽量降低努力成本,实现次优效益。显然,较高的努力绩效转化率正好给了其"搭便车"的机会。同时,委托方新型农业经营主体为消减激励成本,同时降低两类绩效奖励系数。因而,当政府设定较高的保留绩效量约束时,农业技术、资源等外部因素将无法对联盟的运行产生正向效果,只会提高成员的投机倾向。这在结论 3 的基础上,进一步论证了政府在农业联盟中设定合理保留绩效量的重要性,同时还需保持合理努力绩效转化率,因为监管标准过高,农户努力绩效较高的努力转化率水平不仅无益于绩效提升,还会诱发参与农户"机会主义"倾向。

结论 5　(1) 当 $\overline{A} < \overline{\overline{A_{UA}}}$ 时,在激励机制成立的条件下,γ^{UA*}、β^{UA*}、e_i^{UA*}、E_{ij}^{UA*}、$E(Y^{UA*})$ 均与 b 负相关;(2) 当 $\overline{A} > \overline{\overline{A_{UA}}}$ 时,在激励机制成立的条件下,γ^{UA1*}、E_{ij}^{UA1*} 与 b 负相关,β^{UA1*}、e_i^{TR1*} 与 b 正相关,$E(Y^{UA1*})$ 与 b 不相关。

证明:由 一阶偏导法结合结论 3 中激励机制成立的条件,得到:

$$\frac{\partial \beta^{UA*}}{\partial b} = \frac{k^2 n [(n-1)k^4 - nb^2]}{[n(k^2+b)^2 - k^4]} < \frac{k^2 n [n/(n-1) - n] b^2}{[n(k^2+b)^2 - k^4]} < 0,$$

$$\frac{\partial \gamma^{UA*}}{\partial b} = \frac{-k^2 n [(n-1)k^4 + 2(n-1)bk^2 + nb^2]}{[n(k^2+b)^2 - k^4]^2} < 0$$

$$\frac{\partial e_i^{UA*}}{\partial b} = \frac{\partial [k(\beta^{UA*} + \gamma^{UA*})/c]}{\partial b} < 0,$$

$$\frac{\partial E_{ij}^{UA*}}{\partial b} = \frac{\partial (k\gamma^{UA*}/c)}{\partial b} < 0,$$

$$\frac{\partial E(Y^{UA*})}{\partial b} = \frac{\partial \{nk[e_i^{UA*} + (n-1)E_{ij}^{UA*}]\}}{\partial b} < 0$$

$$\frac{\partial \beta^{UA1*}}{\partial b} = \frac{c\overline{A}(n-1)}{n[(n+1)b + (n-1)k^2]^2} > 0,$$

$$\frac{\partial \gamma^{UA1*}}{\partial k} = \frac{-c\overline{A}(n-1)}{n^2[(n+1)b + (n-1)k^2]^2} < 0$$

$$\frac{\partial e_i^{UA1*}}{\partial b} = \frac{k\overline{A}(n-1)^2}{n^2[(n+1)b + (n-1)k^2]^2} > 0,$$

$$\frac{\partial E_{ij}^{UA1*}}{\partial b} = \frac{-k\overline{A}(n-1)}{n^2[(n+1)b + (n-1)k^2]^2} < 0$$

证毕。

该结论表明，在低保留绩效量情景下，风险规避因子不利于 UA 激励机制的效果。在努力绩效转化率一定时，绩效产出的不确定因素越大，农户的风险的敏感程度越高，农户就将越倾向于通过降低两类努力的行为来减少绩效产出，从而有效规避风险。这将显著降低绩效激励的边际收益，导致新型农业经营主体不得不降低两类绩效激励系数以削减激励开支。因此，低保留绩效情景下，农户应对风险的外部表现为"懒惰"（同时降低利己型和利他型努力），单个农户以及联盟针对新型农业经营主体的讨价还价能力均有所下降。而在高保留绩效量情景下情况有所不同。由于此时必须保证完成保留绩效量要求，农户不可能同时降低两类努力来规避风险。随着绩效产出不确定性的增大（或风险规避心理的增强），农户的行为将是降低利他型努力而增大利己型努力，在完成保留绩效量的同时尽量把风险转移至其他农户。相应地，新型农业经营主体会提高个人绩效奖励系数而降低联盟绩效奖励系数。可见，高保留绩效情景下，农户应对风险的外部表现为"自私"（降低利他型努力，提高利己型努力），尽管不会影响绩效任务的完成，但这不利于联盟内部的协作效应。因此，除了制定合理"目标激励"（保留绩效）与保持适当努力绩效转化率外，如何稳定农业产业化联盟绩效产出，降低农户对绩效产出预期的不确定性，是"协作型"农业产业化联盟绩效激励机制实现的又一关键因素。

结论 6 当 $\overline{A} < \overline{\overline{A}}_{UA}$ 时，在激励机制成立的条件下，β^{UA*} 与 n 负相关，e_i^{UA*}、γ^{UA*}、E_{ij}^{UA*} 与 n 正相关，$E(Y^{UA*})$ 与 n 正相关；当 $\overline{A} > \overline{\overline{A}}_{UA}$ 时，在激励机制成立的条件下，γ^{UA1*}、e_i^{TR1*}、E_{ij}^{UA1*}、β^{UA1*} 均与 n 负相关，$E(Y^{UA1*})$ 与 n 不相关。

证明：由一阶偏导法结合结论 3 中激励机制成立的条件，得到：

$$\frac{\partial \beta^{UA*}}{\partial n} = \frac{-bk^6}{[n(k^2+b)^2-k^4]^2} < 0,$$

$$\frac{\partial \gamma^{UA*}}{\partial n} = \frac{bk^4(k^2+b)}{[n(k^2+b)^2-k^4]^2} > 0,$$

$$\frac{\partial e_i^{UA*}}{\partial n} = \frac{b^2k^5}{[n(k^2+b)^2-k^4]^2 c} > 0,$$

第八章 农地多元主体利益共享联盟绩效激励机制研究

$$\frac{\partial E_{ij}^{UA*}}{\partial n} = \frac{bk^5(k^2+b)}{[n(k^2+b)^2-k^4]^2 c} > 0,$$

$$\frac{\partial E(Y^{UA*})}{\partial n} = k\frac{\partial(ne_i^{UA*})}{\partial n} + k\frac{\partial(n(n-1)E_{ij}^{UA*})}{\partial n} > 0$$

$$\frac{\partial \beta^{UA1*}}{\partial n} = \frac{-bc\overline{A}[(2n-1)k^2+(2n+1)b]}{k^2 n^2[(n+1)b+(n-1)k^2]^2} < 0,$$

$$\frac{\partial \gamma^{UA1*}}{\partial n} = \frac{-c\overline{A}[(2n^2-4n+2)k^4+(4n^2-3n-2)bk^2+(2n^2+n)b^2]}{k^2 n^3[(n+1)b+(n-1)k^2]^2} < 0$$

$$\frac{\partial e_i^{UA1*}}{\partial n} = \frac{\partial([(\beta^{UA1*}+\gamma^{UA1*})/c])}{\partial n} < 0,$$

$$\frac{\partial E_{ij}^{UA1*}}{\partial b} = \frac{\partial(k\gamma^{UA1*}/c)}{\partial n} < 0,$$

$$\frac{\partial E(Y^{UA1*})}{\partial n} = 0$$

证毕。

该结论表明,当保留绩效量较低而无法约束激励机制时,"协作型"农业联盟农户数量的增大会凸显团队协作的价值,驱动新型农业经营主体主动提升联盟绩效激励系数,从而激励单个农户投入更高的利他型努力,达到增加联盟总绩效产出的目的。另一方面,农户数量增加也意味着竞争开始加剧,新型农业经营主体有机会适当降低个人绩效激励系数以节约激励成本。但由于农户的利己型努力并不会随之下降,因为他们同样可以通过提高利己型努力来增大总绩效,从而获得更高的联盟绩效奖励收益。因此,保留绩效量较低时,农户的两类努力投入程度、新型农业经营主体设置的联盟绩效激励系数以及总绩效产出与农户数量正相关,个人绩效奖励系数则负相关。当保留绩效量较高且成为联盟首要目标时,吸收更多的农户加入能有效分担单个农户的绩效任务。因此,农户的利己型和利他型努力投入程度均随农户数量的增加而下降,其获得的个人绩效奖励和联盟绩效奖励系数也均随之减少。这说明,农户参与人数对"协作型"农业联盟绩效激励机制的影响,受到保留绩效量的调节作用。因此,实践中新型农业经营主体为实现联盟总绩效产出最优目标,应依据监管部门设定的保留绩效量,确定"协作型"农业联盟参与农户数量。

结论 7　对比 UA 和 NA 两种激励机制的效果：（1）当 $\bar{A} < \min(\overline{\overline{A_{UA}}}, \overline{\overline{A_{NA}}})$ 时，有 $E(Y^{UA*}) > E(Y^{NA*})$，$NCA^{UA*} > NCA^{NA*}$，$e^{UA*} > e^{NA*}$，$\beta^{UA*} > \beta^{NA*}$；（2）当 $\bar{A} > \max(\overline{\overline{A_{UA}}}, \overline{\overline{A_{NA}}})$ 时，有 $E(Y^{UA1*}) = E(Y^{NA1*})$，$NCA^{UA1*} > NCA^{NA1*}$，$e^{UA1*} < e^{NA1*}$，$\beta^{UA1*} < \beta^{NA1*}$。

证明：由表 1 和表 2 中相关变量表达式，用做差法得到：

$$E(Y^{UA*}) - E(Y^{NA*}) = \frac{nk^4[(n-1)k^2+nb]^2}{c[n(k^2+b)^2-k^4](k^2+b)} > 0,$$

$$NCA^{NA*} = \frac{E(Y^{UA*}) - E(Y^{NA*})}{2} > 0,$$

$$e^{UA*} - e^{NA*} = \frac{bk^3[(n-1)k^2+nb]}{c[n(k^2+b)^2-k^4](k^2+b)} > 0,$$

$$\beta^{UA*} - \beta^{NA*} = \frac{-k^4[(n-1)k^2+nb]}{[n(k^2+b)^2-k^4](k^2+b)} < 0,$$

$$e^{UA1*} - e^{NA1*} = \frac{-(n-1)\bar{A}[(n-1)k^2+nb]}{kn^2[(n-1)k^2+(n+1)b]} < 0,$$

$$\beta^{UA1*} - \beta^{NA1*} = \frac{-c\bar{A}[(n-1)k^2+nb]}{nk^2[(n-1)k^2+(n+1)b]} < 0,$$

$$E(Y^{UA1*}) - E(Y^{NA1*}) = 0,$$

$$NCA^{UA1*} - NCA^{NA1*} = \frac{c\bar{A}^2[(n-1)k^2+nb]^2}{2n^2k^4[(n-1)k^2+(n+1)b]} > 0$$

证毕。

该结论表明，UA 激励机制下联盟的总绩效产出一定不会低于 NA 激励机制，并且委托方新型农业经营主体在 UA 激励机制下获得的期望经济利益一定高于 NA 激励机制。也就是说，无论农业监管部门设置的保留绩效量是否会影响激励机制，新型农业经营主体始终有实施 UA 激励机制以维持协作联盟的经济动机。当保留绩效量较低时，一方面，农户间协作效应所带来的绩效增量会抵消其实施联盟绩效奖励支出的成本；另一方面，UA 机制也能激发农户付出高于 NA 机制的利己型努力，这也为新型农业经营主体降低个人绩效奖励成本带来了空间。因此，新型农业经营主体偏好于 UA 机制。当保留绩效量较高时，尽管 UA 机制下农户个人的利己型努力低于 NA 机制，但

第八章 农地多元主体利益共享联盟绩效激励机制研究

仅凭农户间的协作型努力就能很好地完成保留绩效量目标。由于两种模式下的实际绩效产出均等价于保留绩效量，新型农业经营主体在个人绩效奖励支出方面节省的成本要高于联盟绩效奖励增加的支出，故而新型农业经营主体仍然将偏好于 UA 机制。可见，无论从农业联盟绩效产出方面，还是重新型农业经营主体的经济利益方面考量，UA 机制均优于 NA 机制。因此，综合绩效奖励成本与绩效产出收益考虑，"协作型"农业产业化联盟绩效激励机制是新型农业经营主体更优选择，更有助于其实现正向经济价值收益。

8.4 数值仿真分析

鉴于模型结果的复杂性，本部分进一步采用数值仿真的方式探讨 UA 激励机制对于新型农业经营主体经济利益的价值（即两种机制下新型农业经营主体经济利益之差）如何受绩效努力转化率 k、农户数量 n、风险规避因子 b 等重要参数的影响，并研究 UA 激励机制是否同时有利于代理方农户的期望经济利益。根据研究团队对某地农户联盟开展农业生产的前期调研结果，设定基本参数 $b=0.4$，$c=0.2$，$\overline{S}=0.1$。首先做出 $\overline{A}<\min(\overline{\overline{A_{UA}}}, \overline{\overline{A_{NA}}})$（即保留绩效量不影响激励机制）时 $n=5$，$n=10$，$n=15$，三种情况下 k 和 b 对 $NCA^{UA*}-NCA^{NA*}$ 的影响曲线，如图 8-2 至图 8-3 所示。然后做出 $\overline{A}>\mathrm{mac}(\overline{\overline{A_{UA}}}, \overline{\overline{A_{NA}}})$（即保留绩效量影响激励机制）时 $n=5$，$n=10$，$n=15$，三种情况下 k 和 b 对 $NCA^{UA*}-NCA^{NA*}$ 的影响曲线，如图 8-4 至图 8-5 所示。

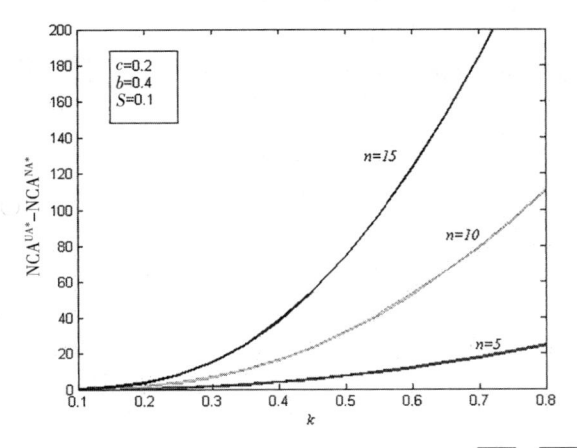

图 8-2 k 对 $NCA^{UA*}-NCA^{NA*}$ 的影响（$\overline{A}<\min(\overline{\overline{A_{UA}}}, \overline{\overline{A_{NA}}})$）

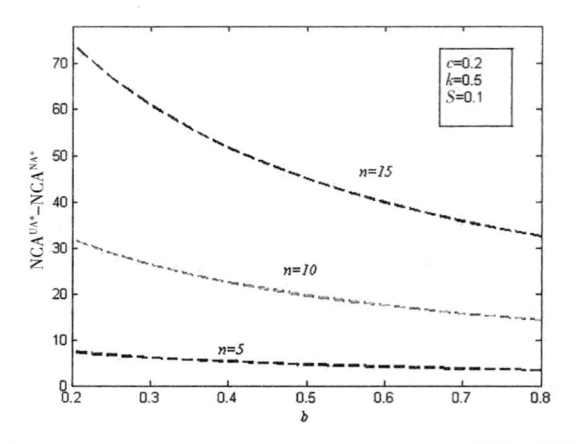

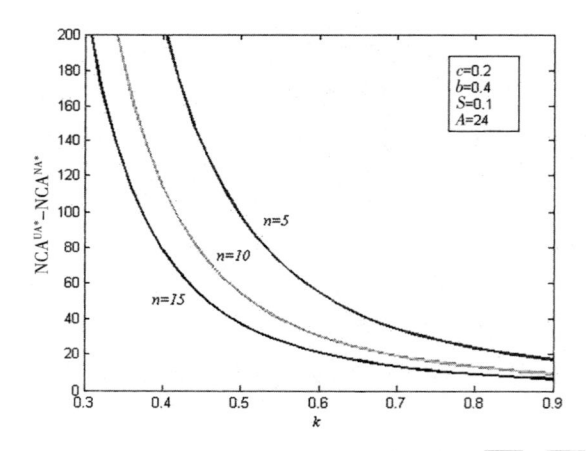

图 8-3　b 对 $NCA^{UA*} - NCA^{NA*}$ 的影响（$\bar{A} < \min(\overline{\overline{A_{UA}}}, \overline{\overline{A_{NA}}})$）

图 8-4　k 对 $NCA^{UA*} - NCA^{NA*}$ 的影响（$\bar{A} > \max(\overline{\overline{A_{UA}}}, \overline{\overline{A_{NA}}})$）

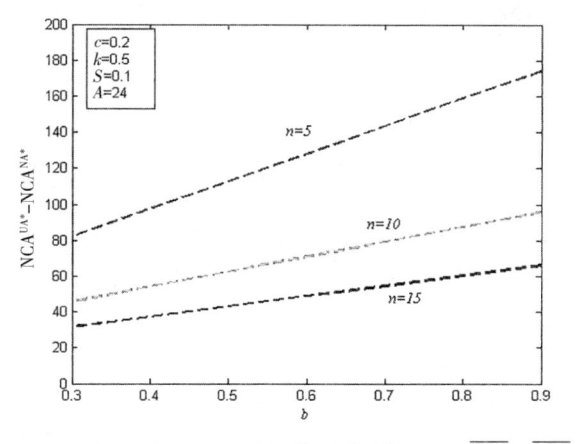

第八章 农地多元主体利益共享联盟绩效激励机制研究

图 8-5 b 对 $NCA^{UA*} - NCA^{NA*}$ 的影响($\overline{A} > \max(\overline{\overline{A_{UA}}}, \overline{\overline{A_{NA}}})$)

由图 8-2～8-5 可见，所有的价值曲线都位于 0 轴上方，表明无论保留绩效量大小，UA 激励机制对新型农业经营主体的经济价值始终为正。这进一步验证了结论 7。图 8-2 和图 8-3 中，不同 n 下新型农业经营主体几条价值曲线随 k 的增大呈发散扩张趋势，随 b 的增大呈聚合收缩趋势。并且 n 值越大，价值曲线位置越高。这表明，在低保留绩效量情景下，UA 机制对新型农业经营主体的经济价值随努力绩效转化率的增大以及农户数量的增加而提升，随风险规避因子的增大而下降。换而言之，相对于 NA 机制，UA 机制下农户间的协作效应能进一步强化农业技术、资源等外部因素以及参与农户数量对新型农业经营主体经济利益的贡献，弱化农户风险规避以及不确定性因素带来的不利影响。对于新型农业经营主体而言，在努力绩效转化率较高、农户较多且风险规避心理较低的环境下实施 UA 机制是最佳选择。由图 8-4 和图 8-5 可见，高保留绩效量情景下，三个参数对新型农业经营主体经济价值的影响正好相反。努力绩效转化率越高，农户数量越多，UA 机制实现的经济价值越低，而风险规避因子的提升反而能增大这一价值。究其原因，当农业监管部门设置过高的保留绩效量目标而使联盟农户"疲于奔命"时，协作效应的存在可以使农户有机会从资本、技术、规模化经营等优势资源中搭便车，降低努力成本，不利于 UA 机制价值的实现。此时，农户的风险心理反而能激发其投入更高的利己型努力以完成保留绩效目标(结论 5)，一定程度上提升了

UA 机制对新型农业经营主体的经济价值。

农业联盟的价值本质上是由代理方农户所创造，农户的经济动机值得探讨。故而最后研究 UA 机制对单个农户的经济价值（即两种机制下农户的期望经济收益之差）。仍然沿用以上基本参数，分别作出低保留绩效量和高保留绩效量下 $E(\pi_i^{UA*})-E(\pi_i^{NA*})$ 随 k 和 b 变化的趋势图（考虑 $n=5$，$n=10$，$n=15$，三种情况）。结果如图 8-6 至图 8-9 所示。

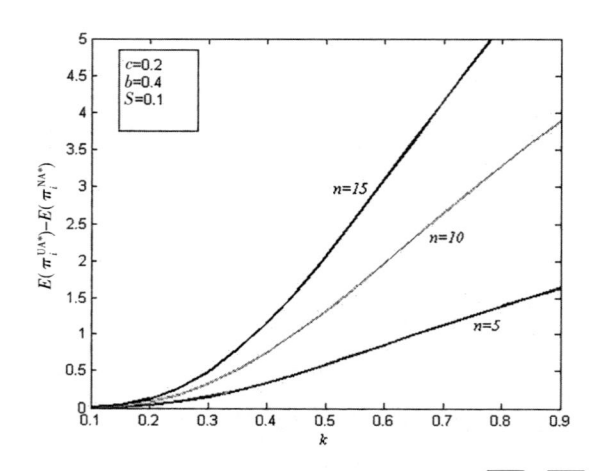

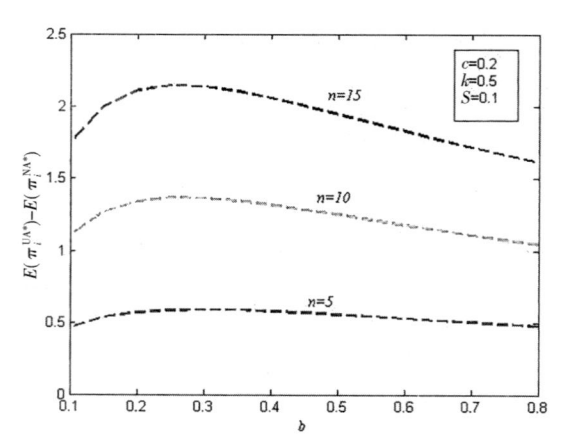

图 8-6 k 对 $E(\pi_i^{UA*})-E(\pi_i^{NA*})$ 的影响（$\bar{A}<\min(\overline{\overline{A_{UA}}},\overline{\overline{A_{NA}}})$）

图 8-7 b 对 $E(\pi_i^{UA*})-E(\pi_i^{NA*})$ 的影响（$\bar{A}<\min(\overline{\overline{A_{UA}}},\overline{\overline{A_{NA}}})$）

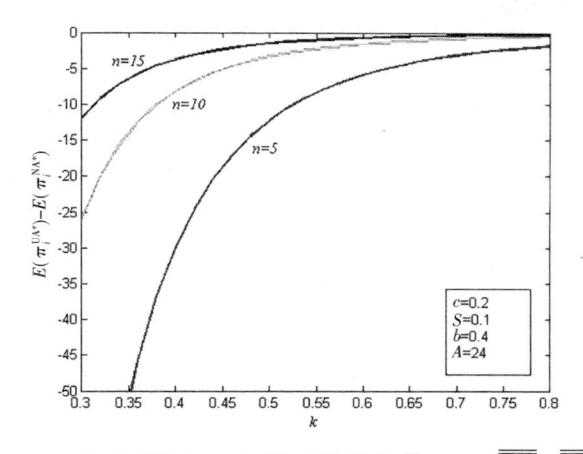

第八章 农地多元主体利益共享联盟绩效激励机制研究

图 8-8 k 对 $E(\pi_i^{UA1*}) - E(\pi_i^{NA1*})$ 的影响($\bar{A} > \max(\overline{\bar{A}_{UA}}, \overline{\bar{A}_{NA}})$)

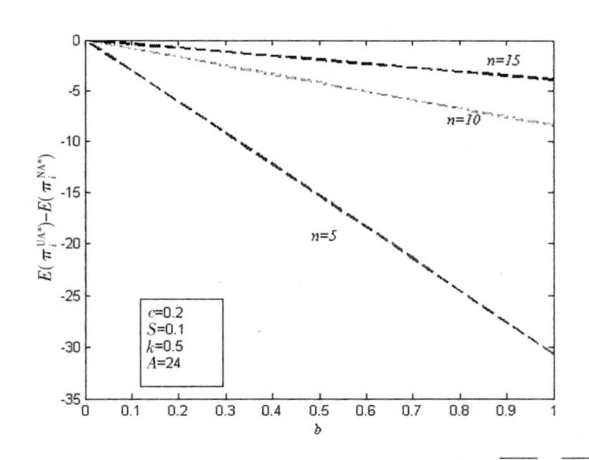

图 8-9 b 对 $E(\pi_i^{UA1*}) - E(\pi_i^{NA1*})$ 的影响($\bar{A} > \max(\overline{\bar{A}_{UA}}, \overline{\bar{A}_{NA}})$)

由图 8-6 和图 8-7 可以看出，低保留绩效量情景下，$E(\pi_i^{UA*}) - E(\pi_i^{NA*})$ 曲线位于 0 轴上方，说明 UA 激励机制下单个农户的期望经济利益高于 NA 机制。这是由于农户不仅从 UA 机制中得到了额外的联盟绩效奖励，所得的个人绩效奖励也不低于 NA 机制（结论 7）。因此，UA 机制实现了新型农业经营主体和农户的利益"双赢"，双方有形成农业协作联盟的一致性内在动力。进一步观察几条价值曲线的形状和位置关系可知，努力绩效转换率越高，参与农户的数量越大，UA 机制对单个农户的经济价值就越大。可见，农户规模数量边际效率递减规律在 UA 机制中并不适用，其根源在于规模数量的增大能有效提升农户联盟对新型农业主体的讨价还价能力。同时可见，随着风险因子 b 的增大，UA 机制实现的农户经济价值呈先上升后下降趋势（图 8-7），说明低保留绩效量下，资本、技术、土地、联盟规模等外部因素对两种激励下农户所得绩效奖励的差异性影响是确定的，而农户的风险规避心理这一内生因素的影响则存在不确定性。从图 8-8 和图 8-9 可见，高保留绩效量情景下，$E(\pi_i^{UA1*}) - E(\pi_i^{NA1*})$ 曲线始终位于 0 轴下方，并且随着 k 的增大呈发散上升趋势，随着 b 的增大呈发散下降趋势。并且，n 越大，曲线位置越高。这说明，当农业监管部门设置的保留绩效量较高而对激励机制效果产生影响时，UA 机制不利于单个农户价值的实现。因为在奋力完成保留绩效量任务的前提下，农户间协作效应的存在会使新型农业经营主体降低个人绩效奖励系数以节约成本。因此，农户获得的个人绩效奖励收入将会大大低于 NA 机制。故而，农业监管部门设置过高的保留绩效量会使得农户和新型农业经营主体的模式偏好产生冲突（前者偏好 NA 机制而后者偏好 UA 机制）。进一步分析，努力绩效转化率的提高，参与农户数量的增大有助于弱化 UA 机制的劣势。因为单个农户会由于技术、土地、联盟规模的优化而有机会降低利己型努力，节约努力成本（结论 4 和结论 6）。而风险规避因子的增大会提高农户的利己型努力成本（结论 5），将进一步放大 UA 机制在实现农户经济利益方面的弱势。

8.5 本章小结

本研究采用委托代理模型，研究了由一个新型农业经营主体和多个农户组成农业协作联盟的前提下条件及绩效激励机制。假设单个农户通过付出利己型和利他型两类农业努力来提高联盟绩效产出，并且农业监管部门设置一定的保留绩效量约束。分别建立并求解了新型农业经营主体基于联盟总绩效产出的激励机制模型（UA）以及基于单个农户个人绩效产出的激励机制模型（NR），运用数理分析及数值仿真等方法对模型结果进行分析，探讨了农户努力绩效转化率，参与农户数量以及风险规避因子等因素对激励机制的影响，并对两种激励机制的效果进行了对比分析。研究发现：

（1）UA 激励机制是农业联盟转变为"协作联盟"的必要条件，因为农户间

第八章 农地多元主体利益共享联盟绩效激励机制研究

的协作型（利他型）努力行为只有在该机制下才会存在，而 NA 激励机制下农户仅付出利己型努力。

（2）无论实施 UA 还是 NA 机制，只有当农业监管部门设置的保留绩效量超过一定阈值时，该绩效量才会对激励机制的效果产生正向影响，形成目标激励。此时，联盟的首要任务是完成保留绩效量。否则，联盟自身的绩效产出能轻松完成这一目标，联盟将进一步追求利润最大化。

（3）在低保留绩效量情景下，农户投入的利己型、利他型努力程度，新型农业经营主体设置的个人绩效激励以及联盟绩效激励系数以及联盟的整体绩效产出均与努力绩效转化率正相关，与风险规避因子负相关。参与农户数量的增加尽管也会提升单个农户的两类努力程度以及联盟的总绩效产出，但会为新型农业经营主体降低个人绩效激励系数创造机会。

（4）在高保留绩效量情景下，双方会在完成任务的前提下尽量节约成本。因此，努力绩效转换率的增大以及农户数量的增加会降低两类努力程度以及两类绩效奖励系数。风险规避因子的增强会促使农户投入更高的利己型努力，但会降低其利他型努力，呈现出自私特征。

（5）UA 激励机制下的新型农业经营主体期望经济利益始终高于 NA 机制，而只有在低保留量情景下，UA 激励机制的农户期望收益才会高于 NA 机制。此时，UA 机制实现的双方经济价值（即两种激励机制期望经济收益之差）均随努力绩效转化率的增大以及参与农户数量的增加而提升，随风险规避因子的增强而降低。高保留绩效量情景下，农户将更偏好于 NA 机制。此时，农户数量的增大有助于弱化 UA 机制在单个农户经济利益方面的劣势。

根据以上结论，得到的管理学启示有：

（1）在实践中应积极引导新型农业经营主体建立基于协作型农业联盟的总绩效激励机制，以激发参与农户的协作积极性；

（2）政府应合理利用"目标激励"的指挥棒引导农业联盟的行为，促进农业绿色高质量发展，同时避免因监管机制缺失或监管标准过低，使农业产业化联盟主体片面追求利益最大化而采取不利于农业生态可持续发展的短期化行为；

（3）政府监管中设定合理保留绩效量对于农业产业化联盟绩效提升具有重

要作用，同时还需引导农户保持合理努力绩效转化率水平；此外，如何稳定农业产业化联盟绩效产出，降低农户对绩效产出预期的不确定性，是协作型农业产业化联盟绩效激励机制实现的又一关键因素；

(4)实践中新型农业经营主体为实现联盟总绩效产出最优目标，应依据监管部门设定的保留绩效量，确定协作型农业联盟农户参与数量；

(5)综合绩效奖励成本与绩效产出收益考虑，协作型农业产业化联盟绩效激励机制是新型农业经营主体更优选择，更有助于其实现正向经济价值收益。

本研究可以从以下几个方面进行后续研究：

(1)本研究基于所有农户的同质性假设，可进一步分析农户异质性的情况；

(2)考虑委托方新型农业经营主体为风险中性，代理方农户为风险规避型情况，实际农业产业化联盟生产经营过程中，委托方与代理方存在不同风险类型，后期可进一步研究新型农业经营主体与农户具有风险偏好时的激励机制；

(3)本文的激励机制主要基于委托代理这一理论框架，可进一步对研究结论进行实证检验。

第九章　乡村振兴中农地多元主体利益共享的演化机理与实现路径

农村土地制度作为基础性的经济制度，在农村改革与社会经济发展中发挥着重要的引领性作用。改革开放以来，乡村由衰落走向振兴正是一条以农地产权制度变革为主线的独具中国特色社会主义的农村发展道路模式探索之路。其中隐含了在乡村发展历程中农地多元主体间的利益关系的演化，因此有必要从农地制度变迁与乡村发展的历史纵向维度，探寻乡村振兴中农地多元主体间利益共享形成机理与实现路径。为此，本章将从一个具有典型代表性的村庄成长视角，以农地制度改革变迁为主线，通过探索性典型案例分析，梳理中国农村改革 40 年乡村从贫困落后到振兴发展历程中农地产权制度及其主体利益关系的演变脉络，并从案例剖析中揭示以农地制度改革为支撑、以农业产业发展为动力、以乡村人才成长为依托的农地多元产权主体利益共享的实现路径，以期为正处于城乡融合发展与农村经济转型的国家和地区提供经验依据。

9.1　文献梳理

9.1.1　乡村振兴的背景梳理

村庄作为广阔地域和历史发展中稳定存在的一种时空坐落，既传承着千年农耕文明，又扮演着重要的社会角色。然而，随着新冠病毒等流行病对世界经济的巨大影响以及反全球化、气候变化和粮食不安全的挑战，农村地区在经济、政治和自然冲击方面比城市更脆弱（Chen et al., 2020；Mathy,

2007），农村衰落正成为日益突出的全球性问题（Yin et al.，2019）。全球农村人口占比从 1960 年的 66.39% 下降到 2018 年的 44.73%，同期中国从 83.80% 下降到 40.85%（World Bank，2019）。农村人口的快速大规模减少表明，随着农村劳动力和青年向城市地区迁移，世界各地的村庄和农场正在消减（Liu & Li，2017）。这一趋势直接导致农村经济衰退日益突出，反映了农村人才严重外流、劳动力短缺、当地市场萎缩和经济低迷（Carr and Kefalas，2009；Li et al，2016；Markey et al.，2008）。

乡村振兴是对一系列"乡村病"的政策应对，包括村庄空心化、环境污染、农业弱化和农村贫困等（Liu，2018）。在过去几十年来里，中国一直在持续探索乡村振兴之路。特别是 1978 年中国改革开放给乡村面貌带来了历史性的变化，有力地支持了国民经济和社会的深刻变革（Scott Rozelle et al.，1997）。国际经验表明，当一个国家的城市化率超过 50% 时，资金、技术、管理等要素将向农业部门转移（Li et al.，2012）。这种趋势出现在 1950 年代的美国和 1970 年代的欧洲工业化国家，以及日本、澳大利亚和俄罗斯等（Champion，1989；Knight，2016）。以美国、日本、加拿大、德国为代表的国家探索了许多农村发展的成功模式，以缩小城乡差距、促进乡村振兴（Goetz et al.，2018；Moser et al.，2018；Onitsuka and Hoshino，2018）。然而，如何实现乡村全面振兴对于多数发展中国家和地区乡村，依然是当前社会经济发展中面临的主要挑战。中国在 2011 年城镇化率超过 50%，到 2021 年底达到 64.72%[①]，当前已进入城乡融合发展新阶段，乡村振兴战略的实施切合时宜。党的十九大报告首次提出实施"乡村振兴战略"，从 2017 年至 2022 年中央连续五年的一号文件均围绕这一战略目标展开，旨在促进乡村全面振兴与共同富裕目标实现。

9.1.2 乡村振兴中农地多元主体利益共享的路径研究

乡村振兴既是一项复杂的系统工程，同时也是一个涉及农业经济学、乡村地理学、乡村社会学与生态学、乡村行政学等多学科交叉学科的科学体系

---

① 参加《中华人民共和国 2021 年国民经济和社会发展统计公报》，http：//www.stats.gov.cn/tjsj/zxfb/202202/t20220227_1827960.html。

第九章 乡村振兴中农地多元主体利益共享的演化机理与实现路径

(Cloke，2017；Terluin，2003)。既有文献主要从农村发展经济学、农村地理学和农村社会学等多学科视角，对乡村振兴多元主体利益共享实现路径进行了剖析。

一些学者借助发展经济学的理论方法诠释了乡村振兴之道。首先，城乡融合被广泛认为是带动乡村振兴的重要途径(Deininger et al.，2020；Liu et al.，2016)。在城乡一体经济发展中，农业现代化、制造业和服务业的发展可以使城乡地区的工人和消费者受益(Steiner and Fan，2019)。乡村振兴的第二条发展路径是"乡村-产业融合"。乡村产业一体化的思想起源于美国学者Rosenberg(1963)的研究，在其他文献中也有不同的表述，如"农业产业一体化"(Aboah et al.，2021)、"三产融合"(Zhao et al.，2017)以及"六级产业"的实践(Shigehito，2012)，其主要思想是促进农业生产向二、三产业延伸，形成完整的产业链提升。此外，其他研究也探讨了土地制度改革、农村创新、农业现代化和精准扶贫等振兴举措(Yin et al，2019)。

基于现代地理学的视角，部分学者提出地理学为"三农"服务思想(刘彦随，2019；吴传钧，1991)，且已有研究主要集中在乡村振兴规划(Hu et al.，2019)、乡村分类体系(Li et al.，2020)、乡村改造与改造(Long et al..，2019)和农村生产空间系统（Wang et al.，2021)等方面。例如，刘彦随(2019)提出要更加注重探索人地系统耦合、城乡发展一体化、村庄功能匹配的主要理论和科学途径。地理学视角下的乡村振兴研究也阐释了新时期乡村科学的前沿问题和技术需求。

从社会学的角度来看，以往的研究表明了乡村振兴的三个主要路径。一是基于社区理论(Ferdinand，1957)，提出建设乡村治理共同体(贺海波，2021)和乡村产业共同体(曾维和、咸鸣霞，2019)。二是基于治理的概念(Eisenhardt and Graebner，2007)。农村治理被认为是实现减贫和可持续发展的重要途径(Grindle，2004)。秦中春(2020)认为，农村治理的关键是解决人三方面问题，包括精神思想、社会管理和公共服务。三是从文化、教育和生态环境的角度，提出包括举办乡村艺术节(Sarale et al.，2020)、发展多才多艺教育(Li et al.，2019；Liu et al.，2019)、设计生态村（Kazuhiko，1998)，以及研究环境友好型土地利用与乡村振兴之间的关系(Wang et al.，2019)等具体实现路径。

目前关于乡村振兴战略政策背景、内涵及演化发展路径等方面研究较为丰富，为本研究奠定了理论基础，但较少关注乡村从衰落到振兴演化中农地多元主体如何实现利益共享。独具中国特色的乡村经济发展中农地制度改革是不可忽视的重要驱动力，以农地制度变迁为脉络，探明乡村振兴演化过程中农地多元主体利益共享实现机理与路径，有助于从理论与实践运用层面为深化三权分置改革，促进乡村振兴与共同富裕目标实现提供决策参考。因此，本文将从一个典型村庄案例改革开放四十年的成长历程出发，试图通过探索性案例分析，解构其背后的演化机理，探究乡村振兴中农地多元主体利益共享的实现路径，进而建立乡村振兴过程中的农地多元主体利益共享演化路径模型。

9.2 乡村振兴中农地多元主体利益共享形成机理分析框架

本质上，乡村振兴是乡村发展中的内外因素相互影响作用的过程(Li et al.，2019)。在乡村振兴过程中，农地多元主体利益共享的达成是乡村不同发展阶段内生驱动因素、外生驱动因素、交互驱动因素共同作用的结果。基于内生增长理论，有研究表明乡村人才、土地利用和产业发展是乡村振兴的核心要素(Terluin，2003)。以乡村干部、能人为代表的乡村精英，是乡村发展的主要参与者，在激发和整合乡村内外部资源中起到了关键作用(Li et al，2019；Onitsuka and Hoshino，2018)。土地整治因其在社会、经济和生态方面兼具了多重效益，在促进乡村振兴中也越来越备受重视(Zhou et al.，2020)。Wang et al.(2019)研究认为和谐生态环境与乡村振兴处于较高耦合度水平。乡村产业发展被认为是乡村振兴的重要内生动力，如发展有机农业(Śpiewak 和 Jasiński，2020)、建立村镇企业(Li et al.，2019a)、建设现代农业产业园区、三产业融合等(Li et al.，2019b)。此外，根据赫希曼理论(Hirschman's theory)，Li et al.(2016)揭示了自下而上的乡村振兴举措，包括村委会和村庄利益相关者的自组织行动，在乡村建设中发挥着重要作用。外生乡村发展理论探讨了外生因素对乡村发展的决定性作用，同样适用于乡村振兴研究。研究表明，关键的外生因素包括政府干预或政策、社会资本

第九章 乡村振兴中农地多元主体利益共享的演化机理与实现路径

(Nugrahani et al.，2019；Wu and Liu，2020)以及国家的影响力(Gao，2017)。此外，由技术创新、制度与管理创新、社区网络、中介平台创新组成的创新体系，也是实现乡村振兴的重要外部支撑(Yin et al.，2019)。

实际上，结合内外部力量驱动的农村综合发展理论更符合研究趋势(Li et al.，2019；Marsden，2010；Terluin，2003)。既有经验表明，乡村发展的基础是内部和外部驱动力的整合与协调，要素之间的互动关系形成与网络空间的和谐共存(Li et al.，2019)。立足于乡村综合发展理论(Li et al.，2019；Terluin，2003)，本文将乡村演化的影响因素重新定义为"转折性""关键性"和"诱致性"动因，按照"原因－行为－结果"这一普适性事物发展演化逻辑，构建乡村振兴演化中农地多元主体利益共享形成机理的分析框架(图9-1)。重点识别村庄从"求生存—渐成长—促发展"各阶段中三种动因影响作用，以期揭示乡村振兴中农地多元主体利益共享的形成机理。具体而言，转折性动因则是政策或制度变迁为乡村发展带来的机遇与空间，主要是来自外生因(如制度改革、政策干预等)的作用与影响，如农地制度改革创新为激活农村土地要素，带动乡村产业与经济发展，促进农地多元主体利益共享实现提供了强有力的制度支撑。关键性动因是对乡村阶段性发展起主导和决定性作用的影响因素，通常为内外因共同作用的结果，如乡村主导产业形成与发展。诱致性动因是村集体成员内部自发形成推动力诱发村庄变迁，其动因源于内生性因素，如以乡村精英为主导带动村庄土地、劳动力、技术及资本等多种资源整合、优化利用。接下来，本研究将根据这一理论分析框架，结合案例村庄不

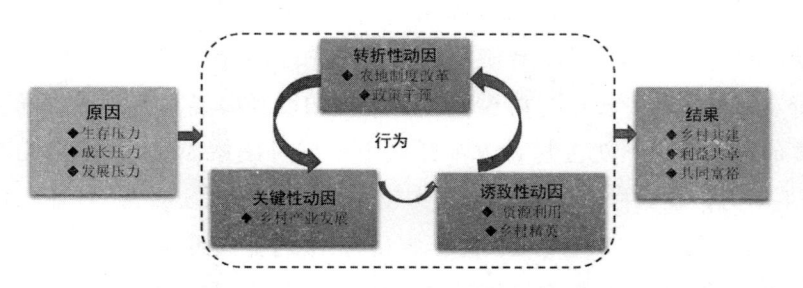

图9-1 乡村振兴中农地多元主体利益共享形成机理分析框架

同阶段发展实践与典型探索性案例证据链分析，识别乡村振兴演变中的三类

关键影响因素，从而揭示乡村脱贫、致富到振兴演化中农地多元主体利益共享形成机理与实现路径。

9.3 研究方法

9.3.1 方法选择

本研究选取探索性案例研究方法，主要原因是：第一，研究问题所属范畴。本文核心探讨"乡村振兴过程农地多元产权主体利益共享演化机理及路径是什么"和"为什么呈现这样的演变规律与成长路径"，属于"how"和"why"问题的范畴，并且乡村振兴是一个动态演变过程与现象呈现，而采用探索性案例研究有助于理解这一特定现象背后产生动力、机理(Yin，2002)。第二，研究问题的抽象性。本研究中所涉及乡村成长路径与乡村振兴演化逻辑的概念具有抽象性，需要通过案例素材及数据资料进行解构剖析。第三，研究问题的未知性。由于已有研究中，缺乏对乡村振兴演变中农地多元主体利益共享的驱动因素、内在机理与实现路径的研究，采用探索性单案例研究方法更有助于聚焦典型村庄成长演变轨迹，结合背景情景因素做深入描绘和解读，有助于揭示复杂现象背后的演化规律(Eisen-hardt & Graebner，2007)。

9.3.2 案例村庄选取

本研究选取江苏省常州市武进区跃进村作为案例研究对象，案例选取遵循典型性原则(Patton，1987)。选择该村的主要原因有：第一，跃进村曾经面临贫困落后、生态恶化、社会矛盾丛生等综合性系统危机，此类问题在乡村发展过程中具有很强的代表性。因为任何村庄如果没有紧跟时代、以政策为导向、以改革动力，在机遇与挑战中成长，都会遇到系统性危机问题。第二，跃进村是典型的借助农地制度改革实现振兴的农业村庄，与依靠工业或工商资本下乡带动乡村振兴的模式有着鲜明的路径差异。而对于中国多数以农为本的村庄而言，跃进村在改革开放中依靠村集体成员（农地多元产权主体）内生动力，在农村制度改革创新中逐步成长，基本实现了"产业兴旺、生态宜居、乡风文明、治理有效、生活富裕"的乡村振兴发展目标，其成长轨迹与演变路径对乡村振兴典型案例研究更具有较强的典型性与示范意义。第三，1978年至今，跃进村经历翻天覆地变化。从1978年以嘉泽公社为集体平均每

第九章 乡村振兴中农地多元主体利益共享的演化机理与实现路径

人分配收入 91 元①,到 2018 年村民人均纯收入约 3 万元,较同期全国农村居民人均可支配收入高出约 50%。跃进村先后获得江苏省新农村建设先进村、江苏省管理民主示范村、江苏省卫生村、十佳花园村、江苏省三星级康居村、常州市电子商务示范村、江苏省电子商务示范村等一系列荣誉,基于该村变革历程总结提炼的农地多元主体利益共享形成机理与实现路径对其他地区具有一定参考意义。

9.3.3 数据资料收集

1. 案例数据来源及收集方式

为提高案例研究的信度与效度(Yin,2013),本研究于 2018 年 6 月至 2018 年 12 月对跃进村进行了多次调研活动,并采用了非正式访谈、半结构化访谈、焦点访谈、现场观察和二手资料收集等多种方法进行案例数据资料收集,为村庄成长演化机理阐释提供更丰富、可靠的经验证据链。主要资料来源包括(见表9-1):(1)村庄档案资料,如村庄年度总结、村史纪要、区县对该村的工作考察报告与总结、农业部门的相关内刊资料、村委会工作会议记录等;(2)对往届和现任村委会村部、成员及村内德高望重的长者半结构式访谈及深度访谈;(3)通过参加村民小组、村委会会议等活动进行参与式观察、记录;(4)村委会成员提供或认可的媒体访谈记录及相关新闻报道材料;(5)其他非正式的信息获取渠道,如电子邮件及观察等。

表 9-1 案例资料来源及编码

数据来源	名称	数量	编码
一手资料	通过深度访谈获得的资料	20	F1
	通过非正式访谈获得的资料	16	F2
二手资料	村庄档案资料	13	S1
	村委会工作会议记录	5	S2
	村委工作报告或总结材料	10	S3
	关于村庄改革的相关政策文件	24	S4
	村委提供或认可的媒体访谈资料	7	S5
	村委提供或认可的外部研究文献资料等	11	S6

---

① 资料来源于:嘉泽镇志第 257 页,《1958—1983 年嘉泽公社(乡)经济分配情况表》。

2. 半结构化访谈数据

本研究案例素材主要采用半结构化深度访谈获取。课题组曾多次参与常州市武进区农村产权制度改革试验的咨询项目,为本次调研提供了便利,课题组对武进区跃进村多个主体进行了半结构化访谈调查。考虑跃进村依托改革促发展的核心思路是聚力于乡村产业发展与农地制度改革,结合研究主题和样本村庄特征,半结构访谈调研对象主要选取了两类群体(表9-2):(1)参与村庄改革与发展的相关行政人员,包括曾经或目前参与乡村治理、村庄改革、产业发展规划制定的区、乡镇、村委往届和现任相关负责人为主要访谈对象,共18人;调查内容包括:围绕跃进村产业发展历程、土地制度改革历程、村集体经济组织发展历程、村土地利用情况、村委会成员构成及发展现状、村域发展规划、村风建设、生态环境保护、村民生活状况等。(2)村民代表,包括苗木种植户和苗木经纪人的带头人,家庭农场、农民专业合作社、农地股份合作社、涉农企业组建的发起人,小手工、小作坊工厂等乡村工业带头人等,共计20人;调查内容涉及:苗木种植业、乡村工业、农民合作组织等发展历程,各代表成员自身成长历程、经济状况及其所观察到的村庄发展变化,对村庄发展规划与制度改革的认知与评价等。

半结构化访谈过程共分3个阶段。第一阶段:主要是课题组与常州市武进区委农村工作办公室、嘉泽镇及跃进村相关负责人进行了集体会议访谈和部分单独访谈,结合预先准备的访谈提纲,进行开放式提问交流,进一步明确研究问题。通过对访谈获取资料分析发现,跃进村在改革中快速脱贫,并形成了一个开放式的村庄良性生态系统尤其值得研究。第二阶段:围绕第一阶段凝练出的主要问题,为探明跃进村乡村振兴发展历程,课题组分别对村委会干部、成员进行深度访谈,从中搜集有关村庄不同发展阶段的主要事件及其影响的具体信息。第三阶段:向武进区农业农村工作主管部门进行跃进村发展历程梳理汇报,确认所收集的资料信息的可靠性和准确性,访谈了解他们对跃进村多年改革发展的经验,并总结和概述。

第九章 乡村振兴中农地多元主体利益共享的演化机理与实现路径

表 9-2 调研访谈的核心内容与人员情况

序号	职位与人数	访谈内容	访谈频次	时长
专题座谈会					
1	区委农村工作办公室主任、副主任(2人)	区域乡村经济发展、本地区乡村振兴工作现状、成效与创新举措、农村产权制度改革、对跃进村发展评价与理解	4	225分
2	区委农村工作办公室分管工作科长、乡镇书记、镇长(4人)	跃进村发展总体现状与评价、农地制度改革试点工作情况与评价、产业发展、村风建设、生态环境保护与村民生活状况等	4	210分
3	往届及现任村支部书记、村主任(4人)	跃进村发展总体思路与发展历程、村庄发展阶段性关键事件和人物介绍、农地制度改革试点举措、产业发展、村风建设、生态环境保护与村民生活状况等	3	192分
4	村委会成员(6人)	跃进村发展阶段性关键事件和人物介绍、农地制度改革过程、产业发展、村风建设、生态环境保护与村民生活状况等	2	139分
半结构访谈					
5	农地股份合作社理事会人员(4人)及社员(6人)	跃进村农地股份合作社发展情况、人员构成、经营绩效、运行机制与利益分配机制等	3	195分
6	苗木种植户(4人)	对乡村产业发展的认识、对本村产业政策的了解情况、苗木经纪人的从业经历、对花木产业利益分配的了解情况等	1	95分
7	其他村民代表(6人)	对本村发展的总体认识、对本村农地制度改革的态度、对本村的村风文明建设、生态环境保护与村民生活状况等方面的认识	1	212分

9.3.4 数据分析

数据资料分析采用扎根理论方法,按照开放式编码、主轴编码和选择性编码的程序化路径分析(Glaser,2001)。由于本研究探索性案例以跃进村改革开放以来发展历程为主线,故编码阶段总体策略为以事件进行编码,采用定性研究软件 NVIVO10.0 进行资料编码分析。首先，根据原始数据、二手数据建立证据链，并从中提炼村庄不同成长阶段的动因、行为及结果，寻找乡村振兴演化中农地多元主体利益共享形成的内在逻辑。其次，通过双盲方式对收集的资料进行编码并归纳、提炼成概念，进一步对资料与概念进行分类比较，并归类到相关的构念中。最后，探讨构念间的关系，形成村庄成长演化中农地多元主体利益共享机理理论分析框架。具体编码过程如下：

在开放式编码阶段，采取双盲式编码，由两名研究员对收集原始资料数据分别进行独立整体研读并进行预编码和编码结果对比。由课题组中 1 名教授、2 名副教授和 3 名博士研究生构成专家小组，对于编码不一致的条目，进行逐一讨论与修正，最终形成一致的编码结果后再进行正式编码。通过资料信息概念化、范畴化处理后，形成了 43 个初始范畴。此外，根据村庄发展大事件将村庄振兴演化历程划分发展阶段和时间节点。

在主轴编码阶段，鉴于本研究是从乡村发展视角出发，因而采取"动因—行为—结果"这一普适逻辑关系（许晖等，2017），寻找初始概念之间的联系，辨识能够反映乡村不同阶段的发展动因、行为及结果的关键事件与主要阶段特征。结合村庄发展历程、特征及文献，将 43 个初始范畴重新整合为 36 个副范畴（a1，a2，a3…a36，见表 9-3 至表 9-5），并归纳到 15 个主范畴中（A1，A2，…A15，见表 9-3 至表 9-5），剔除与本研究相关度较低的初始概念。具体而言，"动因"部分，针对村庄不同阶段的压力进行概念化编码，提炼出 9 个二级构念和 3 个一级构念；"行为"部分，对村庄不同阶段所采取的措施进行概念化编码，归纳出 18 个二级构念与 9 个一级构念；"结果"部分，则对不同阶段村庄成长结果进行概念化编码，形成二级构念 9 个和一级构念 3 个。

在选择编码阶段，从主范畴中发掘核心范畴，并建立核心范畴与其他范畴之间逻辑联系，从而提炼研究的理论模型（Glaser and Strauss，1967）。结合本研究问题，以村庄成长演化机理模型构建为导向，结合主范畴中的构念，按村庄成长不同发展阶段形成了乡村振兴演化中农地多元主体利益共享实现的理论模型。

第九章 乡村振兴中农地多元主体利益共享的演化机理与实现路径

9.4 案例描述

9.4.1 案例村庄背景介绍

江苏省常州市武进区嘉泽镇跃进村，位于花木之乡嘉泽镇西北部，村域总面积 3 500 亩，下辖 18 个自然村、21 个村民小组，总户数 736 户，户籍人口 1 863 人，外来人口 321 人。改革开放之初，跃进村是一个典型的"三无"贫困村，村委会无办公场所，无集体资产，更无集体经济收入来源。20 世纪 70 年代末，伴随改革开放春风吹各地，"绿化美化"事业逐步兴起[①]，为园林绿化产业发展带来了机遇。受当时政策环境及传统观念束缚，农民思想普遍趋于保守，在消息较为闭塞地区村民未曾察觉时，具有探索精神的嘉泽镇跃进村农民敏锐把握到了这一时代机遇。跃进村外出工匠较早洞悉了木材行业与苗木市场中的商机，并成为最早吃螃蟹的人，开始自发种植苗木并用自行车运送到城市贩卖。苗木种植带来的丰厚收益远超传统粮食作物与一般性外出务工收入，这种示范效应首先从邻里亲友间扩散，接着周边农民纷纷效仿直至扩散到整个嘉泽地区，最终形成了享誉全国的规模化花木种植产业基地与交易市场。

改革开放以来，跃进村借助国家绿化政策、区位优势及农地制度改革与创新，以苗木种植业为本，通过农地流转、入股合作、规模化经营、产业链打造与电商带动等方式，实现了以农地制度改革为动力、农业花木产业为支柱、以强村富民为目标的乡村振兴之路。跃进村现已从苗木研发设计、选种育苗、生产种植到流通销售，形成了覆盖花木培育种植、园林绿化工程、花木乡村旅游、花木生产服务等多功能型特色花木现代农业产业链，通过聚焦现代农业产业深度融合和花木产业转型升级，实现产业兴旺发展；绑定花木市场端和生产端，形成全体村民参与的利益共享链条，实现农户、农民专业合作社、村集体经济组织、企业经纪人等多元利益主体的同生共长与村民生活富裕；突出党建引领、三治结合，融入多元治理要素，形成乡村有效治理

[①] "绿化美化"政策是在改革开放初期进行的一系列改善我国土绿化状况的政策，包括：1978 年 11 月，中国实施"三北"防护林体系建设工程；1979 年 9 月，《环境保护法（试行）》颁布；1981 年 12 月，五届全国人民代表大会第四次会议作出了《关于开展全民义务植树运动的决议》等。

体系；持续改善乡村环境风貌，有序实现集中居住，提升美丽宜居乡村；打造新时代文明实践中心试点，加快乡村全面融入现代文明。

　　跃进村发展之路从时间历程上可分为四个阶段（图 9-2）。第一阶段：1978—1988 年的苗木种植业初现雏形促乡村脱贫阶段。这一阶段农村土地实行分田到组到人的家庭联产承包责任制，苗木种植逐渐取代粮食作物成为主打产业，农户以分散种植经营为主，随着苗木产量激增，为拓宽市场销路催生了苗木经纪人，但这一类群体却缺乏有效制约与监督，道德风险与失信违约问题凸显。按照 1978 年嘉泽公社社员人均收入 91 元对比，到 1984 年跃进村农民人均收入 200 元，再 1988 年已达 1 000 元左右，十年间上涨了 10.99 倍。第二阶段：1989—1998 年是花木产业兴起助力乡村经济复苏阶段。农村税费改革、耕作制度改革成为这一时期乡村发展的转折性制度动因，由此农业产业经营范围从单一苗木扩展到花卉苗木，乡村农业产业兴起带动了乡村经济复苏。村民人均收入水平从 1988 年 1 000 元左右到 1998 年 3 500 元，翻了 3.5 倍，全村花木种植面积达 50% 以上。第三阶段：1999—2008 年"花木富民"战略引领乡村发展新风貌阶段，在苗木产业逐步兴起的过程中，随着花木经济效应扩大，村域内花木种植面积不断增加占总耕地面积的 90% 以上，花木种植已成为该村经济发展的主导产业，带动村民走上了致富之路。经历了 10 年发展，村民人均收入从 1998 年 3 500 元到 2007 年涨到 8 000 元，增长了 2.29 倍。第四阶段：2009—2018 年为特色花木产业升级带动乡村振兴发展阶段。在此阶段，跃进村进一步清晰了特色产业发展定位，以农地制度改革与创新、本土专业人才培育为支撑，构建了特色现代农业产业体系，为乡村振兴之路奠定了坚实基础。至 2017 年，全村农业产值 1.5 亿元，工业产值 3 500 万元，村集体收入 180 万元，人均纯收入 2.95 万元。

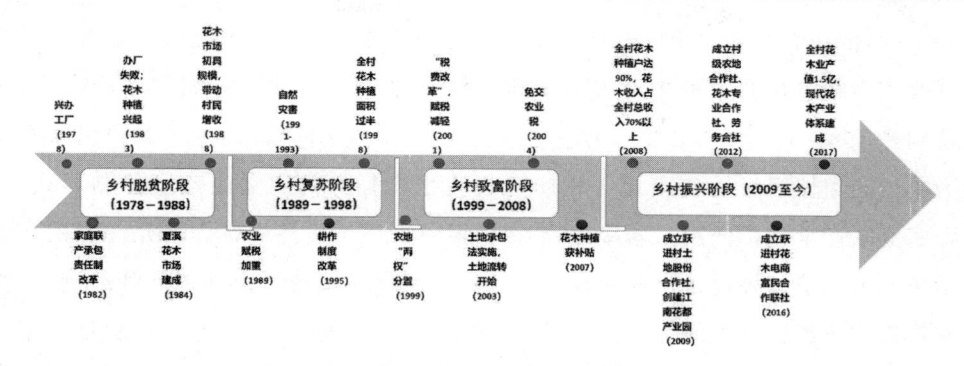

第九章　乡村振兴中农地多元主体利益共享的演化机理与实现路径

图 9-2　改革开放四十年来跃进村发展历程

9.4.2　跃进村成长历程

1. 苗木种植业初现雏形促乡村脱贫阶段(1978—1988)

20 世纪 60 年代以前,跃进村是一个连自然村的村名都没有的地方,在"文革"期间该村因整天搞运动,荒废生产,"跃进"之名由此而来。改革开放之初,该村以种粮为生,是典型的"吃粮靠返销,生产靠救济"的贫困村。为试图改变这一现状,当时武进县委为了树立典型不倒,花费巨大财力打造一个县级种畜场,带动当地村民致富。然而,不足两年时间物业物资无存,漂洋过海从德国进口的种羊到了跃进村,一夜之间尽被村民偷去吃掉了。改革开放至 90 年代,针对物质极其匮乏、经济贫困落后的现实,跃进村进行了艰辛的脱贫攻坚探索与尝试。

(1)跟随经济潮流,以集体经济为依托兴办工厂。1978 年,借助改革开放春风,社队工业蓬勃发展,搞活经济兴办工厂成为当时引领经济发展的一股热潮。在政策引领和社队集体带动下,跃进村民开始兴办一些小手工业和小作坊工厂,主要有木业、铁业、瓦匠等。到 1983 年,社队工业改制,变为乡村工业,分别属于乡村集体所有,盈亏由乡村集体自负。当时村委会领着集体的营业证书,打着集体旗号,兴办砖瓦厂、炼铁厂、土泥厂等,但工厂兴办过程中存在"大跃进"倾向,资金短缺、原料不足、技术薄弱、经营不善等诸多方面脱离实际,不但未实现工业带动乡村发展,反而给原本十分贫困的村集体经济欠下了巨债,可谓是雪上加霜。实践证明,缺乏经济基础与资源优势,脱离乡村实际一味追随经济热潮并不能够带来村庄脱贫发展。

(2)依托农村土地制度改革,发展苗木种植业。首先,家庭联产承包责任制改革为跃进村苗木种植业发展奠定了坚实基础。中共十一届三中全会后,特别是1982年中共中央发布第一个农村工作"1号文件",确定了农户以家庭为单位向集体组织承包土地等生产资料和生产任务的农业生产责任制形式,即家庭联产承包责任制。紧接着,1983年中央一号文件中,提出允许农民在承包地上从事多种经营、发家致富。这一年跃进村实现了土地包产到组到户,农户需完成售粮证上的"三上交"任务(农业税、公积金、公益金),"保证国家的,上交集体的,剩下就是自己的",实现了承包地权、责、利三者的统一。家庭联产承包责任制下,村民真正拥有了农地经营决策权,开始以市场为导向,在村里第一批苗木种植能人引领与示范带动下,部分村民也开始了苗木种植,只保留少部分自留地进行粮食种植以完成集体任务和自给。其次,充分利用本村资源优势,打造支柱产业。跃进村发展苗木产业的自然条件与区位优势得天独厚。该村位于常州市武进区的西部,地处长江三角洲平原,地势平坦土地肥沃,亚热带季风性湿润气候,光照充足,适宜多种花木生长。从1982年起,浙江、江苏沭阳、如皋等许多外地客商亦车载船运至夏溪销售自产苗木,同时采购当地小苗,由于客商在夏溪街道上常年租地设摊买卖苗木,花木交易市场始现雏形。1984年夏溪花木市场正式建成,到1988年整个夏溪花木市场全年成交额已达到300万元。跃进村位于嘉泽镇西北部,紧靠夏溪花木市场,区位优势不仅为村民花木种植增添了动力,也实现了村集体经济从入不敷出到开始初见收益。

2. 花木产业兴起助力乡村经济复苏阶段(1989—1998)

(1)农业税费加重使承包农户不堪重负。1989年开始,农业税收征收中开始出现"搭车收费",除了"三上交"以外,还增加了管理费、劳动积累费、资源费、工程水费、广播费、防护费等诸多项目,再除去化肥、农药等种地成本,村民种粮收益所剩无几,甚至亏本。以一家承包4.38亩土地农户为例,从1988年至1998年,订购粮上交任务翻了一番,代收款从178.6元持续上涨到885.9元,上涨了近五倍。与此同时,1991年秋季收割期间雨水灾害、1993年稻飞虱危害,造成粮食减产减收,部分农户完成定购任务已所剩无几,有的甚至连定购粮任务都难以完成。在此情形下,种粮农户普遍多种多亏、

第九章　乡村振兴中农地多元主体利益共享的演化机理与实现路径

少种少亏,有的甚至直接撂荒或出租,只种维持生计的口粮,借此逃避交粮缴费。

(2)耕作制度改革,花木产业带动乡村经济复苏。为扭转土地弃耕、撂荒局面,1995年以后政府充分意识到了农业政策层面的问题,开始由税费"伤农"转为政策"扶农"。首当其冲,对耕作制度进行了彻底改革,产业结构也根据社会现实需求做出了重新调整,开始允许地区与农民根据市场和实际需求进行承包地生产经营。这一制度变革极大调动了跃进村农民花木种植积极性,也带动了乡村经济复苏。一方面,花木种植规模呈明显扩大趋势,到1998年全村花木种植面积占村域总耕地面积近50%,村民人均收入水平从1988年1 000元左右到1998年3 500元,翻了3.5倍。另一方面,花木种植品种也由少增多,由初级培育到高级发展,由本地品种种植逐步扩大到从外地引进品种种植,由小苗、灌木、球类种植发展到大树种植。

3."花木富民"战略引领乡村发展新风貌阶段(1999—2008)

1999年以后,随着农地"两权"分离红利极大释放,以及苗木产业发展缺乏整体和长远的规划,跃进村发展瓶颈逐步开始显现。尽管跃进村90年代苗木产业快速发展,带动村民实现了脱贫,但伴随乡村社会分工的不断深化与市场化程度的不断提高,家庭联产承包责任制的弊端在跃进村发展的实践中逐渐显现,表现为:农户苗木种植分散、经营规模小、农民组织化程度降低、农户家庭经营增收乏力、市场竞争力低下等。与此同时,集体经济组织仍是有名无实,集体资产收益入不敷出,村庄内部资源、组织管理无序。面对新形势与村民致富发展新需求,跃进村统筹整合现实资源,着力在改革创新农村土地经营管理制度、提高土地节约集约利用效率、制定苗木产业发展战略、激发富民强村活力等方面开展探索实践,并取得了初步成效。

(1)农业税费制度改革极大释放了土地要素红利。2001年整个嘉泽地区开始"费改税",取消了原来以乡、村借"搭车"名义进行的各项收费,改为上交"农业税"。据核算,改革后每年每亩田地只要上交57.29元,大大减轻了跃进村民种地负担。2004年,又实现了"免交农业税"政策,从此农民结束了自先秦以来历经2 500多年的农业缴税历史,开始真正为自己种地。2006年国家又开始实行种粮补贴政策,种稻补贴每亩30元,种麦补贴每亩20元。

2007年，补贴范围进一步扩大到苗木花卉种植，每亩30元。农业税费改革政策让农地辛勤耕作者切实获得了制度红利，从前的"烫手山芋"如今变成了"香饽饽"，曾经的弃耕农开始重拾自己的土地，花木种植补贴政策进一步调动了跃进村民种植积极性。

(2)农地流转促进了花木规模化种植经营。农业税费改革后，一些农户开始将原来撂荒土地进行转包、出租，以获取土地租金收益，还有部分当年因税费繁重而弃耕承包地或口头转出的农户，纷纷想将要回土地从事花木种植，其中就产生了许多土地纠纷问题。《中华人民共和国土地承包法》于2003年开始实施，规定承包地可以进行转让、转包、互换、出租、合股等五种形式流转，农户之间可以按自愿、有偿原则实行土地承包经营流转。同时，为减少和避免土地承包与流转中的各种矛盾纠纷，满足农民土地流转现实需求，解决土地流转中手续合同不规范、口头协议不清等问题，嘉泽镇建立了农村土地流转服务体系。跃进村充分利用了土地流转制度改革带来的苗木产业发展机遇，截至2008年，全村花木种植面积占耕地面积近95%，同时村民中从事花木生产经营的农户也达到了90%以上。

截至2007年，全村总面积2 096亩，其中耕地面积1 689亩，河塘面积10亩，人均耕地1亩，全村总收入3 204万元，其中苗木收入2 300万元，占总收入的71.79%，人均纯收入达8 502元。跃进村将集体收益用于社会公益事业投入460万元，整治村庄环境，实施改水改厕，道路硬化，公共服务中心建设和环境美化工程等。

4. 花木产业升级带动乡村振兴发展阶段(2009至今)

(1)三权分置下农地流转加速，要素资源优化配置。在2009年5月成立了跃进村土地股份合作社，全村64%的农地集中流转入社，入社农地面积1 183亩，经统一整理、规划、整合后，将其打造为高标准农田；同时，去阡陌、修沟渠、布路网，完善基础设施建设，串点连线、条块结合、扩面连片，成功将土地承包权和经营权有效分离。在保障农民对土地的长期承包权益基础上，通过土地集中规模化流转，将土地经营权从长期固化的承包权束缚中分离出来，使土地可以自由参与市场要素配置，为农地资源配置效率提升与农业适度规模经营提供了用地保障。同时，土地集中连片规模化流转，有利

第九章　乡村振兴中农地多元主体利益共享的演化机理与实现路径

于土地利用的整体规划和产业发展的科学布局，同时为农博园产业发展奠定了良好基础，较好地适应了现代规模农业生产发展的现实需求，土地经营潜能得到全面释放。

（2）农地股份合作制改革，实现强村富民利益共享。鉴于前期组建的花木产业合作社参与主体单一、资金缺乏保障、载体功能薄弱等不足，跃进村在合作社艰难发展实践中，总结经验重新制定了花木合作社发展战略。立足于农村土地"三权分置"改革，跃进村为推进"一村一品"特色产业发展，于2012年先后成立村级农地合作社、村级花木专业合作社、村级劳务合作社，为带动乡村产业转型升级奠定了坚实基础。首先，组建农地股份合作社。为土地承包权和经营权分置破解了瓶颈，满足了农村经营管理制度改革和生产力发展、产业化经营的实际需要。同时，农地股份合作制下农地多元主体间建立长期稳定的土地利用关系，既有助于农地经营者进行长期持续性农业生产投资，也有利于跃进村现代农业产业发展、土地利用效率及生态环境质量提升。其次，成立花木专业合作社。跃进村通过增资重组成立常州市西太湖花木合作社，包括村级农地股份合作社土地折价入股，以及常州本地农事科技研究院、本村花木经纪人代表通过资金入股，村、企、民和科研单位注资成为结构多元的新股东，吸引工商资本、民间资本参股合作。通过多元股权结构设计，一方面使合作经营的内涵和功能得到全面丰富和拓展，集花木生产组培、新品种引进、技术成果推广运用、信息咨询、营销推介、代理服务等功能于一体，合作社借鉴利用现代企业管理模式，注资方式和股东构成的深刻变化，成为真正意义上的股份合作经济体；另一方面，使注资股东成为合作发展的利益联结体，不仅提供了投资发展的资金保障，同时通过各自的资源、技术、人才优势共享互补，为产业经营发展提供了从田间地头到市场开发提供科研、信息、营销等全方位服务。由此，以花木专业合作社为载体的跃进村乡村花木产业市场竞争力、抗风险能力及可持续发展能力得到了全面提升，为打造和完善乡村特色产业体系奠定了坚实基础。最后，建立村级劳务合作社。随着全村花木产业规模化生产程度的提高，越来越迫切需要一大批能生产、懂技术的新型职业农民。面向本村及周边地区旺盛的现代农业生产劳动力需求，跃进村通过组建统一劳务合作社，将村镇闲置劳动力资源整合，通过劳务合作社平台进行的就地就近就业劳务输出、派遣，既为农业适度规模化生产提供丰富可靠且稳定的劳动力资源，满足了乡村现代农业产业发展人力资源需求，同时又为农民本地就业与收入增加提供了多元化渠道，实现乡村产业发展与农民就业增收共赢局面。

(3) 打造花木现代园区，补齐产业发展短板。为了充分发挥华东地区最大的花木市场区位优势，弥补有木无花的产业发展短板，跃进村于2009年创建了江南花都产业园，用于研发生产各类盆栽鲜花。江南花都产业园建成面积620亩，主要通过农地集中流转形成园区规模化经营，主要种植品为红叶石楠、大叶女贞造型苗木及家庭绿植等上千个品种。产业园已进驻7家花卉生产企业，包括常州家绿林果园艺有限公司、世华花卉科技有限公司、懒人园艺有限公司等。

(4) 依托互联网电商平台，促花木产业升级转型。2016年，跃进村借助苗木产业优势，大力发展村级电商销售，获得了江苏省电商示范村、常州市电商示范村等荣誉称号。集体经济不断增强，从八九十年代负资产达60多万元的村，一跃成了有1 000多万元的法人存款，近年来村级年收入在200万元左右。此外，村集体对本村产业发展进行了合理布局，东片区规划为商贸、研发、销售，西片区为种植、合作、出租的模式。2016年，跃进村花木电商富民合作联社成立，将原村级花木专业合作社、农地股份合作社、村级劳务合作社的736户农户全部纳入其中。2017年，跃进村又成立了前项花木合作分社，共有社员13人，入股土地42.38亩，按照村级集体、社员入股，电商企业参股的模式经营。

此外，跃进村积极培育农村创业致富带头人队伍，促进农民就业创业，形成全民创业创新发展新格局，为扶贫开发、强村富民起到了良好的示范带动效应。2016年，全村实现花木交易销售收入1.17亿元，近三年来，花木合作社按照交易额2‰比例收取代理服务费共计136万元，年均45万元，所有参股农户获得每亩300多元的分红收益，村集体年收入从2009年的35万元增加到近150万元。到2017年，全村农业产值1.5亿元，全村花木经纪人创客完成花木产品交易额1.5亿元，实现线上交易6 000万元，创客人均年销售

第九章　乡村振兴中农地多元主体利益共享的演化机理与实现路径

30万元，村集体年收入从2009年的35万元增加到近180万元，农村居民人均可支配收入达2.95万元。

9.5 乡村发展视角下农地多元主体利益共享演化机理分析

基于乡村变迁视角，以农地制度改革为主线，由村集体（农地所有权）、承包地农户及基于乡村苗木产业发展起来的新型农业经济组织等构成了农地多元利益主体，共同作用于跃进村从贫困落后走向振兴发展，具体演化历程划分为三个阶段。图9-2中前两个阶段由于跃进村的发展情况总体处于脱贫阶段，因此并入一期(1978—1998)。具体包括：第一阶段：农地两权分离促乡村产业打造的乡村脱贫阶段(1978—1998)，将改革开放以来跃进村前二十年成长历程合并，考虑这一时期农业主导产业初现雏形、乡村经济开始逐渐复苏，但总体上仍处于乡村脱贫阶段；第二阶段：农地流转促乡村产业链协同发展的乡村致富阶段(1999—2008)，此阶段跃进村花木产业链逐步形成，同时依托区域花木产业发展整体布局规划，实现乡村产业链区位协同发展；第三阶段：农地三权分置促乡村产业体系构建的乡村振兴阶段(2009至今)，包括新型农业经营主体、普通种植农户、村集体等实现了农地多元产权主体间的利益共享、合作共赢。

9.5.1 农地两权分离促乡村产业打造：脱贫阶段(1978—1998)

20世纪70年代末，与多数中国农村情况相似，跃进村经历了较长一段时间的大萧条，如经济贫困落后(a1)、土地利用效率低下(a2)与乡村治理无序(a3)等。面对巨大的生存压力(A1)，跃进村依靠乡村能人带动，在中国社会经济变革中寻求可能性与发展。本研究在过程分析的基础上总结提炼了农地制度改革带动乡村脱贫培育机理（图9-3）、核心因素概念及证据（表9-3）。

(1)转折性动因：家庭联产承包责任制改革。家庭联产承包责任制(A2,a4)既充分发挥了家庭经营优势，又包含了家庭个体与村集体组织之间的权利与义务连接（赵晓峰，2011），成为村庄内部共同体形成的基础。家庭联产承包责任制中单个承包户为国家征购粮任务、村集体共同积累做出了贡献，同时受集体权利约束，村集体提留作为共同积累部分，为村庄内部公共产品供给提供了便利。在该制度下，以完成国家和集体种粮任务为前提，农户开始拥有了独立的土地经营决策权(a5)，意味着农地所有权与经营权分离。借助土地制度改革释放出的要素红利，跃进村集体与承包地农户开始以市场为导向进行农地生产经营，积极打造以苗木种植为主导的农业产业，不仅大大提高了农户农业生产积极性、土地生产率和劳动生产率，同时为农业产业形成和发展提供了最基本的生产要素和生存空间。

(2) 关键性动因：乡村主导产业打造。产业发展贯穿于农村发展始终，打造主导产业(A3)是实现乡村脱贫的重要途径。从跃进村案例可以发现，建立适宜本土环境的主导产业是实现乡村脱贫的关键性动因。跃进村最初的探索尝试中经历了种种挫折，如建立砖瓦、炼铁、水泥等工厂失败，从中得到启示是：脱离乡村实际一味追随经济热潮并不能够带来村庄脱贫发展。建立乡村主导产业首先必须立足本土优势，比如跃进村紧靠夏溪花木市场，气候湿热，地势平坦肥沃，具备得天独厚的花木种植条件与销售区位优势(a7)；其次还需要紧跟政策形势(a6)，"国家绿化美化事业兴起，为我们发展苗木种植带来了很好的机遇。"跃进村通过多种要素资源整合与要素配置相关的配套制度改革为产业发展提供了保障，形成了苗木种植为主导的能够充分发挥地域优势的特色农业产业。农业产业形成与发展又促进了农民增收、土地利用效率提升、村庄内部秩序形成，最终将成长压力转化为乡村发展动力。

(3) 诱致性动因：乡村能人带动资源整合。在村域内劳动力、技术、资本等资源整体性稀缺的情况下，集中整合有限资源(A4)打造本土优势产业是促乡村脱贫、经济复兴的源动力。而乡村能人在资源调动、整合和利用中起到了核心引领作用。在跃进村主导产业形成过程中，涌现了一批有头脑、敢于尝试新事物的先行者(a8)。他们当中主要包括三类带头人：①以苗木经纪人为主体的市场带头人，长期外出务工为其返乡创业积累了资本，同时经常游走于城乡之间，他们是最早洞悉市场需求(a9)，在苗木种植经营与倒卖中最早尝到了甜头，成为主导产业打造的市场带头人。②率先掌握苗木种植技术的带头人，20世纪八九十年代，农村公共组织技术服务指导普遍缺失，村里有一批苗木种植户通过在实践中不断摸索与到周边地区考察学习，较早掌握

第九章 乡村振兴中农地多元主体利益共享的演化机理与实现路径

了苗木栽培、种植、养护新品种等技术,再将所学在同村邻里、亲友、生产队中传播,在最初的苗木产业"技术扩散"中起到了关键作用,成为跃进村农业产业发展的技术带头人。③以村干部为主体的核心带头人,除了其自身具备较强生产经营能力外,作为村级领导和管理者,他们还具有较强的责任心,肩负起带动乡村脱贫的使命,带领和组织生产要素进行产出转换,成为跃进村苗木产业形成的核心带头人。

上述三种典型带头人特质通常集于一体或是组合出现,共同成为引领村庄脱贫的中坚力量(A5)。然而,农业主导产业发展与社区主导发展项目实施过程存在相似之处,同样存在基层社会"精英捕获(elite capture)"现象(Platteau,2004;Dutta,2009)。尽管已有研究指出,在政治权力与经济利益组合形成的主导结构下,有限的资源或资金容易被少数人霸占,从而导致项目无法惠及更多人群(Chavis,2010),尤其使特别贫困弱势群体无法受益,将会加剧村庄内部的不公平性(Kochar 等,2009)。但在跃进村农业主导产业形成过程中,"精英捕获"的溢出效应更为显著,由于村里带头人占据了相对丰富的政治或经济资源,所以在苗木产业种植中通过资源整合和技术、信息传播,使乡村苗木种植逐步成并发展为主导产业,并通过产业集聚效应又带动了乡村整体经济发展。

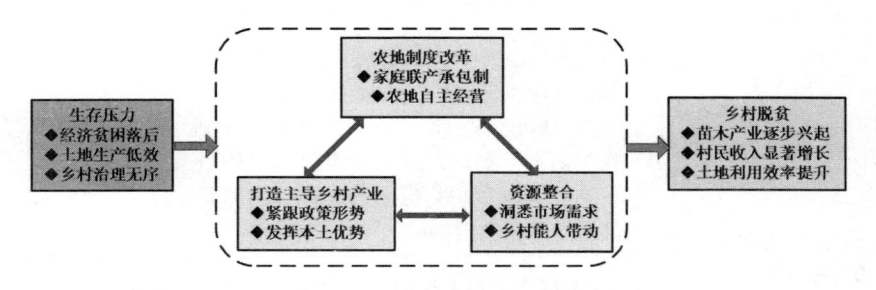

图 9-3 农地制度改革带动乡村脱贫培育机理

表 9-3 相关构念及典型证据援引

形成基础	一级编码	二级编码	典型证据举例	条目数	来源
动因	生存压力（A1）	经济贫困落后（a1）	"改革开放之初，我们村以种粮为生，是典型的吃粮靠返销，生产靠救济的贫困村。当时武进县委为了树立典型不倒，花费巨大财力打造一个县级种畜场，带动当地村民致富，结果不足两年时间物业物资无存，漂洋过海从德国进口的种羊到了跃进村，一夜之间尽被村民偷去吃掉了。""20世纪70年代末，村里人住房条件很差，还有些村民住泥坯草房，祖孙三代同居一室，甚至有的猪、羊、牛圈与人住房合一，人均住房仅10多平方米；总体居住环境是低、矮、阴暗、杂乱。"	10	F1、F2、S1、S2、S3
		土地生产低效（a2）	"土地多种多亏，少种少亏，还不如干脆少种或者撂荒。""村里撂荒田或只种口粮田的情况较为普遍。""有的农户以撂荒为借口，逃避交粮任务，也有人干脆把承包地租出去。"	8	F1、F2、S1、S2、S3
		乡村治理无序（a3）	"那时候村委会基本没有经济来源，管理十分混乱。""集体土地长期被村民霸占，村里偷鸡摸狗的事情时有发生。"	5	F1、F2、S1
行为	农地制度改革（A2）	家庭联产承包制（a4）	"中共十一届三中全会后，特别是1982年中共中央发布第一个农村工作"1号文件"，认可了家庭联产承包责任制的合法性，确定了农户以家庭为单位向集体组织承包土地等生产资料和生产任务的农业生产责任制形式。"	15	F1、F2、S1、S2、S3
		农地自主经营（a5）	"家庭联产承包责任制下，农村土地生产口号是'保证国家的，上交集体的，剩下就是自己的'，只要保证完成国家和集体种粮任务，剩下的自留地已经允许自主经营了。""什么好卖能挣钱，地里就种啥，种多种少也是自己做主，但还是要先保证完成任务。"	8	F1、F2、S1、S2

第九章　乡村振兴中农地多元主体利益共享的演化机理与实现路径

续表

形成基础	一级编码	二级编码	典型证据举例	条目数	来源
行为	打造主导乡村产业（A3）	紧跟政策形势（a6）	"1978年以后，农业管理体制和经营体制改革不断深入，农业产业结构也进行了调整。""国家绿化美化事业兴起，为我们发展苗木种植带来了很好的机遇。""村民看到头一批种植苗木的人赚到了钱，都开始纷纷效仿。"	6	F1、F2、S1、S2、S3
		发挥本土优势（a7）	"开放后，整个江浙一带苗木花卉市场逐步形成气候，特别是镇里夏溪花木市场的形成，为我们村发展苗木产业提供了良好的市场条件。""跃进村位于常州市武进区的西部，紧靠夏溪花木市场，又地处长江三角洲平原，地势平坦土地肥沃，亚热带季风性湿润气候，光照充足，具备得天独厚的花木种植条件和花木销售区位优势。"	4	F1、F2、S1
	资源整合（A4）	洞悉市场需求（a8）	"村里有人在周边做木匠活，他们比较早发现了木材行业有利可图，较早开始种植苗木，用自行车载到市场上去销售并且发家。"	10	F1、F2、S1、S2、S3
		乡村能人带动（a9）	"苗木种植收益比种粮或打零工收入还高，一些头脑比较活络的村里能人靠苗木种植倒卖挣到了钱，而且家里能买得起电视机，引的村里人纷纷羡慕和效仿。""有些农户不仅自己在实践中摸索育苗、嫁接等种植技术，还经常到周边学习和参加技术培训；然后将所学技术指导周边村民种植，当村民发现种苗木挣到的钱远比'挣工分'、'种菜卖蒜'的收入高多了，村里人也都跟着种起了苗木。""刚开始的苗木种植都很分散不成规模，后来村干部开始带头组织村民种植苗木，成立合作社，使村里苗木种植逐渐从分散变成规模化经营。"	4	F1、F2、S1、S2、S3

续表

形成基础	一级编码	二级编码	典型证据举例	条目数	来源
结果	乡村脱贫（A5）	苗木产业逐步兴起（a10）	"截至1998年，全村花木种植面积占村域总耕地面积近50%，花木种植品种也由少增多，由初级培育到高级发展，由本地品种种植逐步扩大到从外地引进品种种植，由小苗、灌木、球类种植发展到大树种植。"	9	F1、F2、S1、S2
		村民收入显著增长（a11）	"村民人均收入水平从1978年91元左右到1998年3 500元，翻了38.46倍。"	5	F1、F2、S1、S2、S3、S4
		土地利用效率提高（a12）	"土地制度、耕作制度和产业调整下，村里土地弃耕、撂荒现象明显下降，但由于农业税费还没有完全取消，这种现象还是没有消除。""自家庭联产承包责任制后，农户土地生产积极性得到极大调动，除自然灾害影响，粮食产量总体保持增长，苗木种植业数量和规模也在不断扩大，土地生产效率明显提升。"	4	F1、F2、S1、S2、S4

9.5.2 农地流转促乡村产业链协同发展：致富阶段(1999—2008)

到20世纪末，跃进村面临着发展阶段乡村普遍存在的成长压力(A6)，苗木产业尚处于初级发展阶段。主要表现为产业发展定位不清(a13)，农民组织化程度较低(a14)，农地家庭经营分散化(a15)等。聚焦农业产业链区位协同发展、农业经营制度改革与产业合作组织带动资源重构等举措，成为跃进村这一阶段从脱贫走向致富的关键，为农地多元主体利益分享奠定了坚实的经济基础。结合过程分析，对乡村致富培育机理总结如图9-4所示，并通过典型证据举例形成了核心影响因素的构念(表9-4)。

(1)转折性动因：农业经营制度改革促生产效率提升。农村税费改革是继家庭联产承包责任制之后的又一项关系民生的重大农村改革。从取消农业税到逐步增加农业补贴，从承包地自主经营到允许土地流转，税费改革政策

第九章 乡村振兴中农地多元主体利益共享的演化机理与实现路径

(a16)与农地流转政策(a17)对农地利用与资源要素配置产生了重要影响,从此阶段跃进村发展实践中可以得到印证。总体上,农村税费改革对跃进村农户的影响主要体现为两方面:一是规模效应,农业税作为土地流转中隐含的交易成本,直接影响流转合约的签订和执行,而农业税费改革通过降低土地流转中的交易成本(吴鸢鸢等,2014),有利于促进跃进村土地流转,实现土地资源配置效率改进。二是投资效应,农业税作为土地经营中的非生产成本,对承包农户农地生产经营行为产生了负激励,许多农户不堪农业税负重而选择土地撂荒、弃耕;当农业税费转为补贴时,农户土地经营成本降低,农户因收入提高而引致投资效应(陈志刚等,2013),这一举措对跃进村农户花木种植也形成极大激励。

(2)关键性动因:乡村产业协同发展与产业链延伸。农业产业发展除了受资源禀赋、市场条件等影响,政府对区域发展战略选择也是其中关键因素(冯逃等,2013)。区域性产业发展战略定位,直接影响乡村产业链形成、延伸与空间协同效应发挥。此阶段,地方政府充分意识到了在解决温饱问题基础上,仍坚持以粮为主的耕作模式难以实现乡村致富发展目标,结合市场需求与农业特色产业发展实际,重新确定了以花木种植为主导的农业产业结构(a18),并制定了嘉泽镇地区产业聚集与协同发展战略(a19),"旨在打造全国知名的'花木之乡'与整个华东地区最大的花木集散交易中心'夏溪花木市场'"。依托于乡村产业协同发展战略,跃进村借助花木市场交易中心区位优势,实现花木从育苗、嫁接、栽培到销售产业链发展。

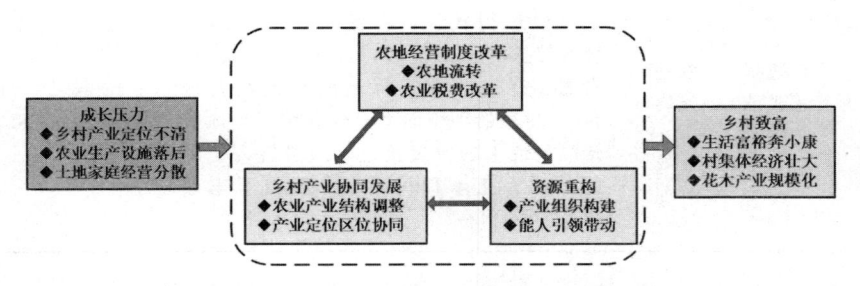

图 9-4 农地经营制度改革促进乡村致富培育机理

表 9-4 相关构念及典型证据援引

形成基础	一级编码	二级编码	典型证据举例	条目数	来源
动因	成长压力（A6）	产业发展定位不清（a13）	"包括跃进村在内的整个嘉泽地区，耕作制度长期以单一的粮食种植为主的种植结构，极大制约了苗木产业发展。落实联产承包责任制，实现了粮食增产，解决了农民粮食问题，但在经营方式、产业结构上并未作出相应的改革与调整。""都明知道种植苗木花卉及其他一些经济作物收益更大，但当时政府不公开表态放手让农户进行大规模苗木花卉种植，仍然坚持以麦—稻或油菜—稻为主的种粮模式。广大农民粮食充足，但经济上并没有富裕。"	9	F1、F2、S1、S2、S4
		农民组织化程度低（a14）	"村里花木种植过程中，没有专门的组织将生产、服务和销售有机结合，这也制约了乡村花木产业发展。""农民组织化程度低，抵御市场风险能力差，也影响村民花木种植收入提高。"	4	F2、S1、S2、S4
		土地家庭经营分散（a15）	"凭农户个体经验选择种植品种，往往跟不上市场需求形势种植收益低，分散种植占绝大多数。""各家各户分散种植栽培，再运到市场上摆小摊零散销售，这种分散经营形式被形象地称之为'散兵游勇'。"	10	F1、F2、S1、S4、
行为	农地制度改革（A7）	农地流转（a16）	"2003年出台《土地承包法》，规定承包地可以进行转让、转包、互换、出租、合股等五种形式流转，农户之间可以按自愿、有偿原则实行土地承包经营流转。""村里的种植能手充分利用了土地流转政策带来的发展机遇，通过转入土地逐步扩大花木种植面积，获得了丰厚收益。"	8	F1、F2、S1、

第九章　乡村振兴中农地多元主体利益共享的演化机理与实现路径

续表

形成基础	一级编码	二级编码	典型证据举例	条目数	来源
行为	农地制度改革（A7）	农业经营税费改革（a17）	"2001年整个嘉泽地区开始'费改税'，取消了原来以乡、村借'搭车'名义进行的各项收费，改为上缴'农业税'。""据核算，改革后每年每亩田地只要上交57.29元，大大减轻了跃进村民种地负担。""2004年，又实现了"免交农业税"政策，农民开始了真正为自己种地。""2006年国家又开始实行种粮补贴，种稻补贴每亩30元，种麦补贴每亩20元。""2007年，国家补贴范围进一步扩大，开始对苗木花卉种植进行补贴，每亩30元。"	12	F1、F2、S1、S3、S4、S6
	乡村产业协同发展（A8）	农业产业结构调整（a18）	"实践证明，单靠传统农业种植难以带动乡村走向致富之路，必须进行产业结构调整优化。""在各级政府及村委协商下，重新制定了跃进村农业产业发展规划，将过去传统以种粮为主的农业产业结构调整为以苗木花卉为主。"	7	F1、F2、S1、
	资源重构（A9）	产业定位区域协同（a19）	"跃进村花木产业要想进一步发展，单纯靠本村资源相对有限，必须要依托区域整体资源优势，比如夏溪花木市场，以此为依托才能进一步拓展市场。""区政府制定了嘉泽镇地区产业聚集与协同发展战略，旨在打造全国知名的'花木之乡'与整个华东地区最大的花木集散交易中心夏溪花木市场"。"跃进村花木产业发展需要依托现代花木产业园区打造，以及乡村花木服务、旅游产业。"	9	F1、F2、S1、S2
		合作组织构建（a20）	"村里一些种植户开始合伙，组建比较小规模的合作组织和协会，但还不成规模，组织管理也相对松散。""有了《农民专业合作社法》以后，大家都开始纷纷加入花木种植的专业合作社，这个时候制度规章也有了，管理监督也跟上了。""我们加入了花木合作社以后，最明显的变化是花木种植收益稳步增加。"	11	F1、F2、S1、S2

续表

形成基础	一级编码	二级编码	典型证据举例	条目数	来源
行为	资源重构（A9）	技术能人带动（a21）	"随着花木种植品种增加，传统的花木种植经验已经不能满足产业发展需求，技术能人成了促进花木产业发展的核心人才。""村里懂育苗和种植技术的能人在村里特别吃香，大家都争着抢着请到自家田间指导。""合作社一般都会配备专门花木栽培技术员，特别是新品种、新技术的推广，离不开这些技术能人的带动和指导。"	13	F1、F2、S1、S3
结果	乡村致富（A10）	生活富裕奔小康（a22）	"花木业兴起，多数村民走上了快速致富道路，到2007年人均收入近万元，这已经是80年代的10倍以上，基本达到了小康水平，村民整体生活水平显著提高；""我们村里人进城镇，镇里人进城，一条条新街不断增加，一个个居民小区很快就盖起来了"；"1985年人均住房面积27.64平方米，到2007年已增至53.02平方米；农村草房变瓦房，瓦房变楼房，别墅庭院也随处可见；房间装饰也比过去讲究多了，餐厅有餐桌，客厅里有沙发、电视机、家庭影院"。	6	F1、F2、S1、S3、S5
		村集体经济壮大（a23）	到2007年底，村集体总收入3 204万元，副业收入3万元，苗木收入2 300万元，人均收入8 502元；村集体经济壮大了，也有了搞村级基础设施建设的项目经费，投资180万元新建了一条贯通全村东西的中心大道，长1 400米，宽6.2米，村里通了公交车，村民出行便利了许多；还建村级图书馆、乒乓球室、室内健身房、小型超市、警务室等，共投资了120万元。	8	F1、F2、S2、S3、
		花木产业规模化（a24）	"2006年跃进村花木种植专业户达600户，种植面积127.1公顷，产值1 385万元，占全村农业产值比例为99%。""2007年，跃进村苗木种植面积达到了2 130亩，花卉种植面积80亩。""2008年，全村花木种植面积占耕地面积近95%，同时村民中从事花木生产经营的农户也达到了90%以上。"	10	F1、F2、S4、S5

第九章 乡村振兴中农地多元主体利益共享的演化机理与实现路径

(3)诱致性动因:产业组织带动乡村资源要素重构。随着花木产业分工不断细化,跃进村花木种植逐步从单个家庭经营向合作组织形式演变。合作组织是农民社员共同所有与经营的组织形式,合作组织能够将分散的资源整合重构(a20),相比分散小农经营方式,更有利实现土地、资金、技术等生产要素集约化经营。这一时期,活跃在合作组织中的核心成员是跃进村花木种植技术能人(a21),通过技术指导与服务有效促进了花木新品种、新技术的更新与推广应用,成为"促进花木产业发展的核心人才",也是带动乡村资源要素重构的关键力量。跃进村花木产业组织与乡村能人带动乡村资源要素重构,其优势主要体现在三方面:一是避免产品结构性过剩,对于单个农户家庭而言,获取新技术、新品种和市场信息的成本均较高,因而更倾向选择普遍接受的传统种植方式、技术和品种,其结果是容易造成产品结构性过剩与市场竞争力下降,合作组织集新品培育、技术指导等多种优势资源于一体,在提高自身竞争力的同时也可以有效降低产品生产结构性过剩问题。二是促进产业链形成与延伸,合作组织中的农户不再是单打独斗,在合作组织能人带动下参加种苗培育、花木栽培等核心生产环节,同时还可以延伸至农业产业链中的其他环节从事生产经营活动;农业产业链的延伸在减少信息不对称的同时还有利于降低交易费用(周月书、王婕,2017)。三是增强市场势力(market power),市场势力是一种动态的综合竞争力(占明珍,2011),不同于单个农户在农业产业链中的弱势地位,合作组织连接着产业链中上游农资供应生产端与下游农产品消费端,同时掌握了资源与市场信息,能够更加明锐把握市场导向,灵活应对农产品需求,因此在农业产业链中享有较强的市场势力。

然而,需要指出的是基于时代政策背景,这一阶段跃进村合作组织发展才刚现雏形。2007年《农民专业合作组织法》颁布,中国农业产业组织体系和经营体系开始发生重大变化,即从村集体和承包户双层化农业经营体系向农户家庭与农民专业合作组织相结合、双层化的新型农业经营体系转变(黄祖辉,2018)。

9.5.3 农地三权分置促乡村产业体系构建:共享阶段(2009至今)

当跃进村花木产业发展到一定规模,尤其是全村花木生产经营面积与参与村民达95%以上,花木产业经营收益占全村总收益75%以上时,市场空间和产业边界的局限性无疑成为制约乡村进一步发展的瓶颈。如何立足于优势农业产业，打破市场和产业边界，开辟全新市场空间，已成为新时期跃进村从脱贫致富走向振兴发展中面临的新挑战。面对乡村产业融合不足(a25)、土地利用整合不畅(a26)、专业技术人才短缺(a27)等一系列造成产业边界和市场空间局限性的发展压力，跃进村借助农地制度改革创新、资源结构优化，依托线下花木销售市场、线上电商互联网络平台，构建了一、二、三产融合发展的现代农业特色产业体系。在农村改革中实现了花海田园、生态宜居，在三产融合发展中实现了强村富民、产业兴旺，在和谐共治中实现了治理有效、乡风文明，走上了乡村振兴之路。基于过程分析，提炼出乡村振兴培育机理(图9-5)以及相对应的构念典型证据(表9-5)。

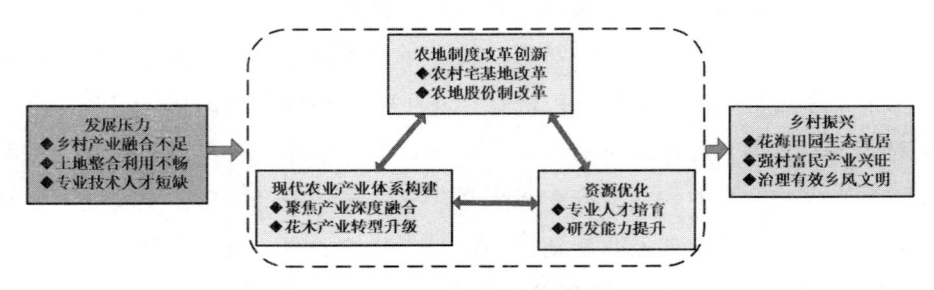

图 9-5　农地制度创新助力乡村振兴培育机理

表 9-5　相关构念及典型证据援引

形成基础	一级编码	二级编码	典型证据举例	条目数	来源
动因	发展压力（A11）	产业深入融合不足（a25）	"绿化工程企业对花木种植的带动作用不断下降，电商企业对花木种植的带动作用尚未显现，工业生产企业和花木缺乏主营业务关联性。""花木种植尚未形成以花木带动旅游、以花木带动农业服务的三次产业深度融合发展格局。"	7	F1、F2、S3、S4、S5

第九章　乡村振兴中农地多元主体利益共享的演化机理与实现路径

续表

形成基础	一级编码	二级编码	典型证据举例	条目数	来源
动因	发展压力（A11）	土地整合利用不畅（26）	"本村土地流转租金价格差异大，从一两千到上万元不等，对村民流转土地形成了一定的心理冲击，使村民对农地流转普遍产生了较高心理预期，影响农地流转。""整合土地面临困难，村民普遍不愿意将土地流转给合作社运营；将土地流转合作社运营的部分农户，当看到合作社收益比较好的时候，就想坐地起价。""工业企业受制于建设用地政策无法扩大生产。"	11	F1、F2、S1、S3、S4、S6
		专业技术人才短缺（a27）	"科技型、经营专业人才缺乏，本地就业人员基本以花木种植和简单加工为主。附加值高、科技含量高的选种育苗等环节缺失，多从外部采购。""高校、科研院所等大型技发机构创新支撑薄弱，国际化企业、高校、科研院所等大型技发机构创新支撑薄弱。""仅有常州家绿林果园艺有限公司、世华花卉科技有限公司两家企业具有一定的选种育种生物组培能力。"	8	F1、F2、S1、S2、S3
行为	农地制度创新（A12）	农地股份制改革（a28）	"武进区被选为第二批全国农村改革试验区的试点村，其中跃进村作为武进区第一批农村土地股份合作社改革试点村，通过农地经营权入股改革，促进农地集中规模化经营与集体入股成员利益共享。""村民土地入股成立花木合作社，村民保底分红种植收益高，每亩6万多元收入，纯收入2万多元。"	11	F1、F2、S1、S2、S5
		农村宅基地改革（a29）	跃进村作为武进区第一批农村宅基地改革示范创建村，重点开展村级规划编制、宅基地审批、宅基地确权登记、有偿使用与有偿退出等创建工作。逐步实现农村集中居住，节约集约，土地入市增加村级集体收入。	12	F1、F2、S1、S4、S5

续表

形成基础	一级编码	二级编码	典型证据举例	条目数	来源
行为	现代农业产业体系构建（A13）	花木产业转型升级（a30）	"以前村民花木生产经营都是单打独斗，现在形成了'农户＋合作社＋电商'、'农户＋电商＋网络平台'、'农户＋涉农企业＋分销商'等多种经营模式。""通过优化现代农业产业体系、健全现代农业生产体系、调整现代农业经营体系，促进花木产业转型升级。""本村江南花都产业园规划中，将集种苗组培、盆花生产销售进出口贸易于一体，打造华东地区最大的中高档温室花卉生产基和集散中心。"	10	F1、F2、S1、S2、S4、S5
		聚焦产业深度融合（a31）	"村里制订花木产业融合发展规划，以花木培养种植为基石，互联网、电商平台为纽带，以园林绿化工程及其工业林木需求为依托，以花木乡村旅游为契机，聚焦以花木为特色的农村一、二、三产业融合发展。"	6	F1、F2、S1、S3、S4、S5
	资源优化（A14）	专业人才培育（a32）	"跃进村组织全村创业致富带头人、金牌花木经纪人和大学生农民参加创业培训。2017年，组织全村60多户相对困难农户家庭的大中专毕业子女，参加花木电子商务营销和经纪人创业团队，平均每人创业增收5.5万元。这不仅为跃进村实现乡村振兴培育了一批产业人才，也成为减少相对贫困农户、拓展创业增收的有效途径。"	8	F1、F2、S1、S2、S3、S4
		研发能力提升（a33）	"要向花木产业链上游延伸，争取组培、育苗等高价值的生产环节。""花木产业技术研发能力提升是促进跃进村产业发展区位协同发展的关键。"	7	F1、F2、S4、S6

第九章　乡村振兴中农地多元主体利益共享的演化机理与实现路径

续表

形成基础	一级编码	二级编码	典型证据举例	条目数	来源
结果	乡村振兴（A15）	花海田园生态宜居（a34）	依托湖泊资源以及花木园艺种植产业特色，打造江南水乡特色花海田园村庄。村庄建设中积极拓展"花都新苑"规模，完善各类配套公共服务设施，提升美丽宜居乡村，持续改善乡村环境风貌，有序实现集中居住，打造现代化农村美丽宜居乡村示范点。	8	F1、F2、S4、S5
		强村富民产业兴旺（a35）	截至2017年底，全村农业产值1.5亿元，工业产值3 500万元，村级集体收入180万元，人均纯收入2.95万元。花木产业发展形成了企业+合作社+农户、电商+合作社+农户、企业+农户现代农业经营模式。村集体通过入股花木合作社，大大提升了资产性收入和经营性收入，三年实现村集体收入增长50%，通过农民创业、合作入股电商带动等方式实现农民增收万元以上。	7	F1、F2、S3、S3、S5、S6
		治理有效乡风文明（a36）	突出党建引领、三治结合，融入多元理要素形成有效治理体系；跃进村民秉持和传承着"勇于拼搏、敢于开辟、变通创新"的花木精神，已成为乡村文化的重要构成。跃进村还传承夏溪第一党支部红色基因，乡村全面融入现代文明，建设时代文明实践站。	5	F1、F2、S4、S5、S6

(1)转折性动因：农地三权分置改革创新为乡村产业振兴增添强劲动力。三权分置背景下，农地经营权入股发展农业产业化经营已成为激发乡村振兴的新动能。农地股份制的优越性体现在兼具要素整合价值与产权分离价值（徐文，2018），农地股份合作制不仅有利于盘活集体土地的财产，还可以可吸纳土地、资本、劳动力、技术等多种生产要素，聚集农业生产优势资源要素，进行农产品生产、加工、销售等一体化经营（文龙娇、马昊天，2020）。跃进村紧紧抓住地区农业产业化发展机遇，率先进行农地经营权入股试验改革

(a28),成为第二批全国农村改革试验区的试点村。通过农民土地承包经营权入股村集体土地股份合作社,将土地经营权从长期固化的承包权束缚中分离出来,形成了以集体经济组织为主导的土地流转稳定机制,保障了农民对土地的长期承包权益,实现了土地资源要素更加活跃、自由化地流动,为农地多元主体利益共享实现提供制度保障。同时,该村实行统一的土地规模化流转,有利于土地利用的整体规划和产业发展的科学布局,为农博园产业发展奠定了良好基础,较好地适应了现代规模农业生产发展的现实需求,土地经营潜能得到全面释放。

(2)关键性动因:基于三产融合发展的特色现代农业产业体系构建。案例村庄通过花木产业转型升级(a30)与聚焦深度产业融合(a31),最终形成了特色现代农业产业体系(图9-6)。跃进村花木产业转型升级分为两个步骤,首先是花木产业经营形态由农户家庭经营向"农户+合作社+电商""农户+电商+网络平台""农户+涉农企业+分销商"等多元化经营转型,市场战略从花木本土批发零售向区域品牌销售与出口贸易转型,如跃进村江南花都产业园区的打造;其次,花木产业从低附加值向高附加值转型,如花木生产服务与花木乡村旅游业等开发。产业融合发展不仅是构建现代农业产业体系的必然要求,也是培养农村新产业、新模式(韩江波,2018),打破市场空间和产业边界的有效途径。跃进村特色现代农业产业体系构建中,首先,通过补链、增链、强链打造花木全产业链。在立足于选种育苗、生产种植的基础上,补增花木研发设计短板,拓展销售流通渠道,形成花木生产、加工、销售等一体化产业链,增强了产前、产中、产后的各环节有机衔接,从而实现农业产业链高效运转;其次,聚焦一、二、三产深度融合发展,建立独具特色的现代农业产业体系。以合作社、电商、涉农企业等不同新型农业经营主体为主导,以花木培养种植业、园林绿化工程、花木生产服务业、花木乡村旅游业等在内的一、二、三产融合发展为依托,通过组织链、物流链、信息链等"多链管理",实现了多元参与主体协同共生的利益链、价值链不断升级。

第九章 乡村振兴中农地多元主体利益共享的演化机理与实现路径

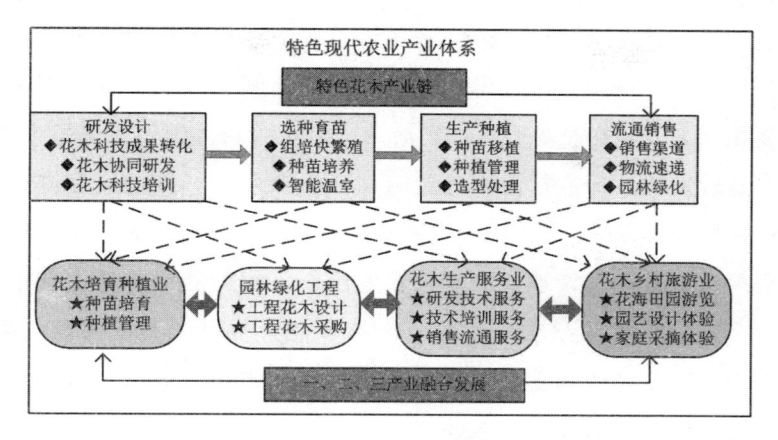

图 9-6 跃进村特色花木现代农业产业体系

总体上，跃进村探索构建了"农地股份合作社"+"农副产品专业合作"的土地流转"双重合作"机制，外加"村级劳务合作社"为服务平台，共同构成了土地经营权入股发展产业化经营"双重合作"+"三社联动"的创新模式，为提高土地节约集约利用效率、促进农业提质增效、激发乡村振兴活力等方面增添了新动力。

(3) 诱致性动因：以专业人才培养与研发能力提升带动乡村资源配置优化。人才兴则乡村兴，培养具有专业技能的乡村产业人才是推进村庄持续发展与振兴的核心动力。跃进村尽管前期依靠乡村能人带动了村庄脱贫、致富，但少数精英人才难以满足乡村产业转型升级与全面振兴发展中对多种专业、技能人才的需求。为突破乡村发展人才瓶颈，跃进村着力培育三类专业人才（a32）：以新乡贤为主创业致富带头人、以经纪人为主金牌花木销售人员、以大学生为主专业技能人才。第一类，以乡贤为主创业致富带头人，是乡村全面振兴的引领者。乡贤作为乡土社会的成功人士与具有公益精神的内核的贤能之辈，是乡村社会发展的中流砥柱，理应被纳入乡村建设所需的人才范畴（吴晓燕、赵普兵，2019）。跃进村的新乡贤包括了村委会现任及退休干部、企业家、新型农业经营主体中的领导者等，以及来自外地且为村庄社会经济发展做出贡献的精英人士。地方政府对其提供了服务便利与完善激励机制是确保乡贤持续反哺桑梓的重要基础，包括项目审批手续、创业绿色通道、税收优惠、授予荣誉称号、先进事迹报道等。第二类，以经纪人为主金牌花木销售人员，是乡村产业振兴的市场开拓者。花木经纪人伴随花木市场出现而形成，长期游走于田间与市场，能够及时捕获市场需求与动向，作为普通种植户的委托代理人，在交易中自谋利润的同时也为花木销售拓宽了市场渠道。经历前两阶段发展，跃进村花木经纪人队伍日渐壮大，委托代理方式从传统下线实体销售逐步发展为"实体＋电商＋互联网"多渠道销售，通过地方政府组织的定期培训与监督管理，为规范花木经纪人行为避免委托代理中的道德风险问题，提升花木经纪人市场经营与销售能力提供了制度保障。第三类，以大学生为主专业技能人才，是乡村振兴的新生力量。地方政府与跃进村委会根据乡村经济发展需求，将人才培养与扶贫目标相结合，瞄准困难农户家庭的大中专毕业子女，将其培养成服务于本土的专业技能型人才，从而实现教育扶贫与乡村人才培育双赢。

9.6 农地三权分置下多元主体利益共享的实现路径探讨

9.6.1 农地三权分置下多元主体利益共享的演化过程

基于跃进村改革开放四十年变迁历程，总结村庄成长演化过程中农地三权分置下多元主体利益共享的实现路径如图9-7所示，具体结论如下：

(1)农地制度变革下多元主体利益共享实现是乡村自修复机制、自适应机制和自完善机制下的资源要素整合、重构与优化的过程。乡村发展的本质是乡村主体与主体、乡村主体与要素、主体与产业、要素与产业、产业与市场等关系的集合，乡村振兴的本质则是村庄自修复、自适应和自完善机制下的资源要素整合、重构与优化的结果。基于自修复机制处理乡村主体与要素、要素与产业的关系，目的是为实现乡村脱贫的同时乡村主体由弱到强的发展，是乡村成长中的自我微观修复机制；基于自适应机制处理乡村主体与产业、产业与市场间的关系，目的是实现乡村致富的同时乡村主体由单一到多元化的发展，是乡村发展的中观适应机制；基于自完善机制核心是处理乡村农地经营主体与利益相关者、农业产业与环境之间的关系，目的是在环境变革中能够与相关利益主体利益共享、和谐共赢是乡村振兴的宏观完善机制。乡村成长基于自修复、自适应机制和自完善机制处理各类主体、要素、产业、市场与环境关系，以实现农地利益相关者之间的协调共生和村庄自身的持续自生力。

第九章　乡村振兴中农地多元主体利益共享的演化机理与实现路径

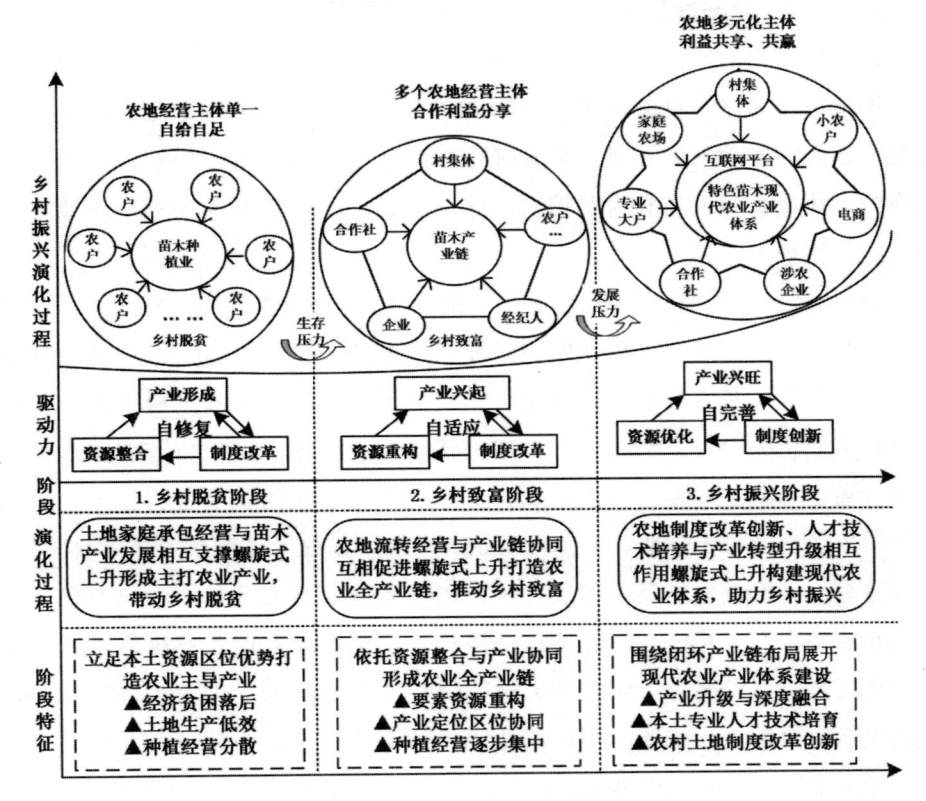

图 9-7　乡村发展中农地多元主体利益共享实现路径示意图

(2)农地三权分置下多元主体利益共享实现是乡村发展核心能力从低阶到高阶、从传统的自给农业向市场化的乡村产业发展，自主发展能力不断演化提升的过程。在乡村脱贫培育阶段，乡村产业形态由一盘散沙到形成主导产业，通过乡村能人带动资源整合，依靠农地制度改革转变经营方式，乡村核心发展能力从自给自足生产层面跃升为面向市场的农业主导产业发展层面。在乡村致富培育阶段，乡村产业形态由单一主导产业跃迁为产业链发展，乡村核心能力从单一农业产业跃迁到农业产业区域协同发展为依托的乡村核心竞争优势。在乡村振兴培育阶段，乡村产业形态由产业链跃迁为现代农业产业体系，乡村核心发展能力进一步跃迁为可持续动态内生发展能力。乡村成长的自修复机制、自适应机制和自完善机制支撑更具体地表现为核心发展能力的不断演化。

9.6.2 农地三权分置下多元主体利益共享的实现路径

以跃进村为缩影，回首改革开放四十年乡村成长演变历程，既经历了落后时期的一贫如洗，也见证了振兴时期的日新月异。从影响跃进村振兴演化过程的核心因素中可以发现以农地制度改革为支撑、以农业产业发展为动力、以乡村人才成长为依托成为案例村庄农地多元产权主体利益共享的主要实现路径。具体如下：

(1)从制度改革演化来看，"集中—细分"的农地产权制度与"征税—补贴"的农业经营制度变迁，是推动农地多元主体利益共享的"稳定剂"。从两权分离到三权分置，是农地产权不断细化、权能逐步清晰完整和乡村土地产权主体日趋多元化的过程。家庭联产承包责任制首先实现了土地所有权与承包经营权分离，形成了村集体与承包农户相结合、双层化的农业经营体系，极大调动了农业生产者积极性，为乡村农业产业发展释放了关键生产要素与能量。三权分置下，农地承包经营权进一步分离为承包权与经营权，农地产权交易半径和农地生产经营权主体范围进一步扩大，土地经营权入股改革发展农业产业化经营，不仅推动了农村社会生态结构的深刻变动，也为乡村产业振兴发展提供了前所未有的新契机。农业税费改革从征税到补贴，是乡村农业产业历经从索取到反哺的艰难成长过程。税费改革对于减轻农民土地税费负担、促进土地资源配置效率提升和乡村产业经济产生举足轻重的影响，成为推进乡村从贫困走向振兴发展与农地多元参与主体利益实现共享的重要制度红利。

(2)从乡村产业演化来看，"主导产业—产业链—产业体系"的乡村农业产业化发展路径，是带动农地多元主体实现利益共享的"发动机"。从主导农业产业打造到农业产业链，是资金、技术、土地、劳动等多种要素不断向主导产业集聚的过程。农业产业要素、参与主体随着产品市场的逐步形成而日趋集中，经营规模逐步扩大，并向上、下游产业双向延伸，形成主导农业产业链带动乡村经济从脱贫走向致富。从乡村农业产业链到现代农业产业体系构建，是乡村农业产业在快速成长中转型升级与三产融合发展的过程，此阶段乡村产业面临市场空间与产业边界限制，打破这一局限性的关键是立足本土特色优势产业与区域协同发展定位，借助电商、互联网络平台，横向优化产业结构与布局，纵向通过补链、增链、强链推进产业链延伸，空间促进一、

第九章 乡村振兴中农地多元主体利益共享的演化机理与实现路径

二、三产业相互渗透与融合，形成具有鲜明特色优势的现代农业产业体系，最终实现乡村振兴战略中农地多元主体实现利益共享。

（3）从乡村人才成长演化来看，"个体带头人—组织带头人—职业农民""经验型—技术型—复合型"的人才成长，成为助力农地多元主体利益共享的"孵化器"。个体带头人到组织带头人再到职业农民培育过程，是"精英捕获"溢出效应逐步显现化的过程，反映了乡村人才发展扁平化的趋势，由少数精英引领逐步向具有新思想、具备职业技能与素养职业农民普遍参与转变。从经验型、技术型到复合型乡村人才成长轨迹来看，反映了乡村人才内在成长结构的不断优化。乡村经济发展既为本土人才培养提供了物质保障又为其才能展示提供了广阔舞台和发展空间，成为激发人才队伍和规模不断扩大，人才专业能力、综合素养和思想认识不断提升的驱动力。总体上，在农村集体所有制经济下，乡村振兴演化过程中农地多元主体的利益联结关系日益紧密，逐步成为命运共同体。

9.7 本章小结

乡村振兴战略自出台以来受到各界高度关注和广泛实践，但关于乡村振兴演化中农地多元主体利益共享实现路径探索，相关理论与实证研究仍较为匮乏。本研究基于江苏省常州市武进区跃进村1978—2018年乡村40年发展历程分析，探讨了乡村振兴演化中农地多元主体利益共享形成机理及实现路径。通过案例分析发现，乡村振兴演化路径可分为：农地两权分离促乡村产业打造的乡村脱贫阶段、农地流转促乡村产业协同发展的乡村致富阶段、农地三权分置促乡村产业体系构建的乡村振兴阶段，运行机制包括自修复机制、自适应机制和自完善机制，并由此构建了乡村振兴演化中农地多元主体利益共享形成机理模型。研究发现：①从实现路径层面分析，农地三权分置下多元主体利益共享实现既是自修复机制、自适应机制和自完善机制下的资源要素整合、重构与优化的过程，也是乡村发展核心能力从低阶到高阶、从传统的自给农业向市场化的乡村产业发展，自主发展能力不断演化提升的过程。②从制度改革演化来看，"集中—细分"的农地产权制度改革与"征税—补贴"的农业经营制度变迁，是推动农地多元主体利益共享的"稳定剂"。③从乡村产业演化来看,"主导产业—产业链—产业体系"的乡村农业产业化发展路径,是带动农地多元主体实现利益共享的"发动机"。④从乡村人才成长演化来看,"个体带头人—组织带头人—职业农民""经验型—技术型—复合型"的人才成长路径,成为助力农地多元主体利益共享实现的"孵化器"。

第十章　三权分置下农地多元主体利益共享实现形式与政策支持体系

以农地为利益联结纽带发展农村混合所有制经济是盘活农村要素资源、带动农地多元产权主体间利益共享的重要实现形式，有利于促进乡村振兴与共同富裕战略目标实现。为此，本章将借鉴混合所有制思想，结合农地三权分置具体实际，以股份合作制为新型农业经营主体与农户利益联结的组织载体，构建农地多元利益主体适度规模经营利益共享的混合所有制经济及政策支持体系。

10.1　农地多元主体利益共享的混合所有制经济内涵特征

10.1.1　农地多元主体利益共享的混合所有制经济内涵

"混合经济"蕴藏了西方新古典综合派诸多经济学者的理论著作与思想。最初源于凯恩斯（1936）《就业、利息和货币通论》一书中的国家干预经济理论思想（刘长庚、张磊，2016）。而后，汉森（1941）在其著作《财政政策和经济周期》中，将"混合经济"的内涵界定为"公私混合经济"或"双重经济"，既包括生产领域国有企业与私人企业并存的"公私混合经济"，也涵盖了收入与消费方面公共卫生、社会安全及福利开支与私人收入和消费的并存的"公私混合经济"。萨缪尔森（1948）在《经济学》中认为，"混合经济"是国家干预的、以私人经济为基础的市场经济，同时也是不同私有产权之间的合作经济。资本主义国家的"混合经济"与我国现行的混合所有制经济有着本质区别，西方社会强调私人资本主义经济与社会化经济间的混合或融合，而我国社会主义混合所有制经济是以公有制为主体、多种所有制经济并存,侧重不同经济所有制性质财产关系的混合。

中国的混合所有制经济建立在对传统劳动价值论的反思和按生产要素贡献分配理论基础之上(蔡继明,2014),从改革开放前的单一公有制到改革开放后逐步形成的公有制为主的混合所有制经济,是中国共产党对生产资料所有制形式与结构不断探索与实践过程中确立的中国特色社会主义初级阶段基本经济制度(方福前,2021),也是对马克思主义的生产资料所有制理论与社会主义制度理论的丰富和拓展。关于混合所有制经济的内涵可分为宏、微观两个层面:宏观层面是指国家经济结构中不同所有制经济成分间的融合及其比重构成;微观层面则主要是企业内部的不同所有制的构成,体现为多种经济成分相互渗透、融合(刘伟,2015;葛扬,2004)。可见,"混合所有制"经济思想不仅在宏观经济顶层设计中具有举足轻重的作用,在微观经济活动也具有指导意义。

混合所有制与产权制度紧密联系,相辅相成。产权本质上是对既定所有制形式下不同主体在经济活动中形成的法定权力、责任义务及利益关系的体现,同时不同产权结构配置又会影响着生产资料的结合方式及收益分配结构(姜军松,2010)。农地所有制关系根本上是农地占有控制权利关系,农地权利归属及产权配置直接决定着农地所有制运行的公平与效率水平(姜军松、陈红,2021)。正是由于二者之间的内在逻辑联系,为以农地三权分置改革为核心内容的农地多元主体利益共享的混合所有制经济理论与实践探索提供了重要契机。回顾既有文献,当前学界关于"混合所有制经济"问题的微观探讨多集中在国有企业改制域,围绕农地三权分置改革的混合所有制探讨尚屈指可数。目前,有关农村混合所有制研究的文献共六篇,其中涉及农村土地制度改革的仅两篇,分别对农村混合所有制经济内涵(姜军松、陈红,2021)及混合所有制思路下农地制度改革特征(谢培秀,2015)进行了阐释。

鉴于学界对混合所有制经济内涵有宏、微观多角度理解,以及混合所有制与农村土地产权制度间的内在逻辑关联,本研究尝试从以下几个方面对农地多元主体利益共享的混合所有制经济内涵进行诠释:①立足于中国特色社会主义农地公有制的基础上,以乡村振兴战略与农业农村现代化发展为导向,

第十章 三权分置下农地多元主体利益共享实现形式与政策支持体系

以"实现共同富裕"为终极目标；②在农地三权分置制度框架下，坚持农地集体所有性质不变与农户承包经营权长期稳定的基础上，以农地这一主要生产资料为核心，积极引导和吸引各类经济主体(包括个体、合作组织、私营企业等经济主体)参与资金、技术、管理、劳动力等多种资源要素投入，实现不同所有制性质的生产要素之间多元投资、相互融合；③通过农地经营权放活与产权功能配置优化，从而提升新型农业经营主体参与农地高效利用与投资经营的积极性形成具有农地结构多层次性、产权主体多元性、利益分配方式多样性的农地产权利益共同体。

10.1.2 农地多元主体利益共享的混合所有制经济特征

从我国社会主义初级阶段基本经济制度中的发展混合所有制经济的价值取向与国有企业混改的实践来看，混合所有制经济可以有效实现宏观与微观效率相互补充、不同性质产权及不同所有制成分之间的优势互补以及公平与效率兼顾。建立农地多元主体利益共享的混合所有制经济需要符合"四个"有利于：一是有利于三权分置改革目标实现；二是有利于理顺三权分置下农地多元产权主体间的利益关系；三是有利于农地经营权市场化配置、经营主体对农地经营权收益稳定性预期；四是有利于农地多元主体利益共享机制实现。据此，将农地多元主体利益共享的混合所有制经济特征概括为如下方面：

1. 开放多元性

混合所有制经济下农地产权主体多元化与开放性特征体现在三个层面：一是三权分置下形成了农地所有权、承包权与经营权分属于村集体经济组织、承包农户与新型农业经营主体等多元化权利主体；二是农地经营投资主体的多元化，通过农地经营权市场化流转，形成"开放式"的农地经营社会化融资机制，取代了农地集体所有、家庭承包经营中相对"封闭式"碎片化经营模式；三是农地产权性质的多元化，农村集体经济与承包经营权农户可以在市场上同其他性质资本进行开放合作，其中包括私有社会资本(专业大户、家庭农场、龙头企业、专业合作社等)、国有资本等非集体所有制性质资本，吸纳不同经济成分与形成的产权主体，形成利益共享、风险共担的经济共同体。

2. 融合共享性

农地产权主体多元混合所有制经济通过将农地"所有权""承包权"与"经营权"的有效分离，在不同利益联结方式下合作中将性质不同的经济成分融合，整合吸收农地、资本、技术、管理等稀缺资源，形成传统农地集体所有与家庭承包经营不具有的"杂交优势"，充分调动多元产权主体参与积极性，在提高农地经营收益的同时保障了集体收益及农民土地产权收益，形成农地多元权利主体间的利益共享。

3. 动态平衡性

在农地多元主体利益共享的混合所有制经济结构中，坚持农地公有制性质不变与农户承包经营权长期稳定的基础上，通过农地经营权放活与产权功能配置优化，多种所有制经济成分通过农地经营权市场化流转产生不同经济组合形式，形成农地多元创业主体间权利结构的动态平衡，为创造更高效的农地可持续利用与更大收益空间提供可能性。

4. 激励约束相容性

混合所有制产权结构契合激励约束相容原则（周振，2021），既能够通过合理产权结构安排激励农地多元利益主体参与，同时也能够根据权责制度设计约束不同利益主体行为。混合所有制改造下农地多元主体利益共享机制中，多元产权主体均进行了资产投入，因而均可享有剩余索取权，即农业产业链、价值链增值收益，相比单纯的农地租赁关系，农民是无法享受到农产品深加工、增值的丰厚利润。因此，混合所有制农地产权结构中多元权利主体建立了利益共享纽带关系，更有利于吸引集体成员以外的市场经济主体参与合作。作为集体成员的承包农户因赋予剩余所有权，更能激发其参与感，有助于实现小农户与现代农业有机衔接中的组织共建与利益共享，同时降低村集体经济组织内部人控制的负面效果。

10.2 农地多元主体利益共享的混合所有制经济实现形式

宏观层面顶层设计为混合所有制经济的发展指引方向，而微观层面的具体实现形式探索则为解决现实经济问题提供实现路径。从微观视角出发，借鉴国有企业混合所有制经济在解决所有权分散与经营权集中、资本在社会范

第十章 三权分置下农地多元主体利益共享实现形式与政策支持体系

围内流动等问题的成功经验及农村混合所有制经济的多元探索，探寻农地适度规模经营利益共享混合所有制经济具体实现形式，以期解决农地承包权分散与经营权集中、农地适度规模经营中多要素流动并参与利益分配等问题。实践中，各类新型农业经营主体发展更源于国有、集体所有、私有等多种所有制形式，如家庭农场主要产生于普通农户、种养大户，农民专业合作社则是通过村集体经济组织或集体成员牵头农户自愿原则下结合形成的组织形式，涉农企业源于既包括乡镇企业、社会工商资本下乡。因此，混合所有制导向的农地产权实现形式多种多样，从资本性质看，包括"集体资本＋个体资本""集体资本＋国有资本""集体资本＋社会资本""集体资本＋个体资本＋社会资本"等（赵翠萍、王瑾瑜，2020）；从合作联盟方式来看，形成了农业共营制、产业联合体以及其他形式的农业产业化联盟；从企业经营制度来看，可分为合作制、股份制、股份合作制等。

股份合作制兼具了合作制与股份制的优势，被认为是集体经济改革发展混合所有制经济有效实现形式（傅尔基，2017），也是农地产权制度改革的重要实现载体，因而也成为农地多元权利主体利益共享机制实现的混合所有制经济的重要形式。根据既有文献（何安华，2015；文龙娇、马昊天，2020），将农村地区以农地为纽带的股份合作制再大体分为两类：第一类是村集体经济组织或集体成员中专业的土地经营者发起、农地承包经营权为纽带成立的农地股份合作社；第二类是由农村集体农地股份合作社将土地经营权折价入股农业专业合作社或龙头企业等，成立股份合作制涉农企业、专业合作社等。上述两类股份合作制是否都能够成为农地多元产权主体利益共享的混合所有制经济实现形式？结合混合所有制经济内涵特征，可从两个方面进行判断。其一，是否能将农地股份合作制成员个人参与持股视为集体股份中的一种产权。在党的十八届三中全会《中共中央关于全面深化改革若干重大问题的决定》提出是"允许混合所有制经济实行企业员工持股，形成资本所有者和劳动者利益共同体"。参考这一政策，可将农地股份合作社中集体经济组织与成员农户视为集体资本与个体资本合二为一。其二，考察在股份合作制组织中除集体资本与成员农户个人资本以外是否存在其他社会资本，特别是非公有制资本参股融合。当农地股份合作制的股权结构中，引入了非集体成员以外的非公有制社会资本时，则意味着这类农地股份合作组织已具备发展成为农地多元产权主体利益共享的混合所有制经济的条件。

由此可见，在农地股份合作制集体与成员个体资本"二合一"的基础上，还需要引入其他非公有制经济成分，第二类更符合国家统计局解释规定的真正意义上的以农地为利益联结纽带的混合所有制经济实现形式。本文第四章探讨以黑龙江省以桦南圣田农业科技发展有限公司为例的"合股共赢型"模式、四川崇州探索的"农业共营制"等，均是第二类以股份合作制为农地多元权利主体利益共享实现的混合所有制经济形式典型代表，也为三权分置下多元产权主体利益共享机制与农业经营体制机制创新提供了经验启示与方向。

10.3 三权分置下农地多元主体利益共享的政策支持体系

10.3.1 探索"村社分离"的农村集体产权制度改革

理顺农村基础组织关系是发展农地多元主体利益共享的混合所有制经济的重要基础。长期以来，在我国农村地区普遍实行村（居）民委员会与集体经济组织"政经合一"的村社集体治理模式，既发挥着有效调动农村社会资源、降低组织成本、推动农业社会化服务与产业发展等诸多方面独特优势（孙新华，2017；陈静等，2019），同时也存在村委会行政化行使农民集体土地所有权，导致农民集体与村集体经济组织在法律、实践中虚位情况（张里安、乔博，2016）。作为民主载体的公共管理机构村委会和作为经济载体的集体经济运营组织村集体经济组织，二者在组织目标上大相径庭（徐增阳、杨翠萍，2010）。村委会在我国行政体系下是具有准政府性质的代理机构，其组织目标是为村社内所有成员通过均等公共服务、寻求公平民主化的村民自治。而村集体经济组织的性质是公有制经济组织，追求经济的最大化、效率最优，使集体资产在合理利用和有效保护的基础上实现保值增值是其组织目标。

"村社分离"的农村集体产权制度创新对于促进三权分置农地多元权利主体利益共享实现具有重要意义，具体体现在：一是，改善乡村治理水平、提升乡村治理能力需要独立完备的村民自治组织。村委会在剥离其在农村集体资产经营管理方面的功能后，才能成为单纯的村民自治组织，突出其公共服务与乡村治理功能，尤其是在农村土地三权分置改革与农地多元主体利益共

第十章　三权分置下农地多元主体利益共享实现形式与政策支持体系

享分配中，真正以第三方身份行使其农地资源利用的监督、管理及参与主体间的利益协调职能。二是，盘活集体经济、壮大集体经济实力，需要村集体经济组织具备独立完整的法人地位。通过"村社分离"剥离其在发挥经济职能中的行政化职能，有助于化解农村集体经济组织发展混合所有制经济的身份困境及权责不清引发的利益冲突问题。

那么，实践中具体如何实现"村社分离"？近年来，经济较为发达的东部村庄在先后展开了"村社分离"试点改革，为农村集体产权制度改革创新与农地多元主体利益共享的农村混合所有制经济发展提供了经验借鉴。例如，2016年上海市金山区全面推进政社分设，实施"村、社"分账管理；2019江苏省江阴市入选全国首批乡村治理体系建设试点县，2020年江阴市积极开展村社分离改革，截至2020年底已完成46个试点村村社分离改革工作；2021年11月，江苏省南京市江宁区在试点改革中出台了《谷里街道村社分账实施方案》；2022年4月，江苏常州市金坛区农业农村局印发《村民委员会与村股份经济合作社实行分账管理的试点方案》等。结合上述地区试点改革具体经验做法，考虑"村社分离"的农村集体产权制度改革主要着眼于以下方面：一是"村社分账"，是"村社分离"工作的核心，独立的财务核算系统是确保集体经济组织成员合法权益的重要基础，具体包括资产分割、收支分账、事务分离、账户分设等，将农村集体资产划分为经营性资产和非经营性资产两类。二是权责分离，理顺了村委会与集体经济组织各自的职责与权力，厘清两者的关系和职能边界；三是增强集体经济组织独立处置权。选择具备实体经济、实行公司化运行的集体经济组织开展引进农地股权化投资者试点，优化农地股份合作制中多元产权主体的股权结构，探索集体资产股权的有偿退出机制以及户口、居住地与产权分离机制。

10.3.2　构建混合所有制经济的市场运行机制体制

一是建立基于大数据的农地经营权入股价值评估机制。随着土地要素价格不断攀升，农地多元产权主体间的利益分配问题日益凸显，如何通过有效经济规制政策实现农地多元主体利益共享成为解决上述关键（文龙娇、顾天竹，2019）。从当前实践来看，农地经营权流转多基于流转双方协商定价，尚未形成市场参考价格机制与科学、统一规范的定价标准，易造成地价评估不合理而影响农户参与农地市场化流转积极性。鉴于此，首先考虑建立口径一致的农地经营权流转价格监测的大数据平台，通过信息化手段及时准确反映农地经营权市场价格、交易规模、地块分布、空间结构等信息，为科学量化地价评估指标与方法提供参考。其次，通过政策法律手段完善对农地经营权入股作价第三方评估机构监管，明确评估机构资质、评估程序、评估方法等，确保评估过程公开透明，充分尊重和保护农户对其农地经营权入股价值评估的知情权与监督权，确保地价评估公平、公开与公正。

二是建立匹配差异化农地经营权属性的耕地保护性投资行为激励与保障制度。如何处理好流转农地经营权属性界定与经营权自由流动之间关系，成为农地三权分置改革"放活经营权"目标实现的关键。农地产权制度改革的核心是要处理好公平与效率的关系，即产权界定与产权流动性关系。随着三权分置改革不断深化，物权化不再是放活农地经营权的唯一选择，应根据农地经营权流转方式、流转期限、权利设定方式及实际权能等分形划分，清晰界定债、物二分属性农地经营权权能，兼顾农地经营权流转灵活性与经营者收益稳定性预期需求，进一步完善相关法律条文，以实现维护农地经营权制度公平与追求产权配置效率最优之间的和谐。此外，多措并举提升农地多元产权主体耕地资源可持续利用的内生动力。通过农技培训不断提升经营者对高效农业技术的科学认知，形成农业绿色发展理念；根据农业经营主体绿色高效农业发展个性化需求，探索多元农业保险产品，搭建数字化农产品销售服务平台，促进农业生态产业化与农业经营组织化耦合协调发展。

三是完善农地多元权利主体利益共享的市场运行体制机制。建立完善的农地产权交易市场和交易平台，引导农地经营权长期化、市场化流转；从完善《农村土地承包经营权》立法层面，明确农地经营权物权与债权属性及其划分边界，积极推进物权化农地经营权抵押数字普惠金融业务，拓展新型农业经营主体数字金融渠道。同时，结合区域农业产业发展规划，制定农地经营权属性分类的农业技术推广与耕地保护支持策略。具体而言，设定债权属性农地经营权满足经营者自由灵活短期化农业生产需求，通过绿色高效农业生产经营补贴、绿色生产社会化服务支持体系，引导这类主体进行短期化绿色高效农业技术投资；设定可抵押、担保、入股等物权属性农地经营权，保护

第十章　三权分置下农地多元主体利益共享实现形式与政策支持体系

经营者长期稳定的农用地需求，并提供普惠性农地经营权抵押贷款支持其进行农地资源永续性投资。

10.3.3　完善农地多元权利主体利益共享保障机制

第一，探索经济、社会与生态"三位一体"规制政策的农地经营权入股风险防范机制。针对农户土地经营权入股可能面临的经营失败、利益受损等经济风险，农地股权转让、变更等而引发失地的社会风险，以及农地质量下降、农业生态恶化等生态风险问题，应考虑从经济、社会与生态等方面完善农地经营权入股风险保障的规制政策。经济规制政策层面，应结合地区经济发展水平、农地股份合作制运行状况等，按照农地经营权入股风险程度由低到高，可逐步探索由普通债权、可转换债权、优先股权、普通股权等债权逐步向股权形式转化，进行"债股渐进"式农地经营权入股模式探索，以降低跃进式发展造成的非系统性风险。社会规制政策层面，针对农地经营权入股中可能面临的失地或土地保障功能缺失等风险，构建"农地经营权入股保险"，利用市场化手段化解入股所可能带来的农户生存保障缺失与社会危机。生态规则政策方面，完善农地生态保护的网络监测系统，严格落实农用地入股经营中的用途管制，量化农地经营权入股经营耕地质量评估与保护标准，通过经济补偿与处罚手段强化农地经营生态资源保护。

第二，构建农地三权分置下经营权入股政策与法律协同推进机制。2019年1月1日新修订的《农村土地承包法》第36、37条中，就农地经营权入股经营双方的权利进行了明确规定，但相关法律对于农地经营权入股经营中多元主体利益分配、股权转让与退出等问题尚未涉及。农地经营权入股政策能否持续稳定推进、能否确保农民土地产权安全性，关键是农地经营权入股政策环境能否与配套法律法规协同推进与完善。这有赖于立足于农地三权分置制度框架之下，通过对农地多元产权主体权利边界清晰界定，主体间基于入股方式形成的利益联结关系有效识别，农地股份合作制中股权转让、变更及退出等诸多环节配套政策与法律进一步细化与完善，形成三权分置下农地经营权入股政策法律协同推进机制，为农地经营权入股发展农业产业化经营提供切实政策法律保障。

第三，建立农地多元权利主体利益共享融合发展的协调与保障机制。随着农业现代化与农业产业化发展水平提升，新型农业经营主体与农户的利益联结方式也从过去简单的契约关系转变为资源共用、风险共担、利益共享的紧密型利益分享机制，同时多元所有制、多种经营方式构成的混合经济发展，以互助共赢、融合发展为利益共享合作关系形成基础。在农业产业化联盟中，需要更加关注小农户在生产经营、利润分配环节获得更多发言权、收益权保障，使小农户能够参与分享农业现代化发展红利，推进农地多元产权主体利益协调与可持续发展，这也是中国特色以人民为中心的发展观在农地产权制度改革与农业现代化发展中的重要体现。

10.4 本章小结

实现新型农业经营主体与农户利益共享，离不开有效经济实现形式与政策支持体系构建。本章首先梳理了学界对其内涵的多维度界定，及混合所有制与产权制度紧密联系，在此基础上将混合所有制经济思想引入到三权分置下农地多元权利主体利益共享机制构建中，并对农地多元主体利益共享的混合所有制经济内涵进行了定义；其次，从资本性质、经营模式视角，分析了农地多元主体利益共享的混合所有制经济实现形式，重点分析股份合作制为新型农业经营主体与农户利益联结的组织载体，构建农地多元利益主体适度规模经营利益共享的混合所有制经济实现形式。最后，从"村社分离"的农村集体产权制度改革、混合所有制经济的产权制度基础与农地多元权利主体利益共享保障机制构建方面，提出促进三权分置下新型农业经营主体与农户利益共享的配套政策支持体系。

第十一章 研究结论与展望

11.1 研究结论

11.1.1 农地经营权入股改革创新举措及主要问题

近年来,全国各地积极推进农地经营权入股改革,通过引导农地经营权入股农民专业合作社、公司(龙头企业)等方式,探索小农户与新型农业经营主体有机衔接的有效化路径。本研究实地考察了承担全国农地经营权入股改革发展农业产业化经营试验试点任务的常州市武进区,总结了其农地经营权入股改革中的创新举措与经验做法包括:第一,积极引导农地经营权入股农民合作社,加快三权分置激发土地要素活力;第二,探索"农地股份合作社+农副产品专业合作"的土地流转"双重合作"机制,构建多元化股权融资平台,为带动农业产业发展与农民增收新动力;第三,以农地股份合作社为资源整合依托、花木专业合作社为产业化发展平台、以村级劳务合作社为人力资源支撑的"三社"联动模式,为服务乡村农业产业化转型升级提供了重要组织保障,促进实现农地"合股共赢"局面形成。与此同时,武进区农地经营权入股改革中也存在农地多元利益主体"利益可共享"但"风险难共担",农地"入股出租化"倾向,收益分配的激励不足,新型农业经营主体与农户间的利益冲突等问题。为破解农地经营权入股改革中的现实困境,本研究提出促进农地经营权入股中多元主体利益共享实现的着力点:一是完善农地经营权入股收益分配制度,规范农民股东"按股分红"的操作程序,让农户真正参与分享农业产业链的增值收益；二是积极引导新型农业经营主体与农户间建立稳定的土地利用关系与紧密型利益联结关系，赋予农地经营主体更加稳定充分的农地经营权权能。

11.1.2 农户农地经营权流转行为决策的影响因素

本文以农地经营权入股流转方式为例，利用全国农地经营权入股改革试点的典型村镇426个抽样调查的微观农户数据样本，实证分析农地经营权入股试点中各环节政策对农户入股意愿及行为的影响。研究结果表明：户主年龄、受教育程度、家庭非农程度及家庭人均收入水平等变量对农户土地经营权入股决策偏好有不同程度显著性影响；农地价格评估政策的合理性、入股风险保障金政策的有效性、农地经营权入股政策的稳定性是影响农户土地经营权入股决策偏好的核心政策因素；较于农地流转管理、入股分配政策，农户在农地经营权入股行为决策中更关心地价评估是否合理、入股风险是否能有效防范以及入股政策是否能够持续推行；通过试点与非试点地区情况对比发现，试点地区农户对土地经营权入股改革响应积极性更高。据此，本研究从提升农户农地经营权入股行为响应视角，提出建立基于大数据的农地价值评估机制、"三位一体"规制政策的入股风险保障机制及农地三权分置下经营权入股政策法律协同推进机制等政策优化路径。

11.1.3 农地经营权属性对经营者投、融资行为影响

当前，农地经营权不同流转方式下的权利属性定位在法律逻辑与实践操作上存在相互矛盾的尴尬局面，进而影响新型农业经营主体投、融资行为积极性及农地多元权利主体的最终收益分配。为从产权制度改革视角激励新型农业经营主体改进农地生产行为与融资行为，推进与完善三权分置下活化土地经营权的理论与政策，本文从理论与实证层面系统揭示了不同经营权属性对经营主体投、融资行为的影响。

农地流转经营权不同权利属性是否会影响农地经营者的投资行为？针对这一问题，本研究利用常州市第三次全国农业普查数据，采用两阶段估计策略，实证检验了差异化农地经营权属性对规模经营者高效农业技术投资行为的影响。研究结果表明：农地流转合同期限较短、转入方式相对灵活的情形下，土地经营权债权属性占优，为实现短期收益最优经营者更倾向于高效农

第十一章　研究结论与展望

业生产技术投资,并且较大规模采用这类技术的可能性较高;农地流转合约期限较长、流转方式相对固化情形下,土地经营权物权属性占优,经营者基于地权稳定性、完整性预期进行高效农业技术投资的可能性较低,可能原因是物权属性经营权更能够激发长期投资行为。此外,农技培训、农产品销售模式、新型农业经营组织与农业保险等经历对农地经营者高效农业技术投资行为具有显著影响。以上结论将为完善农地流转经营法律权属性界定,建立匹配不同经营权属性的农地高效可持续利用投资行为激励与保障制度提供理论支持与经验参考。

此外,为探明新型农业经营主体融资需求现状,纳入农地产权属性、过往融资情况等情景因素,构建扩展计划行为理论模型,利用数字金融较发达的苏南地区样本数据,采用结构方程模型对新型农业经营主体数字金融偏好进行了实证分析。研究发现:知觉行为控制、行为态度和主观规范对新型农业经营主体数字金融偏好有显著的积极影响,其中主要影响因子分别是经营绩效、家庭成员支持和数字金融到账快捷特征;新型农业经营主体农地经营权属性、过往融资经历等情景因素,通过行为态度、主观规范与知觉行为控制间接影响其数字金融偏好;满足新型农业经营主体贷款资金需求,可显著提升其数字金融偏好。以上结论对推进农村数字金融服务平台建设、提升新型农业经营主体数字金融的可获得性和需求匹配性、促进乡村振兴战略目标实现具有重要政策启示。

11.1.4　农地经营权入股模式的利益联结机制比较

结合农地经营权入股改革实践探索经验,总结了"内股外租型"农地股份合作社模式、"自主经营型"农民专业合作社模式与"合股共赢型"有限责任公司模式三种典型农地经营权入股模式。并对上述模式的基本构成、运作特点及试点案例分析发现,影响农地经营权入股模式可持续发展的核心因素为组织内部建立的利益联结关系及利益共享、风险共担机制;进一步结合三种典型模式,通过核心因素进行分层比较研究发现,"内股外租型""自主经营型"与"合股共赢型"农地经营权入股模式中的主体利益联结关系呈现出由弱至强的变化,其中"合股共赢型"模式利益联结机制更为紧密。根据农地经营权入股模式在不同发展阶段的核心要素和利益联结机制差异,提出从起步、成长到发展三阶段分别以租金动态增长机制构建、特色产业驱动、农民股东权益保障为不同侧重点进行着力培育的优化路径。

11.1.5 农地多元主体利益共享的联盟绩效激励机制

面对当前农业产业化经营中组织成员"俱乐部化"、主体经营"去家庭化"与"过规模化"等，使得小农户被"拒之门外"严重背离中央十九大报告"实现小农户和现代农业发展有机衔接"的异化现象。根本原因是三权分置下农业产业化发展中农地相关主体间尚未形成促进农业绩效持续提升的利益共享机制。为激发农地经营主体间自主性联盟的内生源动力，实现利益分配的优化共享，基于委托代理理论与博弈论方法，探究了新型农业经营主体与农户构成的农业产业化联盟绩效激励问题。本文将农户的生产努力分为利己型努力和利他型（协作型）努力两种类型，建立并求解了基于联盟总绩效产出的激励机制模型（UA）以及基于单个农户个人绩效的激励模型（NA），并对模型结果进行了灵敏度分析和数值仿真。研究表明，当农业监督部门设置的保留绩效量超过由均衡绩效产出决定的阈值时，才会对 UA 与 NA 两种激励机制效果产生影响，因而政府通过该"目标激励"指挥棒引导农业产业化联盟的行为；相比 NA 激励机制，UA 激励机制能够有效调动农户的协作型努力生产积极性，有利于实现更高的均衡绩效产出，从而带动新型农业经营主体实现正向经济价值收益。研究结论将为新型农业经营主体与农户间建立合作共赢的绩效激励机制，促进农业产业化联盟绩效提升、利益共享与协同发展提供理论支持与实践指导。

11.1.6 农地多元主体利益共享实现路径与实现形式

本研究基于 1978—2018 年乡村 40 年发展历程分析，探讨农地多元主体利益共享的实现路径。研究发现：①从实现路径层面分析，农地三权分置下多元主体利益共享实现既是自修复机制、自适应机制和自完善机制下的资源要素整合、重构与优化的过程，也是乡村发展核心能力从低阶到高阶、从传统的自给农业向市场化的乡村产业发展，自主发展能力不断演化提升的过程。②从制度改革演化来看，"集中—细分"的农地产权制度改革与"征税—补贴"的农业经营制度变迁，是推动农地多元主体利益共享的"稳定剂"。③从乡村产业演化来看，"主导产业—产业链—产业体系"的乡村农业产业化发展路径，

第十一章　研究结论与展望

是带动农地多元主体实现利益共享的"发动机"。④从乡村人才成长演化来看，"个体带头人—组织带头人—职业农民""经验型—技术型—复合型"的人才成长路径，成为助力农地多元主体利益共享实现的"孵化器"。

综合已有研究，认为农地三权分置下相关主体间流转、经营行为及其所形成的利益联结关系将影响最终的利益分配。建立以农地所有权主体为纽带农地多元主体的利益共享机制，可降低交易成本、强化农村集体经济，促进形成振兴与共同富裕目标早日实现。据此，提出以股份合作制为新型农业经营主体与农户利益联结的组织载体，构建农地多元权利主体利益共享的混合所有制经济实现形式。并从"村社分离"的农村集体产权制度改革、混合所有制经济的市场运行机制与农地多元权利主体利益共享保障机制方面，提出构建三权分置下新型农业经营主体与农户利益共享的配套政策支持体系。

11.2　研究展望

农地三权分置下不同区域与经济发展水平，新型农业经营主体与农户的合作形式与规模化经营方式、水平显著存在差异，需因地制宜探索有针对性与可操作性的主体间利益共享实现路径。展望未来，可能的理论与政策研究方向如下：

1. 不断探索与丰富农地多元主体利益共享实现形式

当前，以农地为利益联结纽带的混合所有制经济实现形式尚处于探索发展阶段，还需从理论与实践中进一步补充完善相关制度规制与配套政策支持，以期释放更大市场潜能与制度红利。围绕农地产权制度深入改革发展混合所有制经济，未来发展重点是以壮大集体经济实力、发展集体资本与集体成员农户为核心，以股份合作制为重要载体，积极有序探索农村土地集体所有权、承包权与经营权等多元产权共建、共营、共享，集体资本、个人资本和其他社会资本等多元经济成分共同参股，由集体资本控股为主、兼有集体资本参股的混合所有制经济实现形式。

2. 持续深化与完善农地产权界定与产权流动性关系

三权分置下对农地所有权、承包权及经营权的内涵、权能与实施以及三者权利关系清晰界定，是农地多元权利主体利益共享得以实现的重要保障，也是深化三权分置改革、完善相关政策法律体系的工作重点。随着农村土地要素市场改革不断走向深入，在农业集中规模化经营过程中涌现出越来越多的新主体，包括如城镇居民或工商资本等非农村集体经济组织成员的加入，通过农地流转实现了对农地的实际占有和使用。一些地区积极探索农村集体产权制度改革与集体经济新的实现形式，非本集体的成员也可以通过技术、知识产权、资金等要素参股、入股方式加入农村集体经济组织。在农地产权流动过程中，新主体的加入将会带来农村集体经济组织变动，进而影响集体所有权行使，同时也对农地经营权的设权、赋权和保护提出了新要求。因此，新一轮农地制度改革需要进一步完善农地权利体系，在对集体所有权成员资格身份清晰界定、农户承包权严格保护与自愿、有偿退出机制探索的基础上，为农地耕作者提供更加稳定的农地使用、投资预期与抵押融资等权能。

参考文献

[1] 蔡立东,姜楠. 农地三权分置的法实现[J]. 中国社会科学,2017(05):102-122+207.

[2] 曾维和,咸鸣霞. 乡村振兴的产业共同体模式及其形成机理——基于武家嘴产业兴村的实证调研[J]. 中国软科学,2019(11):74-85.

[3] 曾雄旺,张子涵,胡鹏. 新型农业经营主体融资约束及其破解[J]. 湖南社会科学,2020(01):97-102.

[4] 曾艳,杨钢桥,吴诗嫚. 农地整理的委托代理关系研究[J]. 中国人口·资源与环境,2015,25(01):112-119

[5] 陈柏峰. 土地发展权的理论基础与制度前景[J]. 法学研究,2012,34(04).

[6] 陈会广,钱忠好. 土地股份合作制中农民土地财产的剩余权与退出权研究[J]. 中国土地科学,2011,25(7):19-24.

[7] 陈美球,廖彩荣,刘桃菊. 乡村振兴、集体经济组织与土地使用制度创新——基于江西黄溪村的实践分析[J]. 南京农业大学学报(社科版),2018,18(2):27-34.

[8] 陈小君,肖楚钢. 农村土地经营权的法律性质及其客体之辨——兼评《民法典》物权编的土地经营权规则[J]. 中州学刊,2020(12):48-55.

[9] 陈晓华. 突出扶持重点,切实增强新型农业经营主体发展带动能力[J]. 农业经济问题,2020(11):4-7.

[10] 陈志刚,黄贤金,陈逸. 农村税费改革对农业土地利用的影响:一个宏观评价[J]. 长江流域资源与环境,2013,22(11):1472-1476.

[11] 程雪阳. 土地发展权与土地增值收益的分配[J]. 法学研究, 2014, 36 (05).

[12] 崔晓倩. 我国农地规模化经营的组织模式研究[J]. 农业经济, 2020(5): 9-11.

[13] 单平基. 分解、舍弃抑或改造：《民法典》编纂中土地承包经营权的定位[J]. 南京农业大学学报(社会科学版), 2020, 20(03): 123-131.

[14] 丁淑娟, 陈宗义, 陈祖胜, 等. 期限匹配、交易成本与农户意愿融资期限——来自山东省近万农户调研的证据[J]. 中国农村经济, 2017(11): 62-74.

[15] 段文婷, 江光荣. 计划行为理论述评[J]. 心理科学进展, 2008(02): 315-320.

[16] 方志权. 农村集体产权制度改革：实践探索与法律研究[M]. 上海：上海人民出版社, 2015.

[17] 房绍坤, 林广会. 解释论视角下的土地经营权融资担保[J]. 吉林大学社会科学学报, 2020(01): 5-18.

[18] 费孝通, 韩格理, 王政. 乡土中国[M]. 北京：北京大学出版社, 2012.

[19] 冯逃, 李冬梅, 高蜀晋. 农业产业形成及可持续发展的实证分析——基于一个村庄的实践案例[J]. 农业经济问题, 2013, 34(07): 56-61.

[20] 傅尔基. 论多元产权多样混合与集体经济改革发展混合所有制经济[J]. 毛泽东邓小平理论研究, 2017(03): 42-49+108.

[21] 高佳, 宋戈. 产权认知及外部环境对农户土地流转行为影响模型分析[J]. 农业工程学报, 2017, (05).

[22] 高强. 理性看待种粮大户"毁约弃耕"[N]. 农资导报, 2017-06-13(A04).

[23] 高叙文, 方师乐, 史新杰, 卫龙宝. 农地产权稳定性与农地生产率——基于新一轮农地确权的研究[J]. 中国农村经济, 2021(10): 24-43.

[24] 郜亮亮, 黄季焜. 不同类型流转农地与农户投资的关系分析[J]. 中国农村经济, 2011(4).

[25] 郜亮亮, 冀县卿, 黄季焜. 中国农户农地使用权预期对农地长期投资的影响分析[J]. 中国农村经济, 2013(11): 24-33.

参考文献

[26] 郭斐然, 孔凡丕. 农业企业与农民合作社联盟是实现小农户与现代农业衔接的有效途径[J]. 农业经济问题, 2018(10): 46-49.

[27] 郭金丰. 乡村振兴战略下的农村土地流转: 市场特征、利益动因与制度改进——以江西为例[J]. 求实, 2018(03): 79-97+112.

[28] 郭树华, 裴璇. 新型农业经营主体融资影响因素分析[J]. 经济问题探索, 2019(11): 173-179.

[29] 韩江波. "环-链-层": 农业产业链运作模式及其价值集成治理创新——基于农业产业融合的视角[J]. 经济学家, 2018(10): 97-104.

[30] 韩学平. "三权分置"下农村土地经营权有效实现的物权逻辑[J]. 社会科学辑刊, 2016(05): 58-65.

[31] 何安华. 土地股份合作机制与合作稳定性——苏州合作农场与土地股份合作社的比较分析[J]. 中国农村观察, 2015(05): 51-61.

[32] 何宇鹏, 武舜臣. 连接就是赋能: 小农户与现代农业衔接的实践与思考[J]. 中国农村经济, 2019(06): 28-37.

[33] 洪炜杰, 胡新艳. 非正式、短期化农地流转契约与自我执行——基于关联博弈强度的分析[J]. 农业技术经济, 2018(11): 4-19.

[34] 胡新艳, 许金海, 陈相波, 谢琳. 农地确权方式与农户投资激励效应——基于IPWRA模型的比较分析[J]. 地域研究与开发, 2021, 40(04): 152-157.

[35] 黄胜忠. 以地入股农民专业合作社的运行机制及产权分析[J]. 中国农村观察, 2013(03): 47-53+92.

[36] 黄祖辉, 张晓山, 郭红东等. 现代农业的产业组织体系及创新研究[M]. 北京: 科学出版社, 2019.

[37] 黄祖辉. 改革开放四十年: 中国农业产业组织的变革与前瞻[J]. 农业经济问题, 2018(11): 61-69.

[38] 冀县卿, 钱忠好. 农地产权结构变迁与中国农业增长: 一个经济解释[J]. 管理世界, 2009(01): 172-173.

[39] 姜红利. 放活土地经营权的法制选择与裁判路径[J]. 法学杂志, 2016, 37(03): 133-140.

[40]揭筱纹,里昕.产业链联盟视角下的农业产业化经营模式研究[J].软科学,2007(01):55-58.

[41]蒋天虹.基于农企交易事后利得的委托代理关系研究[J].财经问题研究,2019(03):98-105.

[42]经济日报社中国经济趋势研究院新型农业经营主体课题组.新型农业经营主体信贷规模有所提升[N].经济日报,2019-11-30(005).

[43]兰勇,蒋黾,杜志雄.农户向家庭农场流转土地的续约意愿及影响因素研究[J].中国农村经济,2020(01):65-85.

[44]李博,王瑞梅.土地产权稳定性对农户耕地质量保护行为影响综述[J].资源科学,2021,43(5):909-920.

[45]李博,王瑞梅,卢泉.经营权不稳定是否阻碍了农户耕地质量保护性投资[J].农业技术经济,2022(5):105-116.

[46]李爱梅,凌文辁.心理账户的非替代性及其运算规则[J].心理科学,2004(04),952-954.

[47]李江一,秦范.如何破解农地流转的需求困境?——以发展新型农业经营主体为例[J].管理世界,2022,38(02):84-99+6.

[48]李晓聪,任大鹏.设定抵押的土地经营权入股合作社研究[J].中国土地科学,2016,30(12):28-34.

[49]李星光,刘军弟,霍学喜.农地流转中的正式、非正式契约选择——基于苹果种植户的实证分析[J].干旱区资源与环境,2018,32(01):8-13.

[50]李扬."金融服务实体经济"辨[J].经济研究,2017,52(06):4-16.

[51]李耀锋,张余慧.内生型新型农业经营主体带动小农户发展的动力机制——基于嵌入性理论的个案研究[J].中国农业大学学报(社会科学版),2020(1):38-46.

[52]李周.中国走向共同富裕的战略研究[J].中国农村经济,2021(10):2-23.

[53]廖洪乐.农地"两权"分离和"三权"分置的经济学与法学逻辑[J].南京农业大学学报(社会科学版),2020,20(05):109-118.

[54]林乐芬,李伟.农户对土地股份合作组织的决策响应研究——基于744

参考文献

户农户的问卷调查[J].农业经济问题,2015,36(08):91-96.

[55] 林乐芬,沈一妮.异质性农户对农地抵押贷款的响应意愿及影响因素——基于东海试验区 2640 户农户的调查[J].财经科学,2015(04):34-48.

[56] 林乐芬,王军.农户对农地股份合作社满意认可及影响因素分析——以浙江余姚市瑶街弄村昌惠土地股份合作社为例[J].南京农业大学学报(社会科学版),2010,10(04):28-34.

[57] 刘凤芹.不完全合约与履约障碍——以订单农业为例[J].经济研究,2003(04):22-30+92.

[58] 刘彦随.现代人地关系与人地系统科学[J].地理科学,2020,40(08):1221-1234.

[59] 芦千文.现代农业产业化联合体:组织创新逻辑与融合机制设计[J].当代经济管理,2017(7):38-44.

[60] 鲁钊阳.新型农业经营主体对 P2P 网络借贷的接受意愿分析[J].财经论丛,2017(02):58-66.

[61] 陆玉梅,高鹏,高杰等.团队协作视角下的知识型员工责任激励机制研究[J].经济问题,2016(1):100-107.

[62] 罗必良.中国农业经营制度——理论框架、变迁逻辑及案例解读[M].北京:中国农业出版社,2014.

[63] 罗必良,吴忠培,王玉蓉.企业战略联盟:稳定性及其缓解机制[J].经济理论与经济管理,2004(05):33-37.

[64] 罗兴,马九杰.不同土地流转模式下的农地经营权抵押属性比较[J].农业经济问题,2017,38(02):22-32+1.

[65] 吕德宏,冯春艳.基于有序 Logit 的不同类型贷款农户融资行为影响因素差异研究[J].金融理论与实践,2016,(3):70-74.

[66] 吕杰,刘浩,薛莹,韩晓燕.风险规避、社会网络与农户化肥过量施用行为——来自东北三省玉米种植农户的调研数据[J].农业技术经济,2021(07):4-17.

[67] 马九杰,徐雪高.市场结构与订单农业的履约分析[J].农业经济问题,2008(03):35-41.

[68] 马克思, 恩格斯. 马克思恩格斯全集(第18卷)[M]. 北京: 人民出版社, 1964: 307.

[69] 马彦丽. 农地股份合作社的固定租金契约优于分成契约——兼论农地股份合作社的功能定位和发展空间[J]. 农业经济问题, 2019(03): 108-120.

[70] (美)斯密德(Schnid, A. A.)著, 黄祖辉等译. 财产、权力和公共选择——对法和经济学的进一步思考[M]. 上海人民出版社, 1999.

[71] 聂辉华. 最优农业契约与中国农业产业化模式[J]. 经济学(季刊), 2013(1): 313-330.

[72] 潘旭, 李军, 刘悦秋. 基于委托代理框架的"公司+农户"模式激励研究[J]. 工业工程, 2018, 21(01): 59-66.

[73] 吴义茂, 吴越. 土地承包经营权入股有限责任公司问题研究——以农民股东与非农民股东的利益冲突及其平衡为视角[J]. 南京农业大学学报(社会科学版), 2012, 12(03): 73-80.

[74] 钱龙, 冯永辉, 卢华. 地权稳定性对农户耕地质量保护行为的影响——基于新一轮确权颁证调节效应的分析[J]. 南京农业大学学报(社会科学版), 2021, 21(02): 104-115.

[75] 秦中春. 乡村振兴背景下乡村治理的目标与实现途径[J]. 管理世界, 2020, 36(02): 1-6+16+213.

[76] 阮荣平, 周佩, 郑风田. "互联网+"背景下的新型农业经营主体信息化发展状况及对策建议——基于全国1394个新型农业经营主体调查数据[J]. 管理世界, 2017(07): 50-64.

[77] 尚旭东, 吴蓓蓓. 农业产业化联合体组织优化问题研究[J]. 经济学家, 2020, 32(5): 119-128.

[78] 尚旭东, 叶云. 农业产业化联合体: 组织创新、组织异化、主体行为扭曲与支持政策取向[J]. 农村经济, 2020, 38(03): 1-9.

[79] 申始占. 农地"三权分置"改革困境的法理透视[J]. 河北法学, 2021, 39(09): 149-163.

[80] 申云, 贾晋. 土地股份合作社的作用及其内部利益联结机制研究——以崇州"农业共营制"为例[J]. 上海经济研究, 2016(08): 55-66.

参考文献

[81]史恒通,王铮钰,阎亮.生态认知对农户退耕还林行为的影响——基于计划行为理论与多群组结构方程模型[J].中国土地科学,2019,33(03):42-49.

[82]舒尔茨 T..改造传统农业[M].北京:商务印书馆,2009:32-34.

[83]宋洪远,石宝峰,吴比.新型农业经营主体基本特征、融资需求和政策含义[J].农村经济,2020(10):73-80.

[84]宋志红.再论土地经营权的性质——基于对《农村土地承包法》的目的解释[J].东方法学,2020(02):146-158.

[85]孙德超,曹志立.农地三权分置改革的理论内涵与价值意蕴[J].经济问题,2018,(1):1-7.

[86]孙宪忠.推进农地三权分置经营模式的立法研究[J].中国社会科学,2016(07):145-163+208-209.

[87]孙小龙,郜亮亮,钱龙,郭沛.产权稳定性对农户农田基本建设投资行为的影响[J].中国土地科学,2019,33(04):59-66.

[88]孙新华.村社主导、农民组织化与农业服务规模化——基于土地托管和联耕联种实践的分析[J].南京农业大学学报(社会科学版),2017,17(06):131-140+166.

[89]谭荣.价值、利益和产权:百年土地产权制度变迁的治理逻辑[J].中国土地科学,2021,35(12):1-10.

[90]檀艺佳,张晖.订单农业促进了新型农业经营主体对农业技术的需求吗?[J].农村经济,2021(07):129-135.

[91]万俊毅,彭斯曼,肖雪峰.农户对产业化联盟的认知分析:以赣南脐橙业为例[J].农业经济问题,2009,30(08):32-37.

[92]王邦习.农地经营权入股的法律风险及其防控——基于全国依法公开相关裁判文书的实证[J].农村经济,2018(07):28-35.

[93]王洪生.乡村振兴战略下家庭农场云融资模式与运作机制[J].河南师范大学学报(哲学社会科学版),2018,45(04):69-74.

[94]王辉.论土地经营权的二元法律属性及其实践价值[J].浙江学刊,2019(03):95-101.

[95] 王吉鹏,肖琴,李建平. 新型农业经营主体融资: 困境、成因及对策——基于131个农业综合开发产业化发展贷款贴息项目的调查[J]. 农业经济问题,2018(02): 71-77.

[96] 王乐君,寇广增,王斯烈. 构建新型农业经营主体与小农户利益联结机制[J]. 中国农业大学学报(社会科学版),2019,36(02): 89-97.

[97] 王小映. 土地制度变迁与土地承包权物权化[J]. 中国农村经济,2000(01): 46-52.

[98] 王修华,赵亚雄. 数字金融发展与城乡家庭金融可得性差异[J]. 中国农村经济,2022(01): 44-60.

[99] 王颜齐. 基于发展权价值评估视角的农地经营权流转定价方法研究[J]. 统计与信息论坛,2017,32(05): 85-90.

[100] 王志刚,于滨铜. 农业产业化联合体概念内涵、组织边界与增效机制: 安徽案例举证[J]. 中国农村经济,2019,35(2): 62-82.

[101] 韦伯,李强. 经济、诸社会领域及权力[M]. 北京: 生活·读书·新知三联书店,1998.

[102] 魏鲁彬. 农村土地所有权共享的理论逻辑——从"两权分离"到"三权分置"[J]. 财经科学,2018(04): 39-53.

[103] 文杰. "三权分置"下土地经营权入股公司的法律问题探讨[J]. 中国土地科学,2019,33(8): 30-35.

[104] 文龙娇,常雪,顾天竹. 农地确权何以影响农户环境友好型农业技术采纳——基于太湖上游地区调查[J]. 重庆大学学报(社会科学版),2020,26(02): 46-56.

[105] 文龙娇,顾天竹. 政策环境对农地经营权入股决策偏好的影响及政策优化路径[J]. 现代经济探讨,2019(11): 126-132.

[106] 文龙娇,马昊天. 农村土地经营权入股模式比较与路径优化研究[J]. 农业经济,2020(11): 20-22.

[107] 文龙娇,张珩. 数字经济下新型农业经营主体融资实现路径研究[J]. 当代经济管理,2021,43(11): 90-97.

[108] 吴传钧. 论地理学的研究核心——人地关系地域系统[J]. 经济地理,

1991(03): 1-6.

[109] 吴莺莺, 李力行, 姚洋. 农业税费改革对土地流转的影响——基于状态转换模型的理论和实证分析[J]. 中国农村经济, 2014(07): 48-60.

[110] 吴晓燕, 赵普兵. 回归与重塑: 乡村振兴中的乡贤参与[J]. 理论探讨, 2019(04): 158-164.

[111] 吴义茂, 吴越. 土地承包经营权入股有限责任公司问题研究——以农民股东与债权人的利益冲突与平衡为视角[J]. 北方法学, 2013, 7(03): 20-27.

[112] 吴雨, 李晓, 李洁, 周利. 数字金融发展与家庭金融资产组合有效性[J]. 管理世界, 2021, 37(07): 92-104+7.

[113] 吴越, 吴义茂. 农地赋权及其土地承包经营权入股范式[J]. 改革, 2011(02): 104-111.

[114] 肖鹏. 民法典视野下土地经营权性质的再探讨[J]. 法治研究, 2021(05): 75-83.

[115] 肖鹏. 土地经营权入股的合伙模式研究[J]. 中国土地科学, 2017, 31(05): 55-61.

[116] 肖卫, 朱有志. 农村经济组织中的"委托-代理"关系: 理论、实践与政策[J]. 上海经济研究, 2010(08): 79-86.

[117] 肖卫东, 梁春梅. 农村土地"三权分置"的内涵、基本要义及权利关系[J]. 中国农村经济, 2016(11): 17-29.

[118] 谢地, 李梓旗. "三权分置"背景下农村土地规模经营与服务规模经营协调性研究[J]. 经济学家, 2021, 33(6): 121-128.

[119] 星焱. 农村数字普惠金融的"红利"与"鸿沟"[J]. 经济学家, 2021(02): 102-111.

[120] 许晖, 邓伟升, 冯永春, 雷晓凌. 品牌生态圈成长路径及其机理研究——云南白药1999—2015年纵向案例研究[J]. 管理世界, 2017(06): 122-140+188.

[121] 徐美银. 农民阶层分化、产权偏好差异与土地流转意愿——基于江苏省泰州市387户农户的实证分析[J]. 社会科学, 2013(01): 56-66.

[122]徐文.农地股份制改革的价值、困境及路径选择[J].中国农村观察,2018(02):2-15.

[123]徐旭初.农民专业合作社发展辨析:一个基于国内文献的讨论[J].中国农村观察,2012(05):2-12+94.

[124]徐志刚,崔美龄.农地产权稳定一定会增加农户农业长期投资吗?——基于合约约束力的视角[J].中国农村观察,2021(02):42-60.

[125]严瑞珍.农业产业化是我国农村经济现代化的必由之路[J].经济研究,1997(10):74-79.

[126]杨桂云.规范与完善农村土地股份合作制流转模式研究[D].长沙:中南大学,2012.

[127]杨兴杰,齐振宏,杨彩艳,刘哲.新型农业经营主体能促进生态农业技术推广吗——以稻虾共养技术为例[J].长江流域资源与环境,2021,30(10):2545-2556.

[128]姚洋.农地制度与农业绩效的实证研究[J].中国农村观察,,1998(06):3-12.

[129]叶敬忠,豆书龙,张明皓.小农户和现代农业发展:如何有机衔接?[J].中国农村经济,2018(11):64-79.

[130]叶正茂.企业制度的演变与创新——共享利益制度的提出[J].管理世界,2000(05):204-206.

[131]应瑞瑶,何在中,周南,张龙耀.农地确权、产权状态与农业长期投资——基于新一轮确权改革的再检验[J].中国农村观察,2018(03):110-127.

[132]于洋.马克思主义地租理论视域下的新时期土地承包经营权入股政策研究[J].东北大学学报(社会科学版),2015,17(03).

[133]余建军,郑小欢,黄小泳,朱强强.基于委托代理理论的"公司+农户"租赁模式分析[J].运筹与管理,2018,27(04):179-185.

[134]袁野.土地经营权债权属性之再证成[J].中国土地科学,2020,34(07):17-23+31.

[135]苑鹏,丁忠兵.小农户与现代农业发展的衔接模式:重庆梁平例证[J].

改革，2018(06)：106-114.

[136] 张成玉. 农地质量对农户流转意愿影响的实证研究——以河南省嵩县为例[J]. 农业技术经济, 2011, (08).

[137] 张宏宇. 中国农地制度从"两权分离"到"三权分置"[N]. 农民日报, 2017-07-30.

[138] 张建, 诸培新, 南光耀. 不同类型农地流转对农户农业生产长期投资影响研究——以江苏省四县为例[J]. 南京农业大学学报(社会科学版), 2019, 19(03)：96-104+158-159.

[139] 张建雷. 农业现代化进程中的合约风险及治理机制研究——基于"政府—市场"互构的视角[J]. 经济学家, 2020(04)：119-127.

[140] 张兰君, 赵建武. 农村土地股份合作制模式研究[J]. 农村经济, 2013 (06)：24-28.

[141] 张龙耀, 李超伟, 王睿. 金融知识与农户数字金融行为响应——来自四省农户调查的微观证据[J]. 中国农村经济, 2021 (05)：83-101.

[142] 张龙耀, 邢朝辉. 中国农村数字普惠金融发展的分布动态、地区差异与收敛性研究[J]. 数量经济技术经济研究, 2021, 38(03)：23-42.

[143] 张笑寒. 农户土地入股决策行为及其区域差异——基于江苏省的农户调查[J]. 中国土地科学, , 2008(04)：67-72.

[144] 张勋, 万广华, 吴海涛. 缩小数字鸿沟：中国特色数字金融发展[J]. 中国社会科学, 2021(08)：35-51+204-205.

[145] 张玉娇, 陈英, 刘洋. 基于结构方程模型的农民土地价值观影响因素研究[J]. 干旱区资源与环境, 2018, 32(06)：18-24.

[146] 张占录, 张雅婷, 张远索, 蔡宗翰. 基于计划行为理论的农户主观认知对土地流转行为影响机制研究[J]. 中国土地科学, 2021, 35(04)：53-62.

[147] 赵攀奥, 陈利根, 龙开胜. 土地经营权入股合作社的基本内涵、功能价值与制度构建[J]. 农业现代化研究, 2017, 38(02)：250-257.

[148] 赵祥云. 嵌入性视角下新型农业经营主体的适应性调适[J]. 西北农林科技大学学报(社会科学版), 2019(06)：93-100.

[149] 赵晓峰."被束缚的村庄"：单向度的国家基础权力发展困境[J].学习与实践，2011(11)：71-80.

[150] 郑淋议，钱文荣，刘琦，郭小琳.新一轮农地确权对耕地生态保护的影响——以化肥、农药施用为例[J].中国农村经济，2021(06)：76-93.

[151] 郑涛，路征，林毅等.我国家庭农场金融需求的影响因素分析——基于3市424个家庭农场的入户调查[J].四川师范大学学报(社会科学版)，2017，44(03)：62-69.

[152] 郑沃林.土地产权稳定能促进农户绿色生产行为吗？——以广东省确权颁证与农户采纳测土配方施肥技术为例证[J].西部论坛，2020，30(03)：51-61.

[153] 郅建功，颜廷武.技术感知、风险规避与农户秸秆还田技术采纳行为——基于对鄂皖冀3省1490个农户的调查[J].干旱区资源与环境，2021，35(11)：74-80.

[154] 钟真，黄斌.要素禀赋、入社门槛与社员增收：基于三家农民合作社的案例分析[J].改革，2018(09)：126-134.

[155] 钟真，蒋维扬，赵泽瑾.农业产业化联合体的主要形式与运行机制——基于三个典型案例的研究[J].学习与探索，2021(02)：91-101＋176＋2.

[156] 周晨曦.农地经营权抵押贷款法理分析与路径优化[J].人民论坛·学术前沿，2020(16)：120-123.

[157] 周力，王镱如.新一轮农地确权对耕地质量保护行为的影响研究[J].中国人口·资源与环境，2019，29(2)：63-71.

[158] 周振.社区开放、产权混合与农村集体经济的实现——基于混合所有制改造的研究视角[J].宏观经济研究，2021(07)：112-126.

[159] 周月书，王婕.产业链组织形式、市场势力与农业产业链融资——基于江苏省397户规模农户的实证分析[J].中国农村经济，2017(04)：46-58.

[160] 朱宾欣，马志强，李钊.风险偏好下协作型众包项目绩效激励机制研究[J].工业工程与管理，2019，24(3)：60-68.

参考文献

[161]朱隽. 大户退租莫轻视[N]. 人民日报，2016-04-10(009).

[162]朱文珏，罗必良. 劳动力转移、性别差异与农地流转及合约选择[J]. 中国人口·资源与环境，2020，30(01)：160-169.

[163]邹宝玲，钟文晶，张沁岚. 风险规避与农地租约期限选择——基于广东省农户问卷的实证分析[J]. 南方经济，2016(10)：12-22.

[164]邹伟，崔益邻. 农地经营权稳定性对农业生产绩效的影响——基于中介效应模型的分析[J]. 中国土地科学，2019，33(07)：48-57.

[165]邹伟，张晓媛. 土地经营规模对化肥使用效率的影响：以江苏省为例[J]. 资源科学，2019，41(7)：1240-1249.

[166]Aboah, J., Wilson, M. M. J., Bicknell, K., Rich, K. M.. Ex-ante impact of on-farm diversification and forward integration on agricultural value chain resilience: A system dynamics approach[J]. Agric. Syst. 2021, 189, 103043.

[167] Adugna E. B., Dusan D., Liesbeth D., et al.. Large-scale land investments and land-use conflicts in the agro-pastoral areas of Ethiopia [J], Land Use Policy, 2022, 119, 1061.

[168]Ajzen, I.. From Intentions to Actions: A Theory of Planned Behavior [C]. J. Kuhl & J. Beckmann (eds.) Action-control: From cognition to behavior, 1985: 1-39.

[169]Ajzen, I.. The theory of planned behavior[J]. Organizational behavior and human decision processes, 1991, 50(2)：179-211.

[170]Alchian, A. A. and Demsetz, H.. Production, information costs, and economic organization [J]. American Economic Review, 1972, 62(5)：777-795

[171]Asaage F A, Hirons M A, Malhi Y. Questioning the link between tenure security and sustainable land management in cocoa landscapes in Ghana. World Development, 2020, 130：1-13.

[172] Azadi, Y., Yazdanpanah, M., Mahmoudi, H.. Understanding smallholder farmers' adaptation behaviors through climate change

beliefs, risk perception, trust, and psychological distance: Evidence from wheat growers in Iran[J]. Journal of Environment Management, 2019, 250, 109456.

[173] Balushi, Y. A., Locke S., Boulanouar, Z.. Islamic financial decision-making among SMEs in the Sultanate of Oman: An adaption of the theory of planned behavior[J]. Journal of Behavioral and Experimental Finance, 2018, 20: 30-38.

[174] Barzel, Y.. Economic analysis of property rights[M]. Cambridge: Cambridge University Press, 1989.

[175] Bernheim, B D., Whinston, M D.. Common agency[J]. Econometrica. 1986, 54(04): 923-94

[176] Besley, T. J., Burchardi, K. B., Ghatak, M. Incentives and the De Soto Effect[J]. Quarterly Journal of Economics, 2012, 127（1）: 237-282.

[177] Bird, E. L., et al.. Predicting walking and cycling behavior change using an extended Theory of Planned Behavior[J]. Journal of Transport Health, 2018, 10: 11-27.

[178] Brown D G, Johnson K M, Loveland T R, et al.. Rural land-use trends in the conterminous united states, 1950 – 2000[J]. Ecological Applications, 2005, 15(6): 1851-1863.

[179] Carr, P. J., Kefalas, M. J.. Hollowing out the middle: the rural brain drain and what it means for America[M]. Boston, MA: Beacon Press. Boston, MA: Beacon Press, 2009.

[180] Andersen, H. T.. Counterurbanization: the changing pace and nature of population deconcentration[J]. Ed. by A. G. Champion. Geografisk Tidsskrift-danish Journal of Geography, 1989, 89, 539-544..

[181] Chavis, L.. Decentralizing development: Allocating public goods via competition[J]. Journal of Development Economics, 2010, 93（2）.

[182] Chen, K., Zhou, Y., Fan, S.. Rural revitalization from a global

perspective[J]. Issues Agric. Econ. 2020, 87-96.

[183] Cheung, S. N. S.. The Theory of share tenancy with special application to Asian agriculture and the first phase of Taiwan land reform[M]. The University of Chicago, 1969.

[184] Glaser, B. G.. Thegrounded theory perspective: conceptualization contrasted with description[M]. Sociology Press, 2001.

[185] Cloke, P., . Country backwater to virtual village? Rural studies and 'the cultural turn'[J]. Journal of Rural Studies. 1997, 13(4), 367-375.

[186] Coase, R. H.. The nature of the firm[J]. Economica. 1937, 16(4): 386-405.

[187] Coase, R. H. The problem of social cost[J]. Journal of Law and Economics, 1960, (3): 1-4

[188] Coleman JS. Foundations of social theory[M]. Cambridge: Belknap Press of Harvard University Press, 1990.

[189] Daxini, A. et al.. Understanding farmers' intentions to follow a nutrient management plan using the theory of planned behavior[J]. Land Use Policy, 2019, 85: 428-437.

[190] Deininger K, Jin S.. Securing property rights in transition: Lessons from implementation of China's rural land contracting law[J]. Journal of Economic Behavior & Organization, 2009, 70(1): 22-38.

[191] Deininger, K., Jin, S., Liu, S., Xia, F.. Property rights reform to support China's rural - urban integration: Household-level evidence from the Chengdu experiment[J]. Aust. J. Agric. Resour. Econ. 2020, 64, 30 - 54.

[192] Deutsch, M .. The resolution of conflict[M]. New Haven: Yale University Press, 1973, 5-20.

[193] Díaz, A.. On the political economy of Latin American land reforms[J]. Review of Economic Dynamics, 2003 (3): 551-571.

[194] Douglas C. M.. An economic case for land reform[J]. Land Use Policy,

2000, 17(1): 49-57.

[195] Dutta D.. Elite capture and corruption: Concepts and definitions[J]. National Council of Applied Economic Research, 2009.

[196] E. R. Alexander. Land-property Markets and Planning: A Special Case [J]. Land Use Policy, 2014, 41 (11): 533-540.

[197] Eisenhardt, K. M., Graebner, M. E.. Theory building from cases: Opportunities and challenges[J]. Academy of Management Journal, 2007, 51(01): 25-32.

[198] Ferdinand, T.. Community and Society[M]. Harper and Row edition. Dover Publications, 2011.

[199] Fergusson, L.. The political economy of rural property rights and the persistence of the dual economy[J]. Journal of Development Economics, 2013, 103: 167-181.

[200] G. Li, L. J. Z.. The development experience and policy enlightenment of Korean rural space planning[J]. World Agric. 2018, 467, 92-97.

[201] Gao L, Sun D, Huang J.. Impact of land tenure policy on agricultural investments in China: evidence from a panel data study[J]. China Economic Review, 2017, 45: 244-252.

[202] Goetz, S. J., Partridge, M. D., Stephens, H. M.,. The economic status of rural America in the president trump era and beyond[J]. Appl. Econ. Perspect. Policy, 2018, 40, 97-118.

[203] Goldberg V P.. Toward an expanded economic theory of contract. Journal of Economic[J]. Association for Evolutionary Economic, 1976, 10(01).

[204] Gomber P, Kauffman R J, Parker C, et al. On the fintech revolution: Interpreting the forces of innovation, disruption, and transformation in financial services[J]. Journal of Management Information Systems, 2018, 35(1): 220-265.

[205] Grindle, M. S.. Good enough governance: Poverty reduction and reform

in developing countries[J]. Governance, 2004, 17, 525-548.

[206] Haque Z, Jinan T. Land tenure and credit: A study in selected areas of Mymensingh [J]. Journal of Environmental Science and Natural Resources, 2018, 10(2): 143-150.

[207] Holmstrom B, Milgrom P. Multitask principal-agent analyses: incentive contracts, asset ownership, and job design [J]. Journal of Law, Economics, and Organization, 1991 (7): 24-52.

[208] Hu X. Y., Su K. Y., Chen W. H., YaoS. Q., Zhang L.. Examining the impact of land consolidation titling policy on farmers' fertiliser use: Evidence from a quasi-natural experiment in China[J]. Land Use Policy, 2021, 109, 105645.

[209] Hu, S., Si, W., Yansu, L.. A preliminary study Rural Revitalization Planning and its key technologies[J]. Geogr. Res. 2019, 38: 550-562.

[210] Huang Q, Yu Y, Wan Y, et al. Effects of continuous fertilization on bioavailability and fractionation of cadmium in soil and its uptake by rice (Oryza sativa L.). J Environ Manage. 2018, 6(1): 215: 13-21.

[211] Ito J., Bao Z. S., Su, Q.. Distributional effects of agricultural cooperatives in China: Exclusion of smallholders and potential gains on participation[J]. Food Policy, 2012 (37): 700-709.

[212] Kahneman D, Knetsch J L, Thaler R H. Experimental tests of the endowment effect and the Coase Theorem [J]. Journal of Political Economy, 1990, 98(6): 1325-1348.

[213] Kahneman D., Tversky A.. Prospect theory: An analysis of decision under risk[J]. Econometria, 1979, 147(2): 195-236.

[214] Kirtti R. P.. Land tenure security and adoption of modern rice technology in Odisha, Eastern India: Revisiting Besley's hypothesis[J]. Land Use Policy, 2018 (78): 236-244.

[215] Knight, J.. Rural revitalization in Japan: Spirit of the village and taste of the country author[J]. Asian Survey, 1994, 34 (07): 634-646.

[216] Kochar, A., K. Singh & S. Singh. Targeting public goods to the poor in a segregated economy: An empirical analysis of central mandates in rural India[J]. Journal of Public Economics, 2009, 93 (7-8).

[217] Li B, Wang R. M, Lu Q. Does the management right insecurity hinder farmers' investment in land improvement[J]. Journal of Agrotechnical Economics, 2022(05): 105-116.

[218] Li, G., S. Rozelle and L. Brandt. Tenure, land rights, and farmer investment incentives in China[J]. Agricultural Economics, 1998, 19(1-2): 63-71.

[219] Li, Y., Urban-rural interaction patterns and dynamic land use: Implications for urban-rural integration in China[J]. Reg. Environ. Chang. 2012 (12): 803-812.

[220] Li, Y., Westlund, H., Zheng, X., Liu, Y.. Bottom-up initiatives and revival in the face of rural decline: Case studies from China and Sweden [J]. J. Rural Stud. 2016, 47: 506-513.

[221] Li, Yuheng, Wang, Y., Yan, J., Long, H., Liu, Y.. Analysis and research on typical cases of land engineering and rural sustainable development[J]. Chinese J. Eng. Sci. 2019, 21: 40-47.

[222] Li, Yurui, Fan, P., Liu, Y.. What makes better village development in traditional agricultural areas of China? Evidence from long-term observation of typical villages[J]. Habitat Int. 2019, 83: 111-124.

[223] Liu Y, Ruiz-Menjivar J, Zhang L, et al. Technical training and rice farmers' adoption of low- carbon management practices: the case of soil testing and formulated fertilization technologies in Hubei, China[J]. Journal of Cleaner Production, 2019, 226: 454-462.

[224] Liu, J., Liu, Y., Yan, M.. Spatial and temporal change in urban-rural land use transformation at village scale—A case study of Xuanhua district, North China[J]. J. Rural Stud. 2016, 47, 425-434.

[225] Liu, Y.. Research on the urban-rural integration and rural revitalization

in the new era in China[J]. Acta Geogr. Sin. 2018, 73: 637-650.

[226]Liu, Y.. Research on the geography of rural revitalization in the new era. Geogr. Res. 2019, 38, 461-466.

[227] Long, H., Zhang, Y., Tu, S.. Rural vitalization in China: A perspective of land consolidation[J]. J. Geogr. Sci. 2019, 29: 517-530.

[228]Markey, S., Halseth, G., Manson, D.. Challenging the inevitability of rural decline: Advancing the policy of place in northern British Columbia [J]. J. Rural Stud. 2008, 24: 409-421.

[229]Marsden, T.. Mobilizing the regional eco-economy: Evolving webs of agri-food and rural development in the UK[J]. Cambridge J. Reg. Econ. Soc. 2010(3): 225-244.

[230]Marshall, A., 1890, Principles of Economics[M]. London: Macmillan Press.

[231]Mathy, S.. Urban and rural policies and the climate change issue: the French experience of governance[J]. Environ. Sci. 2007(4): 159-169.

[232]Mingxia, Z. W. The industrial community mode of rural revitalization and its formation mechanism: Based on the empirical research of industry in Wujiazui village[J]. Chinese soft Sci, 2019, 74-85.

[233]Moser, A., Peter, H., Fengler, B., Strohm-Lömpcke, R.. Improving the quality of life with rural development programmes in Germany (2007-2013): Evidence from the evaluation[J]. Eur. Countrys. 2018 (10): 321-339.

[234] Nugrahani, T. S., Suharni, S., Saptatiningsih, R. I.. Potential of social capital and community participation in village development[J]. J. Econ. Policy 2019(12): 68-85.

[235]Onitsuka, K., Hoshino, S.. Inter-community networks of rural leaders and key people: Case study on a rural revitalization program in Kyoto Prefecture[J]. Japan. J. Rural Stud. 2018, 61, 123-136.

[236]Otsuka, Keijiro, S. Suyanto, Tetsushi, Sonobe, et al.. Evolution of

land tenure institutions and development of agroforestry: Evidence from customary land area of sumatra[J]. Agricultural Economics, 2001 (25): 85-101.

[237]Patton, M. Q.. How to use qualitative methods in evaluation[M]. Sage Pubns, 1987.

[238]Platteau J P.. Monitoring elite capture in community driven development [J]. Development and change, 2004, 35 (02): 223-246.

[239]PS.. Rational peasant: The political economy of rural society in Vietna [M]. Berkeley: University of California Press, 1979.

[240]Prokopy L, Floress K, Arbuckle J G, et al. Adoption of agricultural conservation practices in the United States: Evidence from 35years of quantitative literature[J]. Journal of Soil and Water Conservation, 2019, 74(5): 520-534.

[241] Radner R.. Monitoring cooperate agreements in a repeated principal-agent relationship[J]. Econometrica, 1981, 49(5): 1127-1148.

[242]Roels G, Karmarkar U S, Carr S.. Contracting for collaborative services [J]. Management Science, 2010, 56(5) : 849-863.

[243] Rosenberg, N.. Technological changes in the machine tool industry, 1840-1910[J]. J. Econ. Hist. 1963(23): 414-443.

[244]Rosenzweig, Mark R, Binswanger, Hans P.. Wealth, weather risk and the composition and profitability of agricultural investments [J]. Economic Journal, Royal Economic Society, 1993, 103(416): 56-78.

[245]Sappington D.. Incentives in principal-agent relationships[J]. Journal of Economic Perspectives, 1991 (5): 45-66.

[246]Sarale, A., Yagi, H., Gkarzios, M., Ogawa, K.. Art festivals and rural revitalization: organizing the Oku-Noto Triennale in Japan[J]. J. Asian Rural Stud. 2020, 4(1): 23-36.

[247] Savari, M., Gharechaee H.. Application of the extended theory of planned behavior to predict Iranian farmers' intention for safe use of

chemical fertilizers [J]. Journal of Cleaner Production, 2020 (263): 12151.

[248] Scott J.. The Moral Economy of the peasant: Rebellion and subsistence in southeast Asia[M]. New Haven: Yale University Press, 1976.

[249] Scott Rozelle, Albert Park, Jikun Huang, and H. J.. Liberalization and rural market integration in China[J]. Am. J. Agric. Econ. 1997(79): 635-642.

[250] Shigehito, M.. Cooperation betweencross-industrial and vertical integration in agribusiness -Mainly the Agriculture Commerce and Industry Cooperation and the Sixth Industrialization of Agriculture[J]. J. Japan Manag. Diagnosis Assoc. 2012(12): 27-32.

[251] Si R. S., Lu Q., Aziz N.. Does the stability of farmland rental contract & conservation tillage adoption improve family welfare? Empirical insights from Zhangye, China[J]. Land Use Policy, 2021, 107, 105486.

[252] Simbizi, D. M. C., Bennett, R. M., & Zevenbergen, J. A.. Land tenure security: Revisiting and refining the concept for Sub-Saharan Africa's rural poor[J]. Land use policy, 2014 (36), 231-238.

[253] Smith, A., Aninquiry into the nature and causes of the wealth of nations [M]. Oxford: Clarendon Press, 1776.

[254] Smith, Adam. The wealth of nations[M]. Skinner, Andrew S. (eds.), London: Penguin Books, 1974.

[255] Smith R E. Land tenure, fixed investment, and farm productivity: Evidence from Zambia's southern province[J]. World Development, 2004, 32(10): 1641-1661.

[256] Soule M J, Tegene A, Wiebe K D. Land tenure and the adoption of conservation practices[J]. American Journal of Agricultural Economics, 2000, 82(4): 993-1005.

[257] Śpiewak, R., Jasiński, J.. Organic farming as a rural development factor in Poland - the role of good governance and local policies[M]. Int. J.

Food Syst. Dyn. 2020 (11): 52-71.

[258] Steiner, A., Fan, S.. Rural revitalization: Tapping into new opportunities [R]. Global Food Policy Report. Washington, D. C.: International Food Policy Research Institute, 2019: 16-25.

[259] Terluin, I. J.. Differences in economic development in rural regions of advanced countries: An overview and critical analysis of theories [J]. J. Rural Stud. 2003, 19(3): 327-344.

[260] Toshima J, Takahashi A. Design of an incentive decision method for an agriculture information sharing system [C]. The Sixth International Symposium on Computing and Networking Workshops (CANDARW), Takayama, Japan, 2018, 529-533.

[261] Wang, P., Qi, M., Liang, Y., Ling, X., Song, Y.. Examining the relationship between environmentally friendly land use and rural revitalization using a coupling analysis: A case study of Hainan province, China [J]. Sustainability, 2019(11), 6266.

[262] World Bank. Data: Rural population (% of total population) [DB/OL]. URL: https://data.worldbank.org/indicator/SP.RUR.TOTL.ZS?locations=IN, 2019.

[263] Wu, B., Liu, L.. Social capital for rural revitalization in China: A critical evaluation on the government's new countryside programme in Chengdu [J]. Land use policy, 2020, 91, 104268.

[264] Xin L J, Li X B. Rental rates of grain land for consolidated plots and their determinants in present-day China [J]. Land Use Policy, 2019, 86: 421-426.

[265] Yang Q., Zhu Y. J., Liu L., Wang F.. Land tenure stability and adoption intensity of sustainable agricultural practices in banana production in China [J]. Journal of Cleaner Production, 2022, 338, 1305.

[266] Yin, X., Chen, J., Li, J.. Rural innovation system: Revitalize the

countryside for asustainable development[J]. J. Rural Stud. 2022, 93 (07): 471-478.

[267] Yin, R. K.. Case study research: Design and methods (3nded.)[M] London: Sage Publications, Beverly Hills, CA, 2003.

[268] Yin, R. K... Case study research: Design and methods (5nded.)[M]. London: Sage Publications, Beverly Hills, CA, 2013.

[269] Zhao et al.. Integration of three industries in rural areas: Connotation definition, realistic meanings and driving factors analysis[J]. Agric. Econ. 2017 (4): 49-57.

[270] Zhou, Y., Li, Y., Xu, C.. Land consolidation and rural revitalization in China: Mechanisms and paths[J]. Land use policy, 2020, 91, 104379.

[271] Zhu M, Guo H, Zhou X.. Implementing scheme for establishment of modern agricultural engineering system[J]. Transactions of the Chinese Society of Agricultural Engineering, 2010, 26(1): 1-5.

附　录

附件一：

农户调查问卷

三权分置下农地经营权入股模式及现状调查
（承包农户问卷）

您好！

　　我们正在参加课题研究的社会调查，希望能够了解您对农地经营权入股模式及参与意愿，调查信息自愿提供，数据结果仅用于学术研究，请您放心，我们会为您严格保密。请您在每题合适的选项上打对号"√"，衷心感谢您的合作！

省	县（区）	乡镇	村	问卷编号
调查日期	年	月	日	

一、户主基本特征

1. 户主性别：A. 男性　B. 女性；

2. 户主年龄：　　　　周岁。

3. 户主职业：A. 国家机关、党群组织、企事业单位负责人
　　　　　　　B. 专业技术人员　C. 军人　D. 商业服务业人员
　　　　　　　E. 一般工作人员　F. 农业生产人员　G. 其他

4. 户主文化程度：　A. 小学及以下　B. 初中　C. 高中　D. 大专以上

5. 户主的婚姻状况：A. 未婚　B. 已婚　C. 离异　D. 丧偶　E. 其他

6. 户主是否接受过技术培训？　A. 是(＿＿＿次/年)　B. 否

7. 户主是否担任过镇或村干部？　A. 是　B. 否

二、家庭基本特征

1. 您家共有：＿＿＿人，其中：家庭劳动力人数（女：16—55 岁；男：16—60 岁）：＿＿＿人。

2. 您家目前经营的主要行业是？

   A. 纯农业　B. 农业为主兼营其他　C. 非农业为主兼营农业

   D. 非农业

3. 家庭成员的健康状况如何？　A. 差　B. 较差　C. 良好　D. 健康

4. 您家参加保险的投保总金额＿＿＿元/年，总共购买了＿＿＿种保险产品，分别是哪些？（可多选）

   A. 养老保险　B. 医疗保险　C. 失业保险　D. 工伤保险

   E. 生育保险　F 农业保险　G. 财产保险　H. 信用保险　I. 其他

5. 近三年家庭年均纯收入大约为：

   A. 0～5 000 元　B. 5 001～20 000 元　C. 20 001～40 000 元

   D. 40 001～60 000 元　E. 60 000 以上

6. 近三年家庭年均支出大约为：

   A. 0～5 000 元　B. 5 001～10 000 元　C. 10 001～20 000 元

   D. 20 001～30 000 元　E. 30 000 以上

三、土地经营与流转情况

1. 您家目前经营农地总面积＿＿＿亩，确权农地面积＿＿＿亩。其中：耕地＿＿＿亩，耕地共分＿＿＿块。

2. 您家地块灌溉条件如何？　A. 可灌溉　B. 不可灌溉

3. 你家地块质量如何？　A. 高等质量　B. 中等质量　C. 低等质量

4. 您家是否有过土地流转情况？

   A. 转入　B. 转出（跳至第6题）　C. 没有

5. (1)您转入土地面积＿＿＿亩，转入土地价格＿＿＿元/亩，转入土地期限＿＿＿年。

(2)您转入土地的租金支付方式？

  A. 一次性支付 B. 每年前一年支付一次 C. 每年后一年支付一次

(3)您是从谁手中转入的土地？

  A. 亲戚 B. 朋友 C. 同村居民 D. 外村居民 E. 土地流转中介机构

  F. 其他

(4)您家转入土地的方式是(除 D 选项，其他选项跳过第(4)、(5)小问)？

  A. 租赁 B. 转让 C. 代耕代种 D. 入股 E. 互换 F. 转包

(5)您家土地具体入股方式？

  A. 土地承包经营权入股农地股份合作

  B. 土地承包经营权入股农副产品专业合作

  C. 土地承包经营权入股涉农企业

  D. 土地经营权入股农地股份合作社

  E. 土地经营权入股农副产品专业合作

  F. 土地经营权入股涉农企业

  G. 其他(请说明：_____)

(6)您家土地经营中有机肥施用量_____(千克/亩)，农业总投入量_____元/亩，土地经营收益_____元/亩。

6.(1)您转出土地面积有_____亩，转出土地价格_____元/亩，转出土地期限_____年。

(2)您家土地主要流转给了谁？

  A. 同村普通农户 B. 外村农户 C. 家庭农场

  D. 专业合作社 E. 专业大户 F. 涉农企业 G. 其他

(3)您家转出土地的方式是？

  A. 租赁 B. 转让 C. 代耕代种 D. 入股 E. 互换 F. 转包

四、土地承包经营权确权情况

(一)农户土地确权情况及满意度评价

1. 您家土地是否进行了土地承包经营权确权登记颁证？A. 是 B. 否

2. 您家采取何种方式的土地承包经营权确权？

A. 确权确地　B. 确权确股不确地　C. 其他_____（请注明）。

3. 您对土地承包经营权确权登记结果是否满意？

　　A. 非常满意　B. 比较满意　C. 一般　D. 比较不满意　E. 非常不满意

（二）农户对土地确权的作用认知

1. 您认为现在的土地承包证能保护您的土地权利吗？

　　A. 能（跳至第3题）　B. 不能

2. 您认为不能的原因(多选)

　　A. 法律效力不足　B. 地块不详细

　　C. 土地证中的面积与实际土地面积不符

　　D. 如果出现纠纷，村干部不会公正处理　E. 其它

3. 根据您的切身体会，您认为"土地承包经营权确权"好处有哪些？

　　A. 有利于防止地块的进步细分

　　B. 有利于提高农民务农的积极性，增加农民增收

　　C. 有利于增加土地流转的租金

　　D. 有利于增加征地的补偿

　　E. 有利于耕地资源保护

　　F. 其他（请说明：_____）

4. 您认为"土地承包经营权确权"有哪些不利的影响？

　　A. 导致农民土地收入差距拉大　B. 人口变化，土地分配不均

　　C. 导致土地兼并　　　　　　　D. 土地租金价格上涨

　　E. 其他（请说明：_____）

（三）农户土地确权中的纠纷问题

1. 您在土地承包经营权确权过程中，是否与其他村民、村委会产生过纠纷？

　　A. 是　B. 否（跳至第（四）题）

2. 如果是，请问您面临何种情况的土地确权矛盾纠纷(可多选)：

　　A. 土地权属不清　B地块边界划分有偏差　C. 种植撂荒土地被要回

　　D. 其他（请说明：_____）

3. 您在土地承包经营权确权过程中的纠纷问题是否得到了妥善处理？

　　A. 是（由何方处理：_____，处理结果是：_____）

B. 否

(四) 土地确权对农户流转行为的影响

1. 您认为土地承包经营权确权颁证工作是否会影响您进行土地流转？

    A. 是 B. 否

2. 您认为土地承包经营权确权将会给您流转土地带来哪些影响？

    A. 延长土地流转期限 B. 增加土地流转收入

    C. 保障土地财产合法权利 D. 减少土地流转纠纷

    E. 减轻土地流转顾虑

    E. 其他（请说明：_____）

(五) 农户对土地确权的预期

1. 您认为"土地承包经营权确权"后应该？

    A. 原有地块长久不变 B. 原有面积长久不变 C. 仍可调整土地

    D. 不清楚

    E. 其他（请说明：_____）

2. 您觉得"土地承包经营权确权"后应该增加哪些土地承包权利？

    A. 继承 B. 抵押贷款 C. 自由买卖 D. 不清楚

    E. 其他（请说明：_____）

3. "土地承包经营权确权"后，您会觉得你家的土地是自己的吗？

    A. 否 B. 是 C. 不清楚

4. "土地承包经营权确权"后，您会觉得您家的土地更值钱了吗？

    A. 否 B. 是 C. 不清楚

5. "土地承包经营权确权"后，您会增加对自家土地上的投入吗？

    A. 否 B. 是 C. 不清楚

6. "土地承包经营权确权"后，您会觉得生活更加有保障吗？

    A. 否 B. 是 C. 不清楚

五、土地经营权入股企业发展农业产业化经营倾向

1. 您是否了解土地股份合作制的经营模式？

    A. 是 B. 否

2. 如果有合适的机会，您是否愿意将土地经营权入股龙头企业？

附 录

  A. 愿意 B. 不确定 C. 不愿意(跳至第 4 题)

3. 您愿意将土地经营权入股龙头企业的原因是(多选)

  A. 企业经营管理规范,分红收益有保障

  B. 土地入股折价合理 C. 分红收益比租金更高

  E. 别人都入股了,自己也想入 F. 可以提高土地利用效率

  F. 其他

4. 您不愿意将土地经营权入股龙头企业的原因?

  A. 不了解土地股份制,担心失去土地 B. 土地入股折价太低

  C. 不愿风险共担,收益不稳定 D. 担心土地用途改变

  E. 担心土地肥力下降 F. 无力监督企业,担心自身股东权益受损

  G. 其他(请说明:_____)

5. 如果有以下几种土地经营权入股企业模式选择,您更倾向于哪一种?

  A. 普通股 B. 优先股 C. 可转债 D. 普通债券

  E. 其他(说明:_____)

6. 如果土地经营权入股涉农企业有以下几种收益分配方式,您更倾向于哪一种?

  A. 保底＋分红 B. 保底分红＋浮动分红

  C. 保底分红＋二次盈余分配

  D. 其他(说明:_____)

附件二：

新型农业经营主体调查问卷

三权分置下农地经营主体投融资行为研究
（新型农业经营主体问卷）

您好！

　　我们正在进行研究课题调查，希望能够了解您所在地区农村土地确权登记颁证情况，您的回答将为推进新一轮农地产权制度改革提供重要参考。调查信息自愿提供，数据结果仅用于学术研究，请您放心，我们会为您严格保密。衷心感谢您的合作！

调查日期		年		月		日	
被访谈人姓名		职务		联系电话			

一、新型农业经营主体负责人员信息

1. 您所在的省份城市与地区：_____

2. 您的性别：A 男性　B 女性

3. 您的年龄为

　　A. 18~25 周岁　B. 26~30 周岁　C. 31~35 周岁　D. 36~40 周岁

　　E. 41~45 周岁　F. 46~50 周岁　G. 51~60 周岁　H. 60 周岁以上

4. 您的文化程度：A 小学及以下　B 初中　C 高中　D 大专及以上

5. 您是否可以熟练使用电脑、手机等网络设备？A 是　B 否

6. 以下应用中，您可以熟练使用的是［多选题］

　　A. 百度搜索　B. 支付宝　C. 微信/腾讯 QQ　D. 各大银行手机 APP

　　E. 淘宝/京东/苏宁易购　F. 掌上移动/电信 APP　G. 其他_____

二、新型农业经营主体特征

7. 您所在的新型农业经营主体（以下简称"贵单位"）属于：

　　A. 专业大户　B. 家庭农场　C. 农民专业合作社　D. 龙头企业

附 录

8. 贵单位土地经营规模为：

   A. 25 亩以下   B. 25~50 亩   C. 50 亩~100 亩   D. 100 亩~200 亩

   E. 200 亩以上

9. 贵单位目前参与工作的成员人数为：

   A. 9 人以下   B. 10~24 人   C. 25~49 人   D. 50~74 人

   E. 75~99 人   F. 大于 100 人

10. 贵单位是否有流转土地？

    A. 是（合约达成时间：　　　年，流转期限：　　年，流转面积：

    　　亩；流转价格：　　　亩/元）

    B. 否（直接跳至第 13 题）

11. 土地流转方式：

    A. 租赁   B. 转让   C. 代耕代种   D. 入股   E. 互换   F. 转包

12. 贵企业流转土地的主要用途：

    A. 种植粮食作物   B. 种植经济作物   C. 畜牧养殖业

    D. 水产养殖业   E. 其他（说明：　　　　　　）

13. 贵单位主要农作物类型为［多选题］

    A. 粮食作物种植   B. 经济作物种植   C. 工业原料作物种植

    D. 林业   E. 畜牧业   F. 渔业   G. 其他_____

14. 生产农作物的一般生产周期大致是［多选题］

    A. 2 个月以内   B. 2~4 个月   C. 4~6 个月   D. 6~8 个月

    E. 8~10 个月   F. 10~12 个月   G. 12~18 个月   H. 18~24 个月

    J. 24 个月以上

15. 贵单位近三年主营业务平均收入大致为：

    A. 10 万元以下   B. 10~25 万元   C. 25~50 万元   D. 50~100 万元

    E. 100~150 万元   F. 150~200 万元   G. 200~300 万元

    H. 300 万元上

16. 贵单位近三年主营业务平均支出大致为：

    A. 5 万元以下   B. 5~25 万元   C. 25~50 万元   D. 50~100 万元

    E. 100 万元以上

17. 贵单位是否有资金短缺情况？ A 是   B 否（跳至 19 题）

18. 贵单位短缺资金大致为：

    A. 1 万元以下   B. 1 万～3 万元   C. 3 万～5 万元

    D. 5 万元～10 万元   E. 10 万元以上

三、新型农业经营主体融资情况

19. 贵单位是否有过贷款经历？ A 是   B 否（跳至 22 题）

20. 贵单位曾通过什么渠道进行过贷款？［多选题］

    A. 互联网平台融资（跳至 22 题）   B. 国有商业银行

    C. 邮政储蓄银行   D. 村镇银行   E. 互助合作组织   F. 信用社

    G. 亲朋好友   H. 民间个人贷款机构（非好友）

21. 贵单位曾贷款的类型为［多选题］

    A. 信用贷款   B. 保证贷款   C. 抵押贷款   D. 质押贷款

    E. 政策性优惠贷款

22. 您更愿意通过哪个平台申请数字金融［多选题］

    A. 国有商业银行 APP   B. 全国性股份制商行 APP

    C. 村镇银行 APP   D. 城市商业银行 APP

    E. 人人贷、拍拍贷等互联网 P2P 投资平台

    F. 蚂蚁金服、京东金融等电商发起的互联网金融服务平台

    G. 其他_____

23. 贵单位希望通过互联网络平台获得贷款的主要用途为［多选题］

    A. 扩大生产规模   B. 短期资金周转   C. 开辟新项目

    D. 其他_____

24. 贵单位通过互联网络平台可以接受的贷款利率为（一般利率越高可申请贷款金额越多）

    A. 4%～5%   B. 5%～6%   C. 6%～7%   D. 7%以上

25. 贵单位资金需求情况是否受农产品生产周期的影响：

    A. 没有影响   B. 有一定影响   C. 影响很大

四、数字融资贷款效果评价

本部分的选项采取打分方式，1～5 分由代表满意、满足或认可程度低到

高递增，分数越高满意度越高。

26. 您认为数字金融是否能够满足贵单位资金需求？
    很不满意　○1　○2　○3　○4　○5　很满意

27. 通过数字金融自助贷款能否满足农业生产周期需要？
    很不满意　○1　○2　○3　○4　○5　很满意

28. 与传统融资渠道相比，数字金融办理贷款业务资金到账速度更快？
    很不满意　○1　○2　○3　○4　○5　很满意

29. 与传统融资渠道相比，通过数字金融办理贷款安全可靠性更高？
    很不满意　○1　○2　○3　○4　○5　很满意

30. 与传统融资渠道相比，通过数字金融办理贷款业务操作更便捷？
    很不满意　○1　○2　○3　○4　○5　很满意

31. 与传统融资渠道相比，通过数字金融更容易获得惠农贷款信息？
    很不满意　○1　○2　○3　○4　○5　很满意

32. 与传统融资渠道相比，通过数字金融获取借贷信息更全面、通畅？
    很不满意　○1　○2　○3　○4　○5　很满意

附件三：

村级调查问卷

三权分置下农村土地确权与承包经营权入股情况
（村级）调查表

您好！

  我们正在进行研究课题调查，希望能够了解您所在地区农村土地确权登记颁证情况，您的回答将为推进新一轮农地产权制度改革提供重要参考。调查信息自愿提供，数据结果仅用于学术研究，请您放心，我们会为您严格保密。衷心感谢您的合作！

省		县（区）		乡（镇）		村	
调查日期		年		月		日	
填表人姓名		职务		联系电话			

一、村级基本情况

1. 村庄土地总面积_____亩，农业用地面积_____亩，第二轮承包时耕地面积_____亩，实际测量_____亩。

2. 村庄集体人均收入水平_____万元/年，村集体收入_____万元/年。

3. 村庄农业户籍人口数_____人，_____户，常住人口数_____人。

4. 全村共有农地股份合作社_____个，农地经营面积_____亩；农民专业合作社_____个，农地经营面积_____亩；家庭农场_____个，农地经营面积_____亩；种养大户_____个，农地经营面积_____亩；涉农企业_____个，农地经营面积_____亩。

二、村级土地确权情况

1. 农用地确权时间：_____年，确权面积_____亩，计划完成时间_____

2. 贵村在农地确权颁证工作中，主要采取何种方式？
  A. 确权确地 B. 确权确股不确地

C. 其他_____（请注明）。
3. 贵村在土地承包经营权确权过程中，共发生了_____起土地纠纷，妥善处理了_____起。
4. 产生土地确权矛盾纠纷主要原因有哪些？

5. 在确权颁证工作中，主要存在哪些类型土地权属纠纷或利益冲突问题？

6. 贵村在"土地承包经营权确权"实施过程中村集体面临的主要困难有哪些？

7. 村集体及村民小组针对上述土地纠纷，采取了哪些措施处理？

三、村级土地承包经营权入股情况

1. 全村土地承包经营权入股农地股份合作社的农户有_____户，总入股面积有_____亩，开始入股时间为_____年，期限_____年。
2. 村里土地承包经营权入股收益分配方式？
    A. 固定租金(_____元/亩)
    B. 保底＋分红(保底：_____元/亩；分红：_____元/亩)
    C. 固定＋浮动(固定：_____元/亩；浮动：_____元/亩)
    E. 其他方式(说明：_____)
3. 村级农地股份合作社是否将土地经营权入股？
    A. 是(合约达成时间：_____年，入股期限：_____年，入股面积：

_____亩；入股折价：_____股/元，入股到：

  A. 农副产品专业合作社；

  B. 农业企业，村农地股份合作社在二次入股中的持股比例是_____%）

  C. 否（请继续回答第 4 题）

4. 作为村级代表您认为土地经营权入股模式有哪些好处？

5. 作为村级代表您认为土地经营权入股模式有哪些潜在的问题？

6. 作为村民代表您认为村民是否愿意采取土地经营权入股模式？为什么？